学校课程发展丛书

丛书主编 李正 杨四耕

核心素养与课程设计

段立群 主编

华东师范大学出版社

丛书编委会

主　编
李　正　杨四耕

成　员
李　正　杨四耕　田彩霞　王德峰
高德圆　胡培林　李荣成　曹鹏举
段立群　张燕丽　孙　鹏　张元双

本书编委会

主　编

段立群

副主编

张燕丽　孙　鹏

编　委

杜　豫　英　瑾　李佰文　张仁杰　袁改云　刘　霞

石伟平　段立群　张燕丽　孙　鹏　周丽军　邢倩倩

课程改变，学校改变

学校课程变革有三种形态：一是 1.0，这种形态的课程变革，以课程门类的增减为标志，学校会开发一门一门的校本课程，并不断增减；二是 2.0，这种形态的课程变革，学校会围绕某一特定的办学特色或项目特色，开发相应的特色课程群；三是 3.0，此种形态的课程变革，学校课程发展以多维联动、有逻辑的课程体系为标志，这是文化创生形态的课程变革。

学校如何迈进 3.0 课程变革？我们在郑州市金水区中小学与幼儿园进行了多维度的探索与实践，得出了一些规律，有了一些感悟和体会。

1. 家底清晰化：很多时候起点决定了终点

发展是既定基础上的再提升，学校课程深度变革必须清晰"家底"。根据各种不同的办学基础给学校课程发展准确定位，是迈向 3.0 的学校课程变革所面临的首要任务。我们运用 SWOT(强项、弱项、机遇、危机)分析，对学校的地理环境、在地文化、政策环境、课程现状、行政领导、学生需求、教师现状等因素分别进行 SWOT 分析，把握学校课程发展的优势与问题所在。同时，我们注重课程发展思路的研究，把破解影响当前学校课程发展的热点、难点问题，特别是制约课程发展的重大问题，贯穿于调研过程的始终，以增强课程发展情境研究的宏观性、针对性和实践性，以准确合理的目标体系引导学校课程变革，切实做到清晰把握学校课程发展的"起点"。须知，很多时候起点决定了终点。

2. 愿景具象化：让课程哲学映照鲜活的实践

课程愿景是学校课程使命的具象，是与学校教育价值观联系的、可以调动师生情感的图景。如果说，目标提供过程的满足，那么愿景则提供事业的动力。推进学校课程深度变革,我们需要明确学校的课程愿景,并将课程愿景具象化。学校可以用具象化的方式想象课程、观察课程、思考课程、分析课程、建构课程。当我们在与师生沟通的时候,要善于用具象化的愿景去说明学校课程究竟是为什么、是什么以及怎么做。我的体会是:"课程即品茶,需哲思;课程即吟诗,需想象;课程即力行,需实践。"人们总是会被伟大的愿景所感动。校长要善于把抽象的东西表现得具体些,把看不见的、不容易理解的东西变得看得见、容易理解,让学校课程理念带着一股清香,透着一种诗意,变成激发师生的动力和情愫。推进学校课程变革,您所要做的便是找到大家信奉的课程哲学,并用课程哲学映照课程变革实践。

3. 结构图谱化:改变课程的碎片化格局

如果把课程视为书本,孩子们可能会成为书呆子;如果把课程视为整个世界,孩子们可能会拥有驾驭世界的力量。为此,每一所学校都应致力建构丰富的"课程图谱"。按照一定的逻辑,理顺学校课程纵向与横向关系是学校课程变革需要审慎思考的问题。在横向上,如何将学校课程按照一定的标准进行合理地分类;在纵向上,如何将学校课程按照年级分为不同层级,努力形成一个适应不同年龄阶段的孩子的课程阶梯。具体地说,在横向上,重构学校课程分类,让孩子们分门别类地学习把握完整的世界之格局;在纵向上,强调按先后顺序,由简至繁,从已知到未知,从具体到抽象,保持学校课程的整体连贯。这样,我们就可以形成天然的、严密的学校课程"肌理",让课程有逻辑地、立体地"落地",这样有利于克服课程碎片化、大杂烩问题。

4. 类群聚焦化:聚焦核心素养建构课程群

类群聚焦化,也就是围绕核心素养建构课程群。什么是课程群?课程群是以特定的素养结构为目标,由若干门性质相关或相近的单门课程组成的一个结构合理、层次清晰、彼此连接、相互配合、深度呼应的连环式课程集群。课程群是一种思维,是一种工具,是一种面向碎片化课程的思维方法和操作工具。随着核心素养的倡导,课程改革越来越要求考虑学生素养发展的完整性,课程群构建已成为中小学深化课程改革、优化课程设计的一条有效途径。中小学构建课程群需要关注四点。首先,聚焦目标。聚焦核心素养,聚焦育人目标,聚焦课程目标,是课程群建设的首要原则。课程群建设必须密切关注学生的核心素养,优先发展对某项目标具有关键的支持作用的课程。其次,建构链条。也就是确定课程群内各门课程的相关性,课程之间纵向衔接与横向联系,以及自成体系。再次,组合搭配。课程群是具有关联关系的课程之组合与搭配。在涉及课程序列的安排上,关键是要找到"课程时序"上的衔接点,即根据学时的配比度与开课时序,各门课程在整体中的位置、地位和作用,从系统的观点出发来安排课程。通过标明课程之间的内在关系、课程开设的先后顺序、课程时量等逻辑关系来描述课程之间的内在关系,经过这样的组合搭配,有助于揭示课程之间的重复、脱节、断线和时序安排上的不合理现象。最后,整合优化。课程群是一个基于特定目标而组织化了的课程系统,仅仅把几门有逻辑联系的课程召集一处,只是一个"课程集合"。只有课程间完成了相关整合,成为一个体系,实现课程功能的优化,才能称之为"课程群"。因此,课程群建设应将重心放在相关课程之间内容的整合以及功能的优化上。

5. 内容整合化:还原完整世界的真实面貌

课程是浓缩的世界图景。3.0的课程是富有统整感的课程,是多维连结与互动的课程。不论是学科课程的特色化拓展,还是主题课程的多学科聚焦,都应尽可能回到完整的世界图景上来,努力将关联性与整合性演绎得淋漓尽致,让孩子们领略"世界图景"的完整结构。一般地说,课程整合有两种常见方式:一是射线式整合,即以学科知识为圆点,根据知识的内在逻辑联系而进行多维拓展与延伸;二是聚焦式整合,即以特定资源为主题,多学科、多活动聚焦,以加强孩子们与社会生活的多学科关联与整合。从表现形式来看,既有学科内统整,又有学科间统整;既有跨学科统整,又有学科与活动统整,以及校内与校外统整等。

6. 操作手册化:让课程变革变得易于操作

学校课程变革应是多维主体参与的变革。如何让师生参与、家长参与,是需要一套可以清晰告知如何操作的课程资料来指导的。我们倡导的学校课程指南就是学校课程手册化的一种做法。一所学校的课程指南包含如下内容:学校简要介绍、学校课程理念、学校课程目标、学校课程图谱、学校课程项目(将每一门课程的纲要精炼地呈现出来)。

7. 实施立体化:整个世界都是教室

英国课程学者斯基尔贝克说:"设计课程的最佳场所在学生和教师相处的地方。"的确,我们让孩子们采用多样的、活跃的学习方式,如行走学习、指尖学习、群聊学习、圆桌学习、众筹学习、搜索学习、聚焦学习、触点学习、实作学习、仪式学习……但凡孩子们在生活世界里精彩纷呈、活跃异常的"做事"方式，都是课程实施与学习的可能方式。须知，课程实施不仅仅是那些概念化了的"自主、合作、探究"。杜威说："一切学习来自经验。"实践、沉浸、对话、互动、参与、体验是课程最活跃、最富灵性的形式，也是课程实施的最重要方法。重视孩子们直接经验的获得，让孩子们亲近自然，走进社会，通过一系列的实践活动，扩充和丰富孩子们的经验和见识，是3.0课程的重要表征。

8. 经验模型化：有逻辑地推进学校课程变革

一所优质学校应该有自己的课程模式，应该建构基于特定课程哲学而组织化了的课程系统，将各课程有机地结合成一个联系紧密的、有逻辑的育人图景。学校课程哲学、课程结构、课程功能、课程实施及课程管理与评价是课程模式不可或缺的构成要素。其中，学校课程哲学是课程模式的灵魂，课程功能和课程结构框架是课程模式的主体内容，课程实施是课程模式的必要落实，课程管理与评价是课程模式的基本保障。建构学校独特的课程模式，是由学校内涵提升与特色发展的要求所决定的。学校课程变革要运用系统思维把自己的经验模型化，形成自己独特的课程模式。一所学校构建了自己的课程模式，并有逻辑地推进课程变革，学校课程发展就会出现不一样的格局，学校发展就会呈现不一样的态势。在郑州金水，我们看到的结果是：课程改变，学校改变；课程灿烂，学校灿烂！

学校课程发展丛书是郑州市金水区教育体育局和郑州未来教育研究院以及全国品质课程联盟团队通力合作的成果，是"品质课程"区域探索与实践的又一个成功例证。

祝愿金水教育的明天更灿烂！

杨四耕

2019 年 7 月 5 日于上海市教育科学研究院

目 录

所有课程建设的出发点是人，终点也是人。课程的价值在于促进人的生命发展，开发与发展生命潜能是学校课程设计的出发点。学校提供的课程，是学生寻找自我成长路径的关键，它应注重以人的自身潜在的生命基质为基础，依据生命的特征来建设课程，从而来唤醒生命意识、启迪精神世界、开发生命潜能、提升生命质量。学校当以关注生命的整体发展为旨趣，重视对人心灵的培植、完整精神的构建和健全人格的培养。学校的课程建设关乎人的未来发展，虽可以高屋建瓴，但不能脱离人的需要和潜能。关注学生的生命成长、满足学生个体需要，是学校课程建设的原点。

泰勒在《课程与教学的基本原理》中确立了课程研制活动的四个基本环节，即确定基本目标、选择学习经验、组织学习经验、评价学习结果。基于此，学校课程设计不是漫无目的的"撒野"，而是既要有基于目标的牵引，又要有匹配课程、实施课程、评价结果的过程。学校究竟要培养什么样的人,其实质就需要对育人目标进行富有学校个性特质的鲜明的定位,并充分挖掘和释放育人目标在指导课程建设中的教育改革力量。以育人目标为指向,设计与规划学校课程体系,是一种对学生负责任的态度,也是学校内涵发展的保障。离开了学校的育人目标,课程建设便是在缘木求鱼;反之,其实施才会生根发芽。

第三章　结构布局:学校课程的聚焦　

学校课程结构实质上是课程的各个组成成分或要素按照预定的一定准则形成的相对稳定的相互联系。它是课程目标转化为教育成果的纽带,是课程实施活动顺利开展的依据,更是学校设计个性化特色课程的聚焦点。学校课程设计应从本校办学水平实际出发,体现课程形态的多样化,构建充满生机活力、多层次、有特色的课程结构体系。学校在原有课程脉络的基础上,针对学生内在的知识、情感、道德和外在的实践创新精神能力等设置与之相对应的课程。基于学校环境的不同,学校价值需求的不同而引起课程功能的变化,随之产生新的课程结构,这种变革不仅是形式上的,更是实质上的,应努力构建一种科学与人文、逻辑与价值相结合的实质课程结构。

第四章　资源整合:学校课程的源泉　

一位德国教育家这样说过:"过去我们把课程当作整个世界,现在我们要把整个世界当作课程。"开发课程资源,必须立足于学生发展和学校优势,抓住学生的

"关注点"，寻找课程的"生长点"，在生活中发展，在发展中生活。丰富和深化学校课程资源，应从学生个体的需求出发，与学生的生活实际相联系，为个体成长提供其所需要的资源和能量、环境和保障。学校在面对丰富的、复杂的且具有地域特色的校内、校外课程资源时，不能拿来就用，而需根据学校课程哲学、课程理念、课程目标等，采用灵活的方式，从多种角度、多个途径，把这些多元化的资源融入课程设计中，使它们都紧紧围绕课程目标这个"魂"来展开。通过资源整合形成结构合理、逻辑分明的整体，让课程更加贴近学生生活，为学生成长提供最佳"养料"，成为学校课程建设的源头活水。

第五章　学科延展：学校课程的活性　

　　单一的学科课程，常常与生活经验相脱离。学生在面对生活中的实际问题时常感到无力。学校应在有效落实国家学科课程的前提下，注重建设全方位、多角度的学科延展课程，打破以往泾渭分明的学科界限，打通不同学科教学之间的藩篱，以统一的主题、问题、概念、基本学习内容等形式连接不同学科，从而以更广阔的视角来"借力"并优化本学科课程。在跨学科视角下的课程教学中，课程不仅仅源于本学科的教材，还包括与其他学科联系的"枝干"，展现给学生的是一张融会贯通的知识之网；教师变成专业侧重、文理兼具的有着广阔视域的"杂家"，培养的则是思维开阔、自主探究、具有创新意识与能力的未来人才。学科延展，使得课程宽广而深远，富于活力与灵性，让学生得以在全面发展的基础上张扬个性、发展潜能。

　　杜威认为：教育即经验的改组与改造。经验满足两个条件即可作为实践活动进入到学校课程中来，一是经验必须关注儿童的生长，将儿童的生长放在课程的中央；二是经验必须具有连续性，必须新鲜、有趣而且是连续的。关注儿童个体的成长，以适合儿童个体的连续的实践活动引领幼儿园课程的实施。幼儿园可以采用系列实践活动，提升孩子参与的积极性，落实杜威"做中学"的教育理念。实践活动是课程实施最富有灵性的方法，让孩子在实践体验中调动多种感官协调活动，动中学、学中做，拓宽知识视野，培养和发展特长，促进综合能力发展。总之，活动延伸可充实课程形态，使幼儿园课程体系永葆生机和张力。

第七章　多元评价：学校课程的驱动　/ 187

　　加德纳认为，人的智能不是一元的，而是多元的，且每种智能在每个人身上的表现程度和形式是不一样的。基于加德纳多元智能理论，学校课程可通过多种渠道、不同方式对学生进行评价，即实施多元评价。评价原本就是教学里的一环，是学习情境中的一部分，使其在自然参与的学习情境中及时发生，鼓励学生参与评价与自我评价，让学生以多种变通的方式展示特定的学习内容，在获取知识的同时，获得方法与能力的发展。课程评价是权衡校本化课程目标设置与达成、提高教育教学质量的重要因素之一。教师应拓展评价视角，跳脱僵化的纸上作业，采用自我评价和他人评价、量化评价和质性评价相结合等形式，让评价与学习同时发生。多元评价，让教师和学生成为共同的学习者，在课程学习中共同获得成长的体验；多元评价，是学校课程建设科学、规范前行的内驱力。

前言

核心素养旨在勾勒新时代新型人才的形象,绘就学生百般美好的人生,点亮学校教育活动前行的灯塔。核心素养分为文化基础、自主发展、社会参与三个方面,综合表现为人文底蕴、科学精神、学会学习、健康生活、责任担当、实践创新六大素养。"课堂教育是根;核心素养是魂。"在课堂中,如何贯彻落实核心素养应成为我们深入关切与研究的重点。培育学生的核心素养,使其具备能够适应终身发展和社会发展需要的必备品格和关键能力,是教育的根本任务、是教育使命、是学校本职、是教师本分。

培养学生的核心素养对学校、教师能力要求比原来更高,学校、教师既要根据学生具体情况统筹全局、重点"给药",又要避免全程操办、随心所欲。要透彻理解学生核心素养的具体内涵,于一张一弛中,亟需明确学校、教师如何紧紧围绕核心素养开展课程设计,亟需明确教师的主动功能和被动功能的不同分工,亟需实现基于学生需要、成长目的等衍生的回应式、指引式、纠偏式等教学方法。"日月逝矣,岁不我与。"努力正当时,在课程设计中,我们应全面而深入地探讨如何贯彻核心素养这一教育难题。于此,我们应坚持学生中心,教师引导,成长定向,多方配合,于广角视域下完善课程设计以满足核心素养培养的需要。"我将无我,不负学生。"一切为了学生,为了学生的一切,我们可将核心素养与课程设计之画卷缓缓展开……

明确起点,梳理原则,高效促成核心素养

康德认为,世界上的一切,都不过是工具或手段;只有人,才是唯一的目的。在课程建设中,我们矢志不渝地坚持"始于人,终于人"的基本定位。满足学生对生命潜能的开发和发展的需要是学校的责任。学校课程作为学生自我成长奠基的关键点,应注重人自身潜在的生命基质。在课程设置过程中,我们紧紧依循生命特征来建设课程,以唤醒生命意识、启迪精神世界、开发生命潜能、提升生命质量。学校课程建设关乎每一个学生的未来发展,关注学生生命成长的立场,以满足学生个体成长需要为己任,应是课程建设的不竭的动力之源。

在课程建设过程中,每一个学校都有自己的特殊校情,都有由此衍生的特色课程设计。但是,我们应不断自我追问,我们应"培养什么样的人、如何培养人以及为谁培养人"这一根本问题,矢志不渝、不变初心,始终围绕着一个基本点,即育人目标。学校对学生的科学培养,需要以育人目标进行富有学校特质的定位。学校在课程设置中,应充分挖掘和释放育人目标的教育改革力量。以育人目标为指导进行学校特色课程设置是一种对学生、家庭、国家负责任的态度,也是对学校长远发展负责任的态度。如若学校的育人目标付之阙如,课程建设就会沦落为缘木求鱼,核心素养教育最终也只能沦为空谈。

学校课程结构是课程建设的重要内容,是课程目标向教育成果转化的必经"桥梁",是为课程实施活动的顺利开展提供科学的凭据,更是学校设计个性化特色课程的聚焦点。学校课程结构的构建依据既要传承学校的历史传统,符合本校生源实际,又要实现学校培养目标的根本达成;坚持均衡性、综合性和选择性三大基本特征的指导,因地制宜,力求体现课程方案的差异化和特色化,为学生提供宽阔的学习平台,多元的学习视角,从而构建充满生机活力、多层次、可选择、各具特色的课程结构体系。

全面发展,多方配合,科学培育核心素养

资源整合作为学校课程体系中课程开发与利用的重要步骤,为求实现教育的经济性、效益性、科学性,资源整合应为我们所重视。资源整合要讲究科学,不能是"摊大饼式"的资源堆积。在面对丰富的、复杂的且具有地域特色的校内、校外课程资源时,学校需根据本校课程哲学、课程理念等具体情形,采用灵活的方式,以实用主义的理念,把这些资源融入课程设计。力求通过资源整合,将学校课程建设成结构合理与逻辑分明的整体,更好地发挥课程资源的作用,促进学生全面性与个性化的均衡发展。

复合型人才既要有人文学科的感性内涵,又要有自然学科的理性思维,分科教育现状已经成为横亘在单一与复合、人与人才之间的一条鸿沟。但时至今日,分学科课程这种单一的学科课程模式仍是我国学校课程的基本形态,其常与生活经验脱节,以致学生无法应对社会中复杂的现实难题,正因如此,学生甚至会产生学习无用论等观点,为教者无不为之黯然神伤。因此,学校要在有效落实国家学科课程的前提下,积极、科学建设全方位、多角度的学科延展课程,推进国家规定课程内容的纵深发展,打破学科界限,以问题为导向,锻炼学生用不同学科视角解决实际问题,使不同学科相互交融,打造具有学校特色的学科课程群,使学生建立系统的思维方式,提升核心素养和各方面的综合素质。

立足实践,实用导向,多元建构核心素养

陶行知先生说:"真的教育是心心相印的活动,唯独从心里发出来的,才能打到心的深处。"在设计核心素养创新课堂时,应坚持以学生为中心,知学生心中所想,做学生心中所求。学校应该通过设置多样的课程形态,充分考虑学生的兴趣和需要,调动学生积极性,让学生深入到活动之中,在动中学,学中做,拓宽知识视野,培养和发展特长,促进各种综合能力的发展。创建和谐活跃的课堂气氛,构建精神和智慧均衡发展的课堂环境,保障学生的人格尊严、人格自由、人格独立,从而激发他们的学习欲望,释放学生的内在潜能。

活动课程以其充分而有特色的形式,以培育学生基本素质为目标,是按照各种实践活动项目和特定活动方式组成的一种课程形态。学校要兼顾学科基础课程和以活动为导向涵括知识的实际运用课程,二者不可偏废其一。"吾日三省吾身",方能实现自我,超越自我,教学活动亦如是。课程设计的发展应在做与反思中不断前行,应对课程评价予以重视。课程评价作为权衡校本化课程目标设置与达成、提高教育教学质量的重要因素,也是课程改革的一个重要环节。课程评价方法应确立理解性原则、现实性原则,建立课程评价方法的网状结构模型;应坚持多元评价,坚持评价主体多元化,评价内容多维化和评价方法多样化。

在课程设计时,我们应贯彻核心素养观念,"路漫漫其修远兮,吾将上下而求索",不畏艰辛,迎难而上,敢于负责、敢于担当,积极创新,多方吸纳,结合实践,在教育领域形成中国特色的教育理念、方法,形成中国教育理论,增强、培育教育领域的文化自信,提升教育的国际竞争力,为国际教育作出中国贡献。

第一章

生命立场： 学校课程的原点

　　所有课程建设的出发点是人,终点也是人。课程的价值在于促进人的生命发展,开发与发展生命潜能是学校课程设计的出发点。学校提供的课程,是学生寻找自我成长路径的关键,它应注重以人的自身潜在的生命基质为基础,依据生命的特征来建设课程,从而来唤醒生命意识、启迪精神世界、开发生命潜能、提升生命质量。学校当以关注生命的整体发展为旨趣,重视对人心灵的培植、完整精神的构建和健全人格的培养。学校的课程建设关乎人的未来发展,虽可以高屋建瓴,但不能脱离人的需要和潜能。关注学生的生命成长、满足学生个体需要,是学校课程建设的原点。

绿芽课程：为每一个孩子幸福绽放积蓄力量

以学生个体成长为原点，用课程唤醒生命意识、焕发生命精神、提升生命质量。"绿芽课程"是听得见的生命，倾听每粒种子破土萌动的微声；"绿芽课程"是嗅得到的生长，凝嗅每株嫩芽拔节茁壮的味道；"绿芽课程"是触得到的生活，触悟每棵小树拥抱万象；"绿芽课程"是激发生命的动力，积蓄自我成长的力量；"绿芽课程"是看得到的生机，欣看每个孩子绽放笑颜。每一个孩子都是一个生命的绿芽，在郑州市金水区文化绿城小学"以德为根、以智为茎、以创为蕊、以爱为叶"的"雅美教育"滋养下，孩子们立足原点、无限向上、蓬勃发展、独树一帜、厚积薄发。

在浓厚文化积淀的商都古城郑州，一座绿色的校园，在春天里静静地绽放，这就是郑州市金水区文化绿城小学。学校于 2005 年建校，历经十四年的风雨磨砺，学校规模不断扩大，两校区占地面积 20 500 平方米，共有 89 个教学班，有中小学高级教师 4 人，中小学一级教师 95 人，其中国家级骨干教师 1 人，河南省骨干教师 2 人，郑州市骨干教师 6 人。学校先后被评为全国百家书香校园、全国青少年科学调查体验活动推广示范学校、河南省校园文化十大先进单位、河南省先进家长学校、河南省示范家长学校、河南省校园文化艺术工作先进单位、河南省书法教育实验学校、首批河南省中小学创客教育示范校、郑州市教科研先进单位、郑州市电化教育先进单位、郑州市红领巾示范学校、郑州市社会实践活动先进单位、郑州市校本课程建设研究基地，学校连续三年荣获郑州市校本课程先进单位。

第一部分 学校课程哲学

学校在沿袭优良传统的基础上，建构自己的教育哲学体系，激发教育者的教育智慧，赋予学校教育活动以特定的教育价值和愿景意义，捍卫教育的本真，促进学校的内涵发展。

一、学校教育哲学

学校的教育哲学是"雅美教育"。正直勤勉、诚实守信即为雅；感恩付出、自立自强即为雅；乐观开朗、与人为善即为美；学业进步、各有所长即为美。雅美是品德，人品高尚，以美辅德；雅美是智慧，举一反三，以美启智；雅美是创新，融会贯通，以美鼎新；雅美是情怀，海纳百川，以美促爱。

"雅美教育"是以美辅德的教育，润泽每一个生命蓬勃发展；

"雅美教育"是以美启智的教育，点燃每一个生命自信向上；

"雅美教育"是以美鼎新的教育，凝练每一个生命独树一帜；

"雅美教育"是以美促爱的教育，感染每一个生命厚积薄发。

"每一个生命的种子，在'雅美教育'的滋养下幸福绽放"是我们的教育愿景。基于此，学校提出"立雅求美，绽放幸福"的办学理念。以德为根，以智为茎，以创为蕊，以爱为叶，让每一个生命幸福绽放。

我们坚信，雅美教育是多元多彩的教育；

我们坚信，每个孩子都是一粒独特的种子；

我们坚信，学校是蕴育每个生命成长的沃土；

我们坚信，每门课程都是积蓄生命绽放的力量；

我们坚信，教学是激发生命无限潜能的美妙旅程。

二、学校课程理念

依据"雅美教育"思想，学校实践"为每一个孩子幸福绽放积蓄力量"的课程理念。

课程即力量积蓄。教育是有温度的，教师要用温暖的心灵去感应学生的一举一动，用饱满的情感和积极的状态去感染孩子，让孩子的心灵充满温暖与阳光。一个小小的进步、一个小小的愿望，或者只是一个小小的微笑，都来自孩子天真的童心，我们的教育就是要让萌芽一样的孩子在课程中积蓄成长的力量。优秀的课程是为孩子注入心灵的营养，老师把爱与温暖回归最初的简单与纯粹，让每一个孩子都自然而然优雅地成长。

课程即个性彰显。教育是独特的，每个学生都有自己的天赋，每个人的才能都千差万别，因而学生们会有不同的需求。我们努力为每一名学生的发展提供土壤，最大化地提供个体发展的空间。倡导教育的各个元素都结合学生的自身实际，了解每一个学生、关注每一个学生、激励每一个学生、成就每一个学生,使每一个学生都能实现自身全面、个性的发展。我们的课程从孩子的个性化需求出发,激发学生兴趣、开发学生潜能、发展多元智能,关注学生的终身可持续发展,使学生学会学习、学会生活,为每一个学生提供德、智、体、美、劳等多方面的学习经历,促进学生的和谐发展和形成健全的人格。

课程即生命旅程。教育的本质是生命教育,使生命朝着健康、美好、高尚的方向发展,直达生命的本源。教育是有生命的,教育的生命在于传承、延续、创新,在于合作、分享、交流。雅美课程的价值追求就是生命的成长,是对新一代生命价值的提升。课程的开展过程就是师生以其本真的状态投入生命萌发的过程,顺其自然、润物无声,自由地展现生命存在的状态和指向未来的可能性。

课程即幸福绽放。著名教育家乌申斯基说:"教育的主要目的在于使学生获得幸福。"幸福是人生追求的终极目标。"雅美教育"就是追求教育的原生态,让每一个孩子健康、幸福成长,让每一个孩子拥有幸福童年和幸福人生,让校园成为幸福的家园。学校以丰富多彩的课程让学生学会做人,体验成长的幸福;学会学习,体验智慧的幸福;学会健体,体验健康的幸福;学会发展,体验自信的幸福;学会创造,体验创新的幸福。让孩子在课程的引领下,立雅求美、绽放幸福,让精彩人生从这里起步。

绿芽,是新生命萌芽和苗壮生长的象征,"雅""芽"同音,寓意着金水区文化绿城小学的每一个孩子都是一棵待放的萌芽,在雅美教育的滋养下幸福成长,是一道风景、一种精神象征,更是一种美好向往。因此我们将学校的课程模式确立为"绿芽课程"。"绿芽课程"根植于广袤的教育天地,把丰富多彩的生活融进学校、浸润课堂。"绿芽课程"是一段生命的开始,有嫩芽的萌动之声,有竹笋的拔节之音;"绿芽课程"是激发生命的动力,绿芽破土而出,积蓄自我成长的力量;"绿芽课程"是生命的滋养,在教育的滋养下绽放幸福的光彩。

第二部分　学校课程目标

课程是学校育人的主要载体,是培养目标实现的主要方法与途径。我们积极践行

"雅美教育"哲学,确立学校的育人目标和课程目标。

一、学校育人目标

基于学校教育哲学和办学理念,文化绿城小学将学校的育人目标确立为:培养"文质彬彬、绿意盎然"的雅美少年。具体内涵如下:

文质彬彬:知礼仪、勤健身、爱生活;

绿意盎然:乐探究、广兴趣、善创新。

我们期望,文化绿城小学的学生既要有深厚的文化修养,又要有质朴的性情;既要有蓬勃向上的朝气,又要有雅美并行的素养。每一位独具个性的雅美少年在智力、情感、道德、社会和身体各方面都能得到充分发展。

二、学校课程目标

育人目标的落实需要通过课程目标去达成,我们根据各年级段学生的年龄和身心特点,将育人目标细化,分别形成低、中、高年级的课程目标,具体如下(见表1-1)。

表1-1 金水区文化绿城小学分年级段课程目标

育人目标 \ 课程目标 年级	低年级	中年级	高年级
知礼仪	会使用礼貌用语,能够和同学友好相处。尊敬老师、尊敬长辈、学会感恩。	注重个人礼仪,有爱心、乐助人,文明礼貌,团结同学,尊敬师长,热爱集体。	遵守公共秩序、关心他人、关注生命,爱护公共设施,爱护有益动物,保护生态环境。
勤健身	能掌握基本体育技能,如跳绳、柔韧练习等。能够顺利启动空竹,并能抖动,有较强的安全意识。	能掌握基本体育技能,如:篮球、技巧跪跳起等。能够掌握空竹回头望月动作,有较强的安全意识。	能掌握基本体育技能,如:后抛实心球、侧手翻等。能够掌握空竹蝴蝶展翅动作,有较强的安全意识。
爱生活	能积极帮助别人,做力所能及的小事,热爱劳动,感受生活的美好。	会动脑帮助别人解决困难,善于发现生活的美好。	实现自我管理,拥有对美好生活的追求、乐观的生活态度和健康的心理。
乐探究	热爱生活,能对日常问题提出"为什么"。热爱学习,基本养成听、说、读、写的良好习惯。	学习积极主动,有自信,能独立思考,表达自己的感受和观点。热爱学习,形成浓厚的学习兴趣,能注重联系实际。	会独立思考,有解决问题的独特方法与策略。热爱学习,保持浓厚的学习兴趣,能熟练地将所学运用于实践。

（续表）

育人目标 课程目标 年级	低年级	中年级	高年级
广兴趣	喜欢唱歌、画画、舞蹈、啦啦操、空竹、乐器等艺术活动，对学校课程有着美好的向往。	善于将好奇心转化为浓厚的兴趣，从而培养自己高雅的生活情趣。	有自己的喜好和兴趣，能发挥自己的特长，从日常平凡小事中发现乐趣，体验情趣。
善创新	对创新有基本的认识，在生活和学习中对创新有所发现和感受。	初步具备创新意识，参与学校创新活动，感受创新带来的乐趣。	积极参加各类科技创新活动，在活动中不断提升自我创新能力，发展科学精神。

第三部分　学校课程体系

学校课程设计要为学生指引明确的发展方向，要体现学校的实践历程，在学校现有文化基础上进一步完善学校课程框架，实现学校的发展愿景。

一、学校课程逻辑

我们遵循"立雅求美、绽放幸福"的办学理念，以培养"知礼仪、勤健身、爱生活；乐探究、广兴趣、善创新"的"雅美少年"为育人目标，形成如下课程逻辑体系（见图 1-1）。

二、学校课程结构

根据加德纳的多元智能理论，学校聚焦核心素养，将课程设立为"雅心成长、雅韵表达、雅探思维、雅情艺美、雅乐健康、雅新体验"六大类，每一类所涵盖的课程对应指向人文与社会、语言与表达、逻辑与思维、艺术与审美、运动与健康、科学与探索六项学生发展核心素养，形成了学校课程结构（见图 1-2）。

上述六类课程结构呈现出立体式、多维度、全方位的特色，将培养目标、课程设置、课程内容有机结合，形成了目标清晰、上下关联的教育群落，能有效促进学生品行的养成，让学生在自主选择、自主学习、自主发展的过程中逐步完成自我发展。

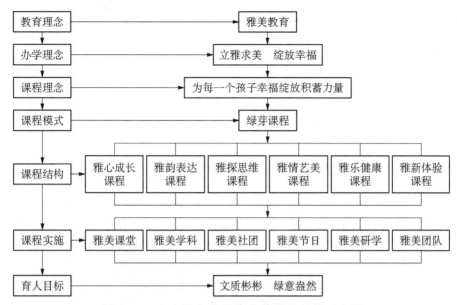

图 1-1　金水区文化绿城小学课程逻辑示意图

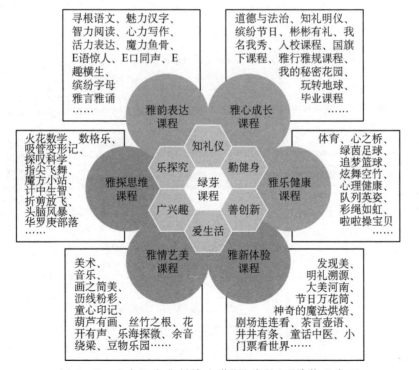

图 1-2　金水区文化绿城小学"绿芽课程"结构示意图

三、学校课程设置

根据"绿芽课程"结构示意图,结合课程资源现状,学校对课程的内容体系进行系统构建。纵向上,"绿芽课程"以学生身心发展规律为出发点,按照六个年级进行课程分布;横向上,以六类课程为主要内容,形成严密的逻辑体系,呈现出完整的课程图谱。以下是学校六类课程具体设置:

(一)"雅心成长"课程

"雅心成长"课程以道德与法治为基础,在课内实施。开设"我心成长"、"知礼明仪"、"缤纷节日"等特色课程。课程紧密联系生活,通过开展主题学习活动、节日实践活动,培养学生良好品行,提升学生家国意识,促进课程与社会、学校、学生生活的融合,从儿童的生活实际出发,让教学回归开放、真实、平和的生活。除基础课程之外,课程设置如下(见表1-2):

表1-2　金水区文化绿城小学"雅心成长"课程设置表

年级 \ 学期 \ 课程		我心成长	知 礼 明 仪		缤纷节日
一年级	一上	你好,好习惯	礼仪课程	仪式课程	哆来咪葫芦丝节 灵动空竹节 妙想创客节 雅美吟诵节 汉字英雄节 1 2 3 数学节 ＡＢＣ英语节 红黄蓝绘画节 你我他心理节 心连心感恩节 手拉手家校节 快乐PK节
			竹之芽:文明礼貌	入学礼	
	一下	安不忘危	礼仪课程	仪式课程	
			竹之芽:文明礼貌	入学礼	
二年级	二上	神奇计划表	礼仪课程	仪式课程	
			竹之笋:团结友善	队语心愿	
	二下	绽放自我	礼仪课程	仪式课程	
			竹之笋:团结友善	队语心愿	
三年级	三上	暖暖的朋友	礼仪课程	仪式课程	
			竹之声:勤劳简朴	齐心协力	
	三下	礼孝有加	礼仪课程	仪式课程	
			竹之声:勤劳简朴	齐心协力	
四年级	四上	"乡"味四溢	礼仪课程	仪式课程	
			竹之叶:谦逊诚信	路队新风尚	
	四下	月是故乡明	礼仪课程	仪式课程	
			竹之叶:谦逊诚信	路队新风尚	

(续表)

年级	学期＼课程	我心成长	知 礼 明 仪		缤纷节日
五年级	五上	最炫民族风	礼仪课程	仪式课程	
			竹之心：乐观奉献	中国节传真情	
	五下	厉害了我的国！	礼仪课程	仪式课程	
			竹之心：乐观奉献	中国节传真情	
六年级	六上	一诺千金	礼仪课程	仪式课程	
			竹之韵：悦纳自我	似水年华	
	六下	玩转地球	礼仪课程	仪式课程	
			竹之韵：悦纳自我	似水年华	

（二）"雅韵表达"课程

"雅韵表达"课程以语文、英语基础课程为课内实施基础，开设"寻根语文"、"回声英语"等系列语言表达类课程，同时开发有"金话筒"、"朗读者"、"光影星播客"等特色课程。该课程激发学生兴趣、开发学生潜能、提高学生的语言表达能力，通过儿童自身的生活体验、生活经验进行情景化教学，启迪学生的心灵和智慧。除基础课程之外，课程设置如下（见表1-3）：

表1-3　金水区文化绿城小学"雅韵表达"课程设置表

年级	学期＼课程	寻根语文					回声英语				
		魅力汉字	智力阅读	心力写作	活力表达	魔力鱼骨	E语惊人	E心倾听	E口童声	E趣横生	E路相随
一年级	一上	画说汉字	雅言雅诵	一鸣惊人	我名我秀	鱼骨趣拼	开口秀	余音袅袅	单词串串烧	缤纷字母	妙语连珠
	一下	画说汉字	经典传承	花开有声	故事在线	鱼骨趣认	开口秀	余音袅袅	单词串串烧	缤纷字母	妙语连珠
二年级	二上	汉字魔方	我爱国学	我手写我心	小故事大智慧	鱼骨巧识	模仿秀	英乐童心	念念有词	单词碰碰车	妙语生花
	二下	汉字魔方	诗音绕梁	悦写悦精彩	心灵驿站	鱼骨巧识	模仿秀	英乐童心	念念有词	单词碰碰车	妙语生花

（续表）

年级	课程学期	寻根语文					回声英语				
		魅力汉字	智力阅读	心力写作	活力表达	魔力鱼骨	E语惊人	E心倾听	E口童声	E趣横生	E路相随
三年级	三上	字里乾坤	诗路花语	文苑拾粹	主持启明星	鱼骨妙读	对话秀	光影星播客	朗读者	单词银行	奇思妙讲
	三下	字里乾坤	朗读者	天生一对	欢乐剧场	鱼骨妙读	对话秀	光影星播客	朗读者	单词银行	奇思妙讲
四年级	四上	巧说汉字	诗海泛舟	名著人物	金话筒	鱼骨悦读	演讲秀	欢乐好声音	有声有色	我写我秀	词海无涯
	四下	字源寻踪	雅诗雅韵	随笔荟萃	舌尖上的精彩	鱼骨悦读	演讲秀	欢乐好声音	有声有色	词海无涯	词海无涯
五年级	五上	汉字体验	日有所诵	诗画故事	畅猜灯谜	鱼骨畅写	表演秀	声临其境	清词妙句	词海无涯	词出心裁
	五下	玩转汉字	书海拾贝	诗画故事	览奇闻说轶事	鱼骨畅写	表演秀	声临其境	清词妙句	词海拾贝	词出心裁
六年级	六上	过关斩将	班班有读	美文美绘	我来当编剧	鱼骨导读	脱口秀	小眼睛大世界	读一无二	枝词蔓语	绘声绘色
	六下	汉字英雄	邂逅经典	美文美绘	家有喜事	鱼骨导读	脱口秀	小眼睛大世界	绘声绘色	奇思妙讲	绘声绘色

（三）"雅探思维"课程

"雅探思维"课程以数学、科学、计算机课程为学科基础，以"火花数学"、"探叹科学"、"计算机大师"、"小鲁班"为学科特色进行实施，同时开设有"魔方小站"、"千变万化的折纸"、"头脑风暴"、"云之翼"、"集中我的注意力"、"昆虫也疯狂"等课程，加上各种创客活动，课程丰富多彩。"雅探思维"课程，追求学科知识的"逻辑链"和学生头脑中的"思维链"相互融合和提升，关注学生的真切体验，使学生的思维在不断的探索和碰撞中深化和发散。除基础课程之外，课程设置如下（见表1-4）：

表 1—4　金水区文绿城小学"稚探思维"课程设置表

年级	学期	火花数学				探叹科学				计算机大师	小鲁班	创客课程
		火花代数	火花几何	火花统计	火花实践	物质科学	生命科学	地球与宇宙	技术与工程			
一年级	一上	火中生智	形形色色	数格乐	小小整理员	飞机·识	种子家族	云的语言	巧手摆			乐拼
	一下	计中生智	大展宏图	结绳计数	小小调查员	飞机·识	种子家族	云的语言	巧手摆			乐拼
二年级	二上	众志乘乘	走格趣	分类的学问	你确定吗	飞机·折	乌龟爷爷	风言风语	拼拼乐			乐拼
	二下	乘胜追击	喜形于拼	数字诗	思前想后	飞机·折	乌龟爷爷	风言风语	拼拼乐			乐拼
三年级	三上	神计妙算	摆格妙	金牌导游	日理万机	飞机·起	蚕宝宝	飞上蓝天	搭梦想	吸管变形记	千变万化的折纸	直冲云霄
	三下	小算大用	魔方小站	万年历	可能不可能	飞机·起	蚕宝宝	飞上蓝天	搭梦想	吸管变形记	千变万化的折纸	直冲云霄
四年级	四上	点格思	各就各位	鸡兔同笼	讲是说非	飞机·创	乐种	星光灿烂	梦之城	信息技术／慢摇到快手／集中注意力	折剪放飞／乐拼	乐创小瓦力／蓝天梦／云之翼／头脑风暴／动创乐翻天

（续表）

年级	学期/课程	火花数学 火花代数	火花几何	火花统计	火花实践	探究科学 物质科学	生命科学	地球与宇宙	技术与工程	计算机大师		小鲁班 创客课程								
五年级	四下	笔笔皆式	巧夺"田"工	折中有理	我的压岁钱	飞机·创	乐种	星光灿烂	梦之城	信息技术	慢摇到快手	集中注意力	折剪放飞	乐拼	乐创小瓦力	蓝天梦	云之翼	头脑风暴	直冲云霄	创动乐翻天
	五上	一题之师	左图右意	数据库	独数一帜	飞机·升	昆虫也疯狂	日积月累	合作窗	信息技术	指尖飞舞	乐拼	乐创小瓦力	蓝天梦	云之翼	头脑风暴	搭建梦想	精灵战队	触摸梦想	直冲云霄
	五下	填格格理	量体裁衣	蓄蓄有据	游中数学	飞机·升	昆虫也疯狂	日积月累	合作窗	信息技术	指尖飞舞	乐拼	乐创小瓦力	蓝天梦	云之翼	头脑风暴	搭建梦想	精灵战队	触摸梦想	直冲云霄
六年级	六上	乘格智	破矩为圆	分析析师	有史以来	飞机·梦	健康密码	爆炸实验室	筑桥梁	信息技术	魔术手	乐创小瓦力	编程一小时	搭建梦想	云之翼	头脑风暴	蓝天梦			
	六下	老谋深算	小图大作	条分缕析	母校中的数学	飞机·梦	健康密码	爆炸实验室	筑桥梁	信息技术	魔术手	乐创小瓦力	编程一小时	搭建梦想	云之翼	头脑风暴	蓝天梦			

（四）"雅情艺美"课程

"雅情艺美"课程以音乐、美术课程为依托，以"设绘美术"、"乐舞线音乐"课程为特色，旨在培养学生兴趣爱好、提高审美品位、陶冶艺术情操、展示艺术魅力。通过创建"葫涂乐"、"中国结"、"方寸间——篆刻"、"沥线粉彩"、"云之雀"、"管之情"等社团课程，提升学生的艺术审美能力，培养学生热爱祖国、热爱传统艺术的优秀品质。课程设置如下（见表1-5）：

表1-5 金水区文化绿城小学"雅情艺美"课程设置表

年级	课程学期	设绘美术				乐舞线音乐			
		造型·表现	设计·应用	欣赏·评述	综合·探索	感受与欣赏	表现	创造	音乐与文化
一年级	一上	画之简美	灵犀一指	画中寻	葫芦有画	丝竹之根	花开有声	花开有声	丝竹之根
	一下	画之简美	灵犀一指	画中寻	葫芦有画	丝竹之根	花开有声	花开有声	丝竹之根
二年级	二上	豆物乐园	画之想	童心印迹	葫芦情结	丝竹之灵	乐海冲浪	丝竹之灵	乐海冲浪
	二下	纸艺飞翔	沥线粉彩	童心印迹	葫芦情结	丝竹之灵	乐海冲浪	丝竹之灵	乐海冲浪
三年级	三上	纸幻为鸢	沥线粉彩	名帖赏	缤纷葫芦	丝竹之节	音韵流长	丝竹之节	音韵流长
	三下	点线之舞	沥线粉彩	名帖赏	缤纷葫芦	丝竹之节	音韵流长	丝竹之节	音韵流长
四年级	四上	方寸间	餐盘看世界	好字为之	葫芦生彩	丝竹之律	乐唱乐美	丝竹之律	乐唱乐美
	四下	方寸间	创线文艺	好字为之	葫芦生彩	丝竹之律	乐唱乐美	丝竹之律	乐唱乐美
五年级	五上	灰色空间	葫涂乐	民间美术	印迹葫芦	丝竹之情	乐海探微	丝竹之情	乐海探微
	五下	民族之花	葫涂乐	民间美术	印迹葫芦	丝竹之情	乐海探微	丝竹之情	乐海探微
六年级	六上	民族之花	葫涂乐	艺语风采	葫芦创想	丝竹之乐	余音绕梁	丝竹之乐	余音绕梁
	六下	民族之花	黑白装饰绘	艺语风采	葫芦创想	丝竹之乐	余音绕梁	丝竹之乐	余音绕梁

（五）"雅乐健康"课程

"雅乐健康"课程是以体育课程、心理健康课程为基础，结合体育特色课程"炫舞空竹"、"彩绳如虹"、"绿茵足球"、"追梦篮球"，同时结合心理健康特色课程"心之桥"等设立的系列课程。"雅乐健康"课程,追求对健康体格、健康心理的理解和感受,增强学生强身健体的意识和抗挫折能力,掌握一定的运动技能,促进人的全面发展,为学生的身心健康储备能量。除基础课程之外,课程设置如下(见表1-6):

表1-6 金水区文化绿城小学"雅乐健康"课程设置表

| 年级 | 课程/学期 | 卓YUE体育 | | | | | | 心理健康 |
		炫舞空竹	队列英姿	彩绳如虹	啦啦操宝贝	绿茵足球	追梦篮球	心之桥
一年级	一上	空竹·起	一声令下	绳舞律动	Red舞宝贝	绿茵继承者	篮之趣	心之源
	一下	空竹·起	一声令下	绳舞律动	Red舞宝贝	绿茵继承者	篮之趣	心之源
二年级	二上	空竹·行	令出必行	绳舞飞扬	Orange舞宝贝	绿茵飞跃者	篮之灵	心之趣
	二下	空竹·行	令出必行	绳舞飞扬	Orange舞宝贝	绿茵飞跃者	篮之灵	心之趣
三年级	三上	空竹·旋	号令如山	绳舞擂台	Yellow舞宝贝	绿茵小旋风	篮之巧	心之迹
	三下	空竹·旋	号令如山	绳舞擂台	Yellow舞宝贝	绿茵小旋风	篮之巧	心之迹
四年级	四上	空竹·舞	雷令风行	彩绳灵动	Green舞宝贝	绿茵小勇士	篮之力	心之影
	四下	空竹·舞	雷令风行	彩绳灵动	Green舞宝贝	绿茵小勇士	篮之力	心之影
五年级	五上	空竹·灵	从令入流	绳结同心	Blue舞宝贝	绿茵超越者	篮之魅	心之力
	五下	空竹·灵	从令入流	绳结同心	Blue舞宝贝	绿茵超越者	篮之魅	心之力
六年级	六上	空竹·炫	发号施令	绳彩飞扬	Purple舞宝贝	绿茵开拓者	篮之魂	心之爱
	六下	空竹·炫	发号施令	绳彩飞扬	Purple舞宝贝	绿茵开拓者	篮之魂	心之爱

(六)"雅新体验"课程

"雅新体验"课程以综合实践课程为基础,融合"爱我家乡"、"身体力行"等特色课程,培养学生动手能力、创新精神和团队合作意识。课程通过体验、探究、调查、访问、劳动、创新等学习方式,促进学生感受知识、运用知识、感受生活。除基础课程之外,课程设置如下(见表1-7)：

表1-7 金水区文化绿城小学"雅新体验"课程设置表

年级\学期\课程		爱我家乡	身体力行			
一年级	一上	相约佳节	明礼溯源	发现美·人	我当轮值校长
	一下	相约佳节	明礼溯源	发现美·人	我当轮值校长
二年级	二上	相约佳节	明礼溯源	发现美·事	我当轮值校长
	二下	相约佳节	明礼溯源	发现美·事	我当轮值校长
三年级	三上	相约佳节	明礼溯源	发现美·景	我当轮值校长
	三下	相约佳节	明礼溯源	发现美·景	我当轮值校长
四年级	四上	剧场连连看 节日万花筒	神奇的魔法烘焙	发现美·情	我当轮值校长
	四下	剧场连连看 节日万花筒	神奇的魔法烘焙	发现美·情	我当轮值校长
五年级	五上	大美河南 好评如潮	茶言壶语 井井有条 神奇的咔嚓世界	发现美·食	我当轮值校长
	五下	大美河南 好评如潮	茶言壶语 井井有条 神奇的咔嚓世界	发现美·食	我当轮值校长
六年级	六上	好评如潮	园艺乐园 童话中医 小门票看世界	发现美·好	我当轮值校长
	六下	好评如潮	园艺乐园 童话中医 小门票看世界	发现美·好	我当轮值校长

第四部分 学校课程实施

　　课程的实施与评价体现了学校对课程理念的贯彻与执行,要求学校为学生创设民主的、人文的课程学习环境,使之成为学生发展自我的外驱动力。

一、建构"雅美课堂",有效提升课程实施效能

　　课堂教学是课程价值实现的重要途径之一,"雅美课堂"是文化绿城小学"雅美教

育"的文化生成和实践创新产物,通过聚焦课堂教与学方式的变革,提高教学质量、提升课堂品质,雅美课堂日趋显示出课堂魅力。

(一)"雅美课堂"的内涵与操作

外显于美,内达于雅。"雅美课堂"是一种博学而文的积累,是一种思行并举的智慧,是一种择善而从的追求。

"雅美课堂"是饱满的课堂。饱满,是"雅美课堂"的主旨。饱满的课堂是有生命的课堂、有深度的课堂、有营养的课堂,以学生自主学习、发展能力为目标,以发现、解决问题为主要学习目的,以合作、探究为主要学习方式。饱满的课堂追求乐学、高效、成长,让学生的生命得到尊重,实现学生精神上的成长,人性上的培育。

"雅美课堂"是丰富的课堂。丰富,是"雅美课堂"的方向。建立丰富、盈实的课堂,意味着课堂教育的视野不是拘泥于知识技能的传授,而是带着鲜活气息的内容和主题走进课堂,学生有更多的机会面对深度思考和创新实践的挑战,让我们用感官和心灵去呼吸、去充盈。

"雅美课堂"是立体的课堂。立体,是"雅美课堂"的引领。立体,意味着集知识学习、能力培养和情感教育为一体的教育模式。是在学生原有能力基础上发展学生的思维能力,拓宽学生的思想广度,提高学生的认知高度,实现学生的发展的多维生长空间。

"雅美课堂"是简约的课堂。简约,是"雅美课堂"的文化形态。简约之中凝聚课堂智慧,简单之中还原课堂本色。简约的课堂是充满灵气的课堂,是不断生成的课堂,是多元整合的美丽课堂。简约的课堂,关注学生的学习起点,呈现原始的学习状态,让课堂复归本位,返璞归真。

"雅美课堂"是多元的课堂。多元,是"雅美课堂"的追求。教师立足课堂、探索教学,关注学情,生本相依,学有所长。学生在开放的环境中自由生长、群学优化。师生教学相长,融合创新,能力得到不断提高。

"雅美课堂"是唯美的课堂。唯美,是"雅美课堂"的立意。教师巧妙地运用具有创造性和机智性的教学艺术打造富有艺术性的课堂,教师激扬课堂,学生享受课堂,师生文化品格得以成长,身心健康得以成长,开拓能力得以成长,唯美的课堂开启师生唯美的人生。

（二）"雅美课堂"的实施

学校以自主、合作、创新的学习方式，以学科教师为团队，通过校本研修、课堂实践和课题研究三条途径提升课堂品质，实现"雅美课堂"雅美共生的简约高效之美。

途径一：校本教研，提升之本。学校始终关注以"校本培训"为途径，组织各级教育教学培训来提升教师的整体素质，通过沙龙教研、案例分析、交流座谈、专题研讨、专家讲座、帮带培训等形式使校本教研有效开展，深入落实。

途径二：立足课堂，抓好根基。学校立足"四课"，即"备课、上课、听课、评课"；注重"五要点"，即"了解起点、抓住重点、突破难点、解开疑点、凸显亮点"，打造设计与优化、对照与比较、反思与改进、探索与实践的课堂。

途径三：课题研究，深入推进。以课程建设开发为契机，围绕"雅美课堂"，学科教研组确定共同的研究课题，制定研究方案，教师个人的主题研究与组内的课题研究同时推进，积极申报省市级研究课题并设立一些子课题进行相关研究。

（三）"雅美课堂"的评价标准

"雅美课堂"的评价机制基于"雅美课堂"的六个要义，从学习目标、学习内容、学习过程、学习方法、学习评价和学习文化六个方面建构，用丰富的教学手段打造动态课堂，用简约的学习方法引导学生乐学、善究、好学，着眼于课堂学习方法和课程学习能力，落实"为每一个孩子幸福绽放积蓄力量"的课程理念。

饱满的学习目标。 教师"引"的思路清晰，学生"学"的目标明确。确立符合课程标准要求、清晰、可检测的学习目标；设计聚焦目标达成的明确的学习任务；应用恰当的技术手段创设恰切的情境，唤醒学生已有知识与生活经验，使学生的已有知识、经验、情感得到充分释放。

丰富的学习内容。 在内容选择上，学习内容容量适度，重难点把握准确；在呈现方式上，有效整合三维目标，突出能力培养。

立体的学习过程。 学习环节设计环环相扣、节节呼应，按照"自学质疑——有效生成——群学优化——反馈互动——达标测评"的设计步骤分层进行。在时间分配上，学生参与自主学习、交流、互动的时间不少于课程时间的三分之二。

简约的学习方法。 学习方式多样化，自学、组学、群学合理运用，并给予学法指导，学法得当，体现学生自主学习、探究学习、合作学习的学习方式。

多元的学习评价。学习不仅注重过程,更加注重多元发展。通过对学生进行思维训练和达标训练,学生思维积极主动、缜密有效,课堂练习有梯度、切实达到巩固新知的效果,学习目标达成率高。

唯美的学习文化。通过改进课堂教学的手段,探索有效互动的学习方式,助推学习有效性,真正实现唯美的课堂学习。

表1-8 金水区文化绿城小学"雅美课堂"评价量表

类别	指标	评 价 标 准	教学效果
学习 目标	饱满	1. 确立符合课程标准要求、清晰、可检测的学习目标;设计聚焦目标达成的明确的学习任务。	
		2. 学习目标表述能将"三维目标"有机渗透融合,具体、明确,可操作、可检测,直指核心素养。	
		3. 学习目标问题化,以明确的学习任务作为启动和组织学生学习活动的操作把手,激发学生探究新知的热情。	
学习 内容	丰富	1. 设计聚焦学生发展核心素养的学习内容,学习活动中学生能带着问题探究与合作交流。课堂立足学科素养,教学内容丰富。	
		2. 在建立课型模式中针对学生认知的需要,调整课堂学习内容,关注课堂生成,教师的课堂应变能力强,能够根据内容分配时间,单位时间效率高。	
学习 结构	立体	1. 课堂教学主线清晰,重难点突出,结构合理,指导学生带着问题对课堂学习进行梳理总结,构建知识体系。	
		2. 课堂中能随时反思学习中所存在的问题,及时进行矫正和弥补。切实贯彻"以学定教"原则,最大限度地了解学生学习中遇到的问题,并对问题进行梳理归纳,聚焦问题。	
		3. 教师善于引导、鼓励学生质疑,培养学生的质疑能力。学生在课堂中敢于质疑,并表现出一定的质疑能力。	
学习 方法	简约	1. 注重学法指导,在解决问题过程中引导学生自主学习、主动思考、积极体验,用学科思维逻辑去思考问题,用学科方法去解决问题,通过学科方法的习得,实现学习能力和品质的提升。	
		2. 根据学生学习方式创设恰当的问题情境,鼓励学生有效参与教学过程;创设好宽松、民主、融洽的教学氛围,指导学生灵活运用各种行之有效的学习方法,体验学习过程。	
		3. 倡导个性化、多样化学习,通过自主自学,合作探究,多元互动,和谐共生等多种方式学习。	

（续表）

类别	指标	评 价 标 准	教学效果
学习评价	多元	1. 在学生自学和展示的过程中，体现合作、探究、实践、质疑等学习方式；学生能够恰当评价；教师进行适时引导，关注有效生成，及时解决问题。	
		2. 通过思维训练和达标训练，学生思维积极主动、缜密有效，课堂练习有梯度、切实达到巩固新知的效果，学习目标达成率高。	
学习文化	唯美	1. 用问题引领、指导学生探究，学生自主探究时间充分。学生勇于表达自己的观点，乐于听取和尊重别人的意见。	
		2. 教师参与学生探究活动，能兼顾到各个层面的学生。学生在学科知识和方法的习得中，促进学科思维、创新意识、实践能力等方面的发展。	
		3. 学生参与展示交流时，态度积极，参与面广，参与度深。	

二、建设"雅美学科"，推进学科课程高效化实施

学校应创设各种条件为学生开设更加丰富的课程学习内容与环境，以满足学生发展需求。学校对学科课程进行统整规划，根据学科课程特点、学生需求以及学校实际，自主研发丰富的拓展性课程，形成了具有学科特色的课程群，以学科课程群的建构与实施保障学科课程品质与学科教学质量。

（一）"雅美学科"的建设路径

学校以基础课程为原点，依据学生需求，拓展丰富的课程，构建具有学科特性的课程群，培养学生学习兴趣，开发学生潜能。学科延伸课程既可以独立实施，也可以与基础型课程进行整合，嵌入教师课堂教学的某一环节来落实。学科课程群的建构使得原本点状的学科课程逐渐形成体系、归纳有序、最终成为一体。

1. "寻根语文"课程群

"寻根语文"课程，把课程内容与学生的年龄特点和需求有机结合，满足了学生的多元化学习需求，拓展语文学习的新时空。课程依据课标要求和学段特点，在一到六年级全面实施，在不同的学习阶段，针对学生学习特点，安排了不同的课程；从不同的角度，让学生系统地学习语文，激发学生学习语文的热情，培养学生的语文能力，提高学生的语文素养。"寻根语文"课程通过建构"寻根语文"课堂，开展"寻根语文节"，探寻"寻根语文之旅"，促进学科课程有效实施。除基础课程外，课程具体设置如下（见表1-9）：

表1-9　金水区文化绿城小学"寻根语文"课程设置

年级	课程 / 学期	寻根语文课程				
		魅力汉字	智力阅读	心力写作	活力表达	魔力鱼骨
一	一上	画说汉字	雅言雅诵	一鸣惊人	我名我秀	鱼骨趣拼
	一下	画说汉字	经典传承绘声绘色	花开有声	故事在线	鱼骨趣认
二	二上	汉字魔方	我爱国学	我手写我心	小故事大智慧	鱼骨巧识
	二下	汉字魔方	诗音绕梁	悦写悦精彩	心灵驿站	鱼骨巧识
三	三上	字里乾坤	诗路花语	文苑拾粹	主持启明星	鱼骨妙读
	三下	字里乾坤	朗读者	天生一对	欢乐剧场	鱼骨妙读
四	四上	巧说汉字	诗海泛舟	名著人物我知道	金话筒	鱼骨悦读
	四下	字源寻踪	雅诗雅韵	随笔荟萃	舌尖上的精彩	鱼骨悦读
五	五上	汉字体验馆	日有所诵	诗画故事	畅猜闻谜	鱼骨畅写
	五下	玩转汉字	书海拾贝	诗画故事	览奇闻说轶事	鱼骨畅写
六	六上	汉字英雄	邂逅经典	美文美绘	我来当编剧	鱼骨导读
	六下	汉字英雄	邂逅经典	美文美绘	家有喜事	鱼骨导读

2."火花数学"课程群

"火花数学"课程是学有价值的数学课。课程根据学生年龄特征和各学段课程要求,设立了"火花代数"、"火花几何"、"火花统计"、"火花实践"系列课程。课程以培养小学生的数学兴趣为出发点,探索小学数学学习模式由"打基础"转向"育兴趣",由"讲和授"转向"玩中学",由"学科教学"转向"活动体验",以此实现育人模式的转变。课程从创设雅美课堂、构建学习共同体、举办123数学节等方面进行实施。除基础课程外,"火花数学"课程具体设置如下(见表1-10):

表1-10　金水区文化绿城小学"火花数学"课程设置

年级	课程 / 学期	火花数学课程			
		火花代数	火花几何	火花统计	火花实践
一年级	一上	数格乐	形形色色	小小整理员	结绳计数
	一下	计中生智	大展宏图	小小调查员	分类的学问
二年级	二上	众志乘乘	走格趣	你确定吗	数字诗

(续表)

年级	课程＼学期	火花数学课程			
		火花代数	火花几何	火花统计	火花实践
	二下	乘胜追击	喜形于拼	思前想后	金牌导游
三年级	三上	神计妙算	摆格妙	日理万机	万年历
	三下	小算大用	魔方小站	可能不可能	华罗庚部落
四年级	四上	点格思	各就各位	讲是说非	鸡兔同笼
	四下	笔笔皆式	巧夺"田"工	折中有理	我的压岁钱
五年级	五上	一题之师	左图右意	数据库	独数一帜
	五下	填格理	量体裁衣	凿凿有据	游中数学
六年级	六上	乘格智	破矩为圆	分析师	有史以来
	六下	老谋深算	小图大作	条分缕析	母校中的数学

3. "回声英语"课程群

"回声英语"把课程内容与学生特殊年龄特点的特别需求有机结合,满足了学生的多元化学习需求,为每个学生提供了适合自身发展需要的平台,丰富学生的人生体验。"回声英语"课程通过"回声英语"课堂、开展特色"英语节",让学生体验学习英语的快乐,激发学生学习英语的热情;开设"E路同行"英语角,激发学生学习英语的乐趣,培养学生的运用能力;开设"Fun English Club"等有趣的社团,打开学生心灵世界,让学生在活动中掌握听、说、读、写的技巧,注重培养学生学习英语的兴趣,提高学生综合语言运用能力。"回声英语"给学生提供丰富的给养,设计合理的教学活动,满足不同个性的多样需求,在真实的言语情境或模拟情境中推动学生学习,调动学生的积极性,触景生情,在"回声英语"课堂中点燃孩子学习英语的梦想天空。除基础课程外,课程具体设置如下(见表1-11):

表1-11 金水区文化绿城小学"回声英语"课程设置

年级	课程＼学期	回声英语				
		E语惊人	E心倾听	E口童声	E趣横生	E路相随
一年级	一上	开口秀	余音袅袅	单词串串烧	缤纷字母	妙语连珠
	一下	开口秀	余音袅袅	单词串串烧	缤纷字母	妙语连珠

(续表)

年级	课程 学期	回声英语				
		E语惊人	E心倾听	E口童声	E趣横生	E路相随
二年级	二上	模仿秀	英乐童心	念念有词	单词碰碰车	妙语生花
	二下	模仿秀	英乐童心	念念有词	单词碰碰车	妙语生花
三年级	三上	对话秀	光影星播客	朗读者	单词银行	奇思妙讲
	三下	对话秀	光影星播客	朗读者	单词银行	奇思妙讲
四年级	四上	演讲秀	欢乐好声音	有声有色	我写我秀	词海无涯
	四下	演讲秀	欢乐好声音	有声有色	我写我秀	词海无涯
五年级	五上	表演秀	声临其境	清词妙句	词海拾贝	词出心裁
	五下	表演秀	声临其境	清词妙句	词海拾贝	词出心裁
六年级	六上	脱口秀	小眼睛　大世界	读一无二	枝词蔓语	绘声绘色
	六下	脱口秀	小眼睛　大世界	读一无二	枝词蔓语	绘声绘色

4. "卓 YUE 体育"课程群

根据体育自身的特点以及国家课程发展的趋势,课程拓宽了体育课程学习的内容。课程设计兼顾体育学科特点、教材特点和学生的认知特点,形成系统的、层递式的培养体系。依据体育学科五个学习领域及年级层次开发了"队列英姿"、"炫舞空竹"、"彩绳如虹"、"啦啦操宝贝"、"绿茵足球"、"追梦篮球"等课程。"卓 YUE 体育"课程充分发挥学生的潜能,顺应学生的天性,让学生在课程中开心快乐地学习知识。通过构建"卓越课堂"、组织"卓越社团"、举办"千人抖空竹"、创新"阳光大课间"等活动,促进"卓 YUE 体育"的深度实施。除基础课程外,课程具体设置如下(见表 1-12):

表 1-12　金水区文化绿城小学"卓 YUE 体育"课程设置

年级	课程 学期	卓 YUE 体育课程					
		炫舞空竹	队列英姿	彩绳如虹	啦啦操宝贝	绿茵足球	追梦篮球
一	一上	空竹·起	一声令下	绳舞律动	Red 舞宝贝	绿茵继承者	篮之趣
	一下	空竹·起	一声令下	绳舞律动	Red 舞宝贝	绿茵继承者	篮之趣
二	二上	空竹·行	令出必行	绳舞飞扬	Orange 舞宝贝	绿茵飞跃者	篮之灵
	二下	空竹·行	令出必行	绳舞飞扬	Orange 舞宝贝	绿茵飞跃者	篮之灵

（续表）

年级＼课程＼学期	卓 YUE 体育课程					
	炫舞空竹	队列英姿	彩绳如虹	啦啦操宝贝	绿茵足球	追梦篮球
三	三上	空竹·旋	号令如山	绳舞擂台	Yellow 舞宝贝	绿茵小旋风	篮之巧
	三下	空竹·旋	号令如山	绳舞擂台	Yellow 舞宝贝	绿茵小旋风	篮之巧
四	四上	空竹·舞	雷令风行	彩绳灵动	Green 舞宝贝	绿茵小勇士	篮之力
	四下	空竹·舞	雷令风行	彩绳灵动	Green 舞宝贝	绿茵小勇士	篮之力
五	五上	空竹·灵	从令人流	绳结同心	Blue 舞宝贝	绿茵超越者	篮之魅
	五下	空竹·灵	从令人流	绳结同心	Blue 舞宝贝	绿茵超越者	篮之魅
六	六上	空竹·炫	发号施令	绳彩飞扬	Purple 舞宝贝	绿茵开拓者	篮之魂
	六下	空竹·炫	发号施令	绳彩飞扬	Purple 舞宝贝	绿茵开拓者	篮之魂

5."乐舞线音乐"课程群

"乐舞线音乐"课程旨在培养学生终身发展和适应未来社会所需的共同基础，满足学生的个性化需要，开发和培育学生的潜能和特长。基于此，结合音乐学科课程标准中课程内容的四个领域，课程实施的内容包括感受与欣赏、表现、创造、音乐与相关文化。"乐舞线音乐"课程设置以年级为纵向，以学科课程框架为横向，形成了上下关联的课程群。课程的实施以舞蹈、合唱、葫芦丝、管乐社团等形式为主。除基础课程，课程具体设置如下（见表1-13）：

表1-13 金水区文化绿城小学"乐舞线音乐"课程设置

年级＼课程＼学期	乐舞线音乐			
	感受与欣赏	表现	创造	音乐与文化
一	一上	丝竹之根	花开有声	花开有声	丝竹之根
	一下	丝竹之根	花开有声	花开有声	丝竹之根
二	二上	丝竹之灵	乐海冲浪	丝竹之灵	乐海冲浪
	二下	丝竹之灵	乐海冲浪	丝竹之灵	乐海冲浪
三	三上	丝竹之节	音韵流长	丝竹之节	音韵流长
	三下	丝竹之节	音韵流长	丝竹之节	音韵流长
四	四上	丝竹之律	乐唱乐美	丝竹之律	乐唱乐美
	四下	丝竹之律	乐唱乐美	丝竹之律	乐唱乐美

(续表)

年级	学期	乐舞线音乐			
		感受与欣赏	表现	创造	音乐与文化
五	五上	丝竹之情	乐海探微	丝竹之情	乐海探微
	五下	丝竹之情	乐海探微	丝竹之情	乐海探微
六	六上	丝竹之乐	余音绕梁	丝竹之乐	余音绕梁
	六下	丝竹之乐	余音绕梁	丝竹之乐	余音绕梁

6. "设绘美术"课程群

"设绘美术"课程努力践行"让每一位孩子感受到美术创作带来的独特艺术魅力,敢于创想,勇于创作,描绘出属于自己的艺术蓝图"这一课程理念。为了丰富学生的人生体验,拓展学生美术学习的新时空,我们建构了"设绘美术"学科课程群。具体分为造型·表现、设计·应用、欣赏·评述、综合·探索四大类课程群,在一至六年级全面实施。"设绘美术"课程通过建构"设绘美术"课堂、开展"设绘美术节"、推进"设绘美术社团"、探寻"设绘美术之旅",落实课程深度实施。除基础课程外,课程具体设置如下(见表1-14):

表1-14　金水区文化绿城小学"设绘美术"课程设置

年级	学期	设绘美术			
		造型·表现	设计·应用	欣赏·评述	综合·探索
一	一上	画之简美	灵犀一指	画中寻	葫芦有画
	一下	画之简美	灵犀一指	画中寻	葫芦有画
二	二上	豆物乐园	画之想	童心印迹	葫芦情结
	二下	纸艺飞翔	沥线粉彩	童心印迹	葫芦情结
三	三上	纸幻为鸢	沥线粉彩	名帖赏	缤纷葫芦
	三下	点线之舞	沥线粉彩	名帖赏	缤纷葫芦
四	四上	方寸间	餐盘看世界	好字为之	葫芦生彩
	四下	方寸间	创线文艺	好字为之	葫芦生彩
五	五上	灰色空间	葫涂乐	民间美术	印迹葫芦
	五下	民族之花	葫涂乐	民间美术	印迹葫芦
六	六上	民族之花	葫涂乐	艺语风采	葫芦创想
	六下	民族之花	黑白装饰绘	艺语风采	葫芦创想

7."探叹科学"课程群

科学课堂的高效与否，不在于是否学到科学知识与技能。科学探究不仅涉及提出问题、猜想结果、制定计划、观察、实验、制作、搜集证据、进行解释、表达与交流等活动，还涉及对科学探究的认识，如科学探究的特征等，培养一个对世界充满好奇又懂得动手和欣赏的人才是最终的教学目的。"探叹科学"课程设置的二维方向分别为：按年级顺序，分为一至六年级；按课程领域类别，分为物质科学、生命科学、地球与宇宙科学、技术与工程四大领域。通过组建"探叹工作坊"、建设"探叹空间"、开展"探叹联盟"、举办"探叹节日"、探寻"探叹体验"等方式有效实施。除基础课程外，课程具体设置如下（见表1-15）：

表1-15 金水区文化绿城小学"探叹科学"课程设置

课程 年级	探 叹 科 学			
	物质科学	生命科学	地球与宇宙科学	技术与工程
一	飞机·识	种子家族	云的语言	巧手摆
二	飞机·折	乌龟爷爷	风言风语	拼拼乐
三	飞机·起	蚕宝宝	飞上蓝天	搭梦想
四	飞机·创	乐种	星光灿烂	梦之城
五	飞机·升	昆虫也疯狂	日积月累	合作窗
六	飞机·梦	健康密码	爆炸实验室	筑桥梁

(二)"雅美学科"的实施

学校从学科教学、学科团队、学科研究三个方面将课程开展落到实处。

1. 研究学科教学，提升教学氛围。学校基于学科教学主张探索教学活动新样态，提出学科教学"五个一"：每一个学科都要有清晰的课程目标；每一个学科都要有细致的实施要求；每一个学科都要有科学的内容设计；每一个学科都要有合理的课程评价；每一个学科都要有准确的特色定位。针对五个一，开展多样的学科教学活动，帮助教师提炼自己独特的教学价值观，形成了浓厚的教学文化氛围。

2. 打造学科团队，提升教师素养。教师是最具生命力和创造性的课程资源。学校加强学科团队建设，建立"特色教师工作室"、培养学科带头人、名师引领、师徒结对，培育良好的团队文化。依托学科教师团队,开展各项专题教学研究,推动学校课程教学改革和创新。

3. 加强学科研究,提升学习品质。学科研究是提高学科质量、提升学科品质的有力方式。各学科团队围绕学科的基本理念与学科核心素养,通过校本研修、课例研究的方式提炼学习经验,帮助孩子们形成学科观念,掌握学科学习的方法,并在教学活动中激励学生进行互动分享,指导学生进行自我调控,帮助学生构建自己的学习方法体系。

(三)"雅美学科"的评价

学校建立"雅美学科"评价体系,不仅关注学生的学业成绩,而且努力发展学生多方面的潜能,了解学生发展中的需求,遵循逻辑性、实践性、多元化的原则,以"场景研究"为基本策略,保障学科实施的质量。根据"雅美学科"的内涵,制定以下评价标准。

1. 学科理念明确。提炼和形成独特的学科理念有利于形成学科特色,这是"雅美学科"的核心所在。

2. 学科方案有特色。以独特的学科理念为指导,根据教师和学生特定的发展需求,形成基于特色学科理念的学科建设方案。

3. 课程实施方式丰富。以多元的课程内容满足学生的学习需求,充实学生的学习生活,依托丰富多样的课程实施方式,形成学科特色。

4. 学科学习有品质。从学科特点和学校实际出发,制定学科学习规范,培养学生良好的学习习惯,指导学生树立正确的学习观念和思路,构建科学的学习策略,注重对学生进行学习方法指导和训练。

5. 学科教研活动高效。营造良好的教研氛围、形成学科教研文化,教研活动有规划、有落实、有成效。

6. 学科团队建设优质。建立富有活力、团结协作、具有创新精神的学科团队,培育和形成自己的专业理念、团队特点。

三、创设"雅美社团",推进兴趣爱好课程的深度实施

基于"为每一个孩子幸福绽放积蓄力量"的办学理念,学校社团类课程的开发与实施以学生自主选择、实施为主体,以教师组织引导、服务为手段,以学校支持引领和制度为保障,来促进"雅美社团"深度实施。

（一）"雅美社团"的主要类型

学校根据社团特色分为：文化社团、艺术社团、体育社团、科技社团、心理社团五大类。有"童心印记"版画社团，"方寸间"篆刻社，沥粉画社团，"糊涂乐"社团，"丝韵之声"、"丝上天音"葫芦丝社团，"云之雀"、"云之鹊"合唱社团，"炫舞空竹"、"炫彩扯铃"空竹社团，"绿茵足球"社团，"cool舞宝贝"啦啦操社团，"乐创小瓦砾"机器人社团，"云之翼"纸飞机社，"心之桥"社团等五大类二十八个学生社团。它们各具特色，百花齐放、万紫竞芳，充分发挥了社团在丰富校园文化活动、培育学生特长等方面的作用。

（三）"雅美社团"的实施

"雅美社团"以活动为驱动，借助家长学校、校内外资源，开展丰富多彩的社团活动。学校统一给各个社团配发《社团活动手册》，指导社团建设、开展活动和整理资料。根据日常活动、文字资料、有形成果、参赛获奖、宣传影响等方面情况，评选出优秀社团和优秀社团辅导教师。

（二）"雅美社团"的评价

完善的评价激励制度是社团管理的重要部分。在对社团的评价上，我校主要遵循素质培养的原则，对社团课程和社团学生进行全面、科学的评价。

对学生的评价主要考虑三方面的因素。一是学生学习该课程的学时总量，不同的学时给不同的分数；二是学生在学习过程中的表现，如态度、积极性、参与状况等，由任课教师综合考核后给出一定的评价结果；三是学习的客观效果，教师可采取适当的方式进行考核。评价以学生参与学习的学时量的考核为主，过程与结果为辅，最终评价结果综合考虑三方面因素，具体评价量表如下（见表1-16）：

表1-16　金水区文化绿城小学"我的成长　快乐分享"表

评价内容	评价标准	评价结果		
		自评	互评	师评
情感态度	遵守社团规章制度和课堂纪律			
	积极主动提出活动的设想、建议			
合作交流	认真倾听同学的意见和建议			
	团结同学，乐于合作，勤于动手			

(续表)

评价内容	评价标准	评价结果		
		自评	互评	师评
实践能力	有求知的好奇心,探索的欲望			
	积极实践,发挥个性特长,施展才能			
成果展示	能完成活动任务,基本掌握相应技能			
	形成成果性的展示,成果质量较高			

四、设立"雅美节日",推进校园文化课程的有序实施

学校以"雅美节日"为实施途径,开展形式多样、面向全体、具有时代特征和校园特色的各种活动,实现人人参与、快乐分享。通过节日课程的开设让学生感受传统文化的源远流长,增强学生民族自豪感,强化学生的民族精神,激发学生的爱国热情,达到增强凝聚力、激发责任感和使命感的教育目的。

(一)"雅美节日"的内容与实施

学校雅美节日分为"传统节日"和"校园节日"两部分。

"传统节日"旨在让学生更深入地了解当地传统节日文化,增强民族自豪感,通过对传统节日的了解,亲近传统文化,吸收传统文化的精华,夯实学生的文化底蕴,提高学生的人文素养。如在"元宵节"中开展元宵节风俗习惯的图片及各种实物展览,对学生进行"文明、亲情"教育,让学生体会家庭生活的温馨,做到与家人互亲互爱。"端午节"里开展包粽子活动,了解屈原的故事,接受爱国主义教育。通过开展课内外实践活动,掌握新的学习方式,促进学生主动学习、综合学习、探究学习、实践学习。

"校园节日"为学校具有校园特色的活动。有两年一届的"丝竹传情"葫芦丝节、"歌声与梦想"校园合唱节,有每年固定时间进行的"面向未来"英语节、"阳光少年"空竹运动会、校园"创客节"、美文诵读比赛、汉字听写大赛等。组织学生在活动中实践,体验到节日带给我们的快乐。

(二)"雅美节日"的评价要求

"雅美节日"倡导采用多主体、开放性的评价,运用综合评价方式。以节日为载体,结合学校各年级活动目标及学生在活动过程中的表现,进行过程性评价与终结性评价。过程性评价主要提供学生展示的途径和阵地,考察学生的综合能力和基本素养,

结合校内和校外的多种资源，首先提供学生展示的平台。如在校园节日"丝竹传情"葫芦丝节中，每个年级的每个学生进行葫芦丝展示，从吹奏准确、节奏统一、口号响亮、精神面貌、着装整齐等方面评比出班级之星和年级之星；校园"创客节"中根据各年级学生特点评选出"创客小达人"。在传统节日"春节"中，开展"我的压岁钱怎么花"调查活动和春节对联征集和评选活动；"端午节"中开展"中国情、中国节"主题班队会、开展"吃粽子话屈原"实践活动和"端午节的传说"讲故事比赛活动。充分利用校报、校刊、黑板报、作品展览交流会等对学生进行鼓励性评价。

借助"雅美节日"评价表格(见表1-17)，学校采用学生自评与互评相结合，教师评价、家长评价与学生评价相结合，定性评价与定量评价相结合等方式进行评价。评价内容分为：参与积极性；自主探究能力；小组合作协同能力；活动成果的表述；活动过程中的情感体验等五个维度。在终结性评价中，我们采用"争当节日小天使"和"节日小分队"进行评定。根据学生参与活动的态度、创新精神和实践能力的发展情况及对学生或学习小组、学习方法和研究方法、掌握情况设星级评比制，其评价结果放入学生成长记录袋内。

表1-17　金水区文化绿城小学"雅美节日"小明星评价表

节日小天使		节日小分队	
	想一想，再涂色		议一议，再打分
参与星	☆☆☆☆☆☆☆☆☆☆	全程投入	
动手星	☆☆☆☆☆☆☆☆☆☆	实践能力	
创意星	☆☆☆☆☆☆☆☆☆☆	创造能力	
合作星	☆☆☆☆☆☆☆☆☆☆	合作能力	
评定人：			

五、探寻"雅美之旅"，推进研学旅行课程的有效实施

根据学生的年龄特点和全面提升综合素质的需要，组织学生走进社会和大自然这两个特殊"课堂"，开展科学实践、素质拓展、生存体验、专题教育等实践体验活动和实地研究学习，帮助学生丰富知识、拓展视野、提升技能、磨砺意志品质。学生在游中学、学中研、研中思、思中行，研学并举，知行合一，在研学过程中拓展视野、丰富知识，增强公德意识、安全意识、合作意识、规则意识。通过社会调查、参观访问、亲身体验、集体活动、同伴互助、文字总结等为一体的研学活动,学生的自理能力、沟通能力、调查研究能力、创新能力、合作能力和实践能力都得到了极大的提高。

(一)"雅美之旅"的内容与实施

学校结合"雅美教育"教育哲学和学校特色,以校外实践活动为载体,设计"雅美之旅"系列主题式研学课程,如:《走进中医院》《报社有约》《遇见公园》《探秘自来水厂》《小小志愿者》等。学生通过参与"雅美之旅"研学旅行课程,拓展视野、丰富知识,加深对自然和文化的亲近感,增强实践能力、创新精神和社会公共道德的体验。

研学活动的实施突出体现了解、探究、实践和熏陶四个要求。了解即通过研学旅行活动,了解当前社会实践活动中迫切需要解决的现实问题,如交通、卫生、饮食、环境、动植物保护等现实状况。探究即通过探究各个学科中的实际问题,包括对数学、语文、英语、科学、信息技术、体育、音乐、美术以及综合性知识的探究,发现一些值得研究的新问题。实践即在旅行活动中,各学科可开展实践活动,年级和班级可开展学生社团活动、爱心活动、安全演练活动、校外义务劳动等。熏陶即学校结合实际,开展文化寻根活动;参观纪念馆、档案馆、科技馆和博物馆活动;与市内外、省内外、国内友好学校互访;访问知名学者等成功人士以及其他游学活动。

(二)"雅美之旅"的评价要求

为促进"雅美之旅"课程的有效开展,学校从时间观念、参与意识、实践能力、遵规守纪、文明素养、合作精神等方面研制评价量表(见表 1-18)对学生进行评价。

第一,师生互动共制评价目标。评价标准是由教师与学生互动交流而生成的,教师在掌握研学主题目标的情况下,将这些目标转换成学生可以理解和接受的呈现状态,并积极寻求学生的意见。在此过程中,一方面,教师增强与学生的交流,更加明确了学生的需求特点;另一方面,学生对研学评价标准不会一无所知,而是根据这些生成的标准随时调整自己的研学行动。

第二,实施过程性评价。评价伴随课程实施的全过程。研学旅行实践课程是以活动学习为主的体验式课程,包括认知体验与情感体验,教师需关注活动中学生的每一次表现、每一项任务的完成,针对任务的性质做出合理而又适切的评价。例如,关于某事物或某历史典故的认知，可采用问答形式；对于学生旅行活动中的感受和体验，可以借助学生"五官"来表达（绘画、写作、唱歌等），使他们能够选择表达学习成果的方法。此外，教师应为学生提供各种反馈信息，基于学生的反应及时调整评价方式，同时促进学生学会运用评价信息适时适度地调整自身学习。

第三，学生自评与相互评价结合。所谓自我评价是学生评价自己的学习状态，依据自己已有认知和外界获得信息审视自身，客观认识自己并了解自身的真正状态，以调整以后的学习活动。相互评价即同伴之间互相评价学习进度状态。研学旅行课程是在真实情境中进行的、学生集体参与的活动式课程，其很大程度上区别于传统讲授式教学，教师在整个课程实施过程中扮演着引导者、参与者的角色，因此能够把握学生在活动中的真实学习状态的莫过于学生自己以及同伴了。在涉及认知类内容时，学生基于"既知"进行自我评价，及时发现"未知"，并调节"既知"与"未知"之间的矛盾，在监控自身学习状态的同时，提升自我效能感以及成就感，实现研学课程认知的深度体验。综合使用同伴互评，在交流中彼此琢磨各自的知识与见解，有益于个体自身知识面的拓宽以及合作精神的培养。

表 1-18　金水区文化绿城小学"雅美之旅"评价表

评价内容		评价标准	评价结果		
			自评	互评	师评
时间观念	守时	按时集合、参观、乘车			
	出勤	不无故缺勤			
参与意识	学习态度	学习态度端正			
	学习准备	学习准备充足			
	学习过程	及时记录			
实践能力	合作学习	积极与组内成员合作学习			
	小组交流	与他人交流分享			
	学习收获	学习成果呈现准确			
遵规守序	服从管理	服从组长管理			
	听从指挥	听从老师指挥			
	规范参观	按照安排有序参观			

(续表)

评价内容		评价标准	评价结果		
			自评	互评	师评
文明素养	乘车	文明乘车			
	参观	文明参观			
	礼仪	注重礼仪规范			
	交往	和他人文明交往			
合作精神	组织	团队组织有效的活动			
	交流	小组内进行有效的交流			
	协作	团队内进行有效的协作			
	和谐	营造和谐的团队氛围			
	互助	主动帮助同学			
(备注：每项优：5分　良：3分　中：1分　满分：100分)					

　　"绿芽课程"规划是学校学科课程群的建设指南,是课程管理和评价的依据。在"雅美教育"的指导下,秉承"立雅求美,绽放幸福"的办学理念,培养"文质彬彬,绿意盎然"的新时代好少年。学生在"绿芽课程"的浸润下,蓬勃向上、自立自强、茁壮成长、枝繁叶茂。今日课程,明日世界,每一门课程为孩子打开了一扇可能之门,"绿芽课程"为每一个孩子幸福绽放积蓄力量。

（撰稿人：杜豫　张悦）

第二章

育人目标：学校课程的指向

泰勒在《课程与教学的基本原理》中确立了课程研制活动的四个基本环节,即确定基本目标、选择学习经验、组织学习经验、评价学习结果。基于此,学校课程设计不是漫无目的的"撒野",而是既要有基于目标的牵引,又要有匹配课程、实施课程、评价结果的过程。学校究竟要培养什么样的人,其实质就需要对育人目标进行富有学校个性特质的鲜明的定位,并充分挖掘和释放育人目标在指导课程建设中的教育改革力量。以育人目标为指向,设计与规划学校课程体系,是一种对学生负责任的态度,也是学校内涵发展的保障。离开了学校的育人目标,课程建设便是在缘木求鱼;反之,其实施才会生根发芽。

芳草地课程：向着芬芳绽放

润物无声育新苗，春风化雨绽芬芳。在"芬芳教育"哲学引领下，学校充分挖掘和释放育人目标在指导课程建设中的教育改革力量，以育人目标为指向，设计与规划学校"芳草地课程"，并确立了"向着芬芳绽放"的课程理念：课程即学习图景，它是智慧灵动的；课程即内在生长，它是芳香四溢的；课程即生命情愫，它是静待花开的；课程即个性绽放，它是绚烂多彩的。"芳草地课程"为每个孩子种下独特的"生命图景"，为每个孩子在课程学习中智慧灵动、个性绽放，实现个人的成长、绽放生命的芬芳提供可能性。

郑州市金水区沙口路小学创建于1960年，是一所历史悠久的学校。地处郑州市金水、二七、中原三区交界处，原名是"郑州市油脂路工厂联合子弟学校"，于1965年更名为金水区沙口路小学。目前，学校占地面积4 689.8平方米，共有26个教学班，其中进城随迁子女占学生总人数的42.6％。近年来，学校致力于落实公平而有质量的教育，以学校文化建设和学校课程建设为切入点，努力打造学生、教师、家长满意的家门口的好学校。为使辖内儿童享受优质教育，学校还进行了基础设施改、扩建及学校文化建设，现拥有"飞天酷客"创客教室、图书阅览室、多功能报告厅等专用功能教室。学校先后荣获"中国好老师"公益活动计划基地学校、全国教育科学"九五"规划教育部重点科研项目"中小学生创造精神培养的试验与研究"先进学校、全国"手拉手"优秀联谊学校、全国基础教育课程改革中小学生现代信息技术课程试验基地、全国新世纪小学数学研究与应用基地示范学校、河南省小学德育实验学校、郑州市教育科研实验基地等多项荣誉称号。

第一部分　学校课程哲学

明确课程价值取向、形成课程理念是课程建设的首要内容。因此，学校基于对教育哲学的独特理解而形成富有学校个性的教育理想和理念，从而发挥课程的育人功能。

一、学校教育哲学

蔡元培曾经说过："要有良好的社会,必先有良好的个人,要有良好的个人,就要先有良好的教育。"学校将此作为教育信仰和追求,镌刻在学校文化墙上。此外,基于学校师资薄弱和师生缺乏自信所造成的教学方式及学习方式保守单一、师生自我认识不足、师生成就感不高等现状,学校提出了"芬芳教育"哲学。芬芳是花草的香气,也是一切美好的事物。"芬芳教育"就是通过春风化雨、润物无声的关爱与教育,让每一个金水区沙口路小学的孩子都能绽放属于自己的芬芳。

"芬芳教育"是温馨的教育。学校是有生命、有气息的,通过巧妙设计建筑色彩、精心打造育人环境等,让学校文化潜移默化地融入师生心灵,让每位师生感受到"家"一般的温馨;通过营造平等和谐的师生关系,让学校教育温暖师生心灵、温润师生生命,并让教育的芬芳贯穿于师生在校学习生活的全过程。

"芬芳教育"是丰富的教育。百花园中每朵花都有属于自己的花期。"芬芳教育"尊重学生差异、个性,通过转变教师教学方式、设置多元丰富课程、开展多样学习形式,为孩子提供多种选择,丰富孩子内心精神世界,让每一个孩子的生命自由舒展,让每一位教师找到职业幸福感,并达到各自理想的高度。

"芬芳教育"是开放的教育。开放的教育就是要打开校园封闭的"围墙",一方面打开资源的"围墙",让孩子的学习走向教室以外的开放空间,让校园空间环境、社区资源、社会资源等成为孩子学习的丰富资源,开阔孩子视野;另一方面,打开视野的"围墙",通过面向未来的课程设置、灵活多变的学习方式,为孩子适应未来并创造未来提供最大化可能,为孩子成长为开放、包容、挑战的新时代公民奠基。

基于此,学校将办学理念确定为"让每一朵花儿都芬芳绽放",并确立了"明事理、懂礼仪、乐思考、敢质疑、丰才艺、强身体"的学生培养目标。

学校的教育信条:

学校坚信,教育是芬芳的事业;

学校坚信,学校是让心灵芬芳的地方;

学校坚信,良好的社会需要良好的教育;

学校坚信,没有一朵花儿会错过温暖的春天;

学校坚信,向着芬芳绽放是教育最美好的姿态;

学校坚信,每一朵花儿都有属于自己独特的芬芳;

学校坚信,无条件地爱儿童是教师职业芬芳的生动诠释。

二、学校课程理念

每一个孩子都是一朵花儿,课程则是滋养他们、并使他们芬芳绽放的土壤、阳光和空气。基于"芬芳教育"哲学,学校确立的课程理念是"向着芬芳绽放"。具体解读为:

课程即学习图景,它是智慧灵动的。课程是浓缩的世界图景,丰富多彩的图景让学校课程与学习需求无缝对接,激发孩子的主动性和创造性,使学习成为一种奇妙的旅行,抵达孩子的灵魂深处,使孩子从中得到智慧的滋养。

课程即内在生长,它是芳香四溢的。孩子的课程体验过程,即孩子个体的生长过程。以课程搭建孩子自主发展的空间,给予孩子自由选择的权利,唤醒孩子自我发展的动力,让课程影响孩子的生命历程,让孩子在课程中获得生命成长的力量。

课程即生命情愫,它是静待花开的。繁花百态,花开不同。课程认可每一位孩子的生命体验,尊重他们的选择。依据不同孩子的发展实际,为每位孩子种下他自己独特的"生命图景",让每一位孩子在课程中寻找到适合自己的方向,让追求生命绽放的种子生根发芽、静绽芬芳。

课程即个性绽放,它是绚烂多彩的。春有兰,秋有菊。课程满足每个孩子的个性需求,滋养每个孩子的个性生长。基于百花齐放的课程,满足不同孩子的兴趣和潜能拓展,实现每个孩子独特的精彩绽放。

花儿的美丽在于土壤的肥沃,果实的诱人在于养分的吸收。基于"向着芬芳绽放"的课程理念,学校确立了"芳草地课程",努力让每一朵花儿在沃土中绽放,让每一位儿童在课程中成长。

第二部分　学校课程目标

学校课程是为实现育人目标,而育人目标是通过课程目标有效达成的。基于此,学校确立了如下的育人目标和课程目标。

一、育人目标

学校努力培养"明事理、懂礼仪、乐思考、敢质疑、丰才艺、强身体"的"芬芳少年"。

明事理，懂礼仪。明白为人处世的道理，懂得举止文明的礼仪。

乐思考，敢质疑。乐于认真周密地思考，敢于大胆理性地质疑。

丰才艺，强身体。培养多才多艺的兴趣，强壮坚强健康的体魄。

二、课程目标

基于育人目标，学校力求通过丰富的课程体验，让每一个孩子成长为明事理、懂礼仪、乐思考、敢质疑、丰才艺、强身体的能够符合社会要求的合格小公民。同时，根据各年级段孩子的年龄和身心特点，学校又将课程目标进行细化，形成分年级段的课程目标(见表2-1)。

表2-1　金水区沙口路小学年级段课程目标一览表

课程目标＼年级　育人目标	低年级	中年级	高年级
明事理懂礼仪	升国旗肃立敬礼，会唱国歌；见到老师或客人主动问好，会使用礼貌用语；诚实守信，借用物品及时归还，会原谅别人过错。	公共场合举止文明、有秩序；主动与老师、父母交流，体谅他们的辛苦；不说大话，言而有信，与同学之间互让、互谅，并对他人的帮助表示感谢。	遵守校内外规章制度，谦虚礼貌，彬彬有礼；待人真诚，具备一定的交往礼仪；主动参与劳动，自己的事情自己做；珍爱生命，具有积极向上的人生态度。
乐思考敢质疑	能做好课前准备，学会倾听，有良好的书写习惯，认真完成作业，有自主学习的意识；学习中不怕困难，主动思考，并在活动中体验成功的喜悦；遇到不懂的问题敢于请教他人，敢于对别人的想法提出质疑。	积极参与课堂学习，有旺盛的求知欲，能主动进行课前预习和课后复习，独立完成作业；勇于表达自己的想法，并对他人的想法大胆质疑；能够发现和提出问题，并在探究过程中寻找解决问题的办法。	保持对周围世界的好奇心与求知欲，有浓厚的学习兴趣，大胆想象、学以致用，能根据自己的理解提出科学合理的质疑，并连贯地表达自己观点，能积极开展问题研究，体验探索的愉悦。
丰才艺强身体	对体育、唱歌、乐器演奏、舞蹈、画画等活动有强烈的好奇心，并积极参加各类体育艺术活动；在活动中能发现体育艺术之美，能体会体育艺术带来的愉悦感。	养成坚持体育锻炼的习惯，能利用体育艺术活动丰富课余生活，能踊跃参加体育艺术比赛，提高运动技能与艺术素养；会从多角度欣赏与认识名家作品，有一定欣赏美、鉴赏美的能力。	能积极参加各项体育活动，形成勇敢顽强的意志品质；能感悟艺术经典，积累艺术文化底蕴；能在体育艺术活动中展现自我，敢于创新与表现。

第三部分　学校课程体系

完善的课程体系是孩子成长的供给力,是实现学校教育哲学的关键载体。学校从校情出发,通过学校课程逻辑、学校课程结构和学校课程设置的构建,展现学校课程的逻辑性、丰富性和特色性。

一、学校课程逻辑

为进一步提升课程理性,构建富有学校文化特色的课程模式,学校梳理、构建了课程逻辑。即基于学校"芬芳教育"哲学、课程理念等,建设"芳草地课程"体系(见图2-1),并以芬芳课堂、芬芳学科、芬芳社团等为路径推进课程实施,以此实现学校的育人目标。

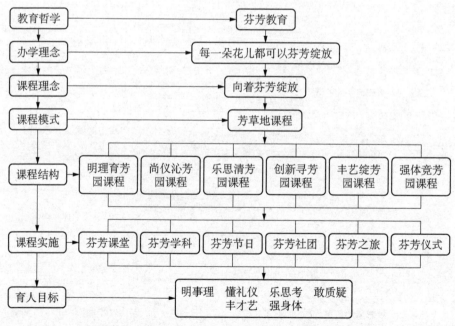

图2-1　金水区沙口路小学"芳草地课程"逻辑示意图

二、学校课程结构

学校依据多元智能理论,构建了以"六园"为核心的课程结构(见图2-2)。"六园"仿佛是一片锦花绣草、芳香馥郁的芳草地,孩子在这片芳草地上收获知识、提升能力、积累经验、丰富情感,整个身心也熏染着芳香之气。

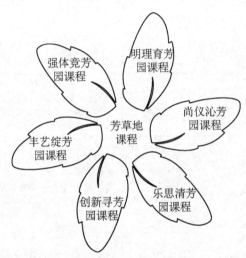

图2-2　金水区沙口路小学"芳草地课程"结构图

"六园"课程分别从六个角度构建综合性与个性化相结合的课程。

"明理育芳园课程"立足人文素养角度,旨在通过课程让孩子明晓事理,孕育知情达理的品性;

"尚仪沁芳园课程"立足社会交往角度,旨在通过课程让孩子学会交往,沁润行礼如仪的品行;

"乐思清芳园课程"立足逻辑思维角度,旨在通过课程让孩子乐于思考,理清事物之间的条理;

"创新寻芳园课程"立足科学素养角度,旨在通过课程让孩子勇于实践,探寻解决问题的方法;

"丰艺绽芳园课程"立足艺术修养角度,旨在通过课程让孩子丰富才艺,绽放绚丽多姿的芳华;

"强体竞芳园课程"立足运动健身角度,旨在通过课程让孩子强身健体,尽显运动健将的风采。

三、学校课程设置

根据"芳草地课程"结构,结合学校的课程资源及孩子的学习兴趣,遵循孩子认知规律和身心发展水平,将课程按照不同年级、学期进行系统建构,具体课程设置如下(见表2-2)。

表2-2　金水区沙口路小学"芳草地课程"设置表

课程\学期	明理育芳园课程	尚仪沁芳园课程	乐思清芳园课程	创新寻芳园课程	丰艺绽芳园课程	强体竞芳园课程
一上	语文 书海拾贝 侃侃而谈 画中写话 诗情画意 国学《三字经》	道德与法治 认识生物钟	数学 开心爆十赛 创意搭一搭 垃圾排排队 影子的秘密	科学 多彩的豆子 会滑翔的动物 美丽地球 魔力磁铁	音乐/美术 剪贴画 童谣新唱 黑白映画 走进农民画	体育 韵律操 形体塑造 站立小标兵 篮球拍拍乐
一下	语文 诗画坊 书香撷趣 你说我写 看图讲故事 有趣的甲骨文 国学《百家姓》	道德与法治 养成好习惯	数学 十一翻翻乐 趣拼七巧板 扣子分分类 妙趣填数字	科学 无处不在的空气 美丽的凤仙花 太阳育哥哥 火箭制作	音乐/美术 新编童谣 线随我心 生活之美 创意剪贴画 小精灵舞蹈	体育 运球舞会 小袋鼠接力 并脚跳短绳 肠道小卫兵
二上	语文 童声童韵 识字帮手 故事大王 韵文诵读 看图写话	道德与法治 公物小调查	数学 九九争上游 探索对称美 销量统计员 神奇的尺子	科学 小小指南针 神奇的蝙蝠 观云辨阴晴 趣味纸飞机	音乐/美术 创编童谣 彩泥世界 对折剪纸 纹样艺术 传统节日之美	体育 迎面接力 飞速运球 单脚跳短绳 快乐小游戏
二下	语文 故事荟萃 趣味识词 故事王国 经典贤文 快乐写话	道德与法治 家乡的变化	数学 谁的尾巴短 探索图形美 评选吉祥物 重复的奥秘	科学 海绵变形计 种子的生长 地球之肺 小小造纸家	音乐/美术 创意剪纸 图案之美 自然之美 童心绘世界 游戏中的童谣	体育 障碍赛跑 快乐投篮 游戏与安全 迎面跳绳接力

（续表）

学期 \ 课程	明理育芳园课程	尚仪沁芳园课程	乐思清芳园课程	创新寻芳园课程	丰艺绽芳园课程	强体竞芳园课程
三上	语文/英语 童心童话 趣玩文字 魔法 ABC 畅谈制作 趣味对子 奇思妙想 英语故事汇 绘本趣赏析 舞动字母秀	品德与社会 校园导览	数学 扑克 24 点 妙眼识图形 日历大探秘 巧妙好搭配	科学 空气的奥秘 大雁的迁徙 四季之旅 旋翼之谜	音乐/美术 古诗新声 科幻空间 折纸达人 美在民间 变废为美	体育 你追我赶 三人长绳 开心传球 疾病与预防
三下	语文/英语 品书小话 说文解字 好书推荐 古诗趣背 故事新编 卡通小剧院 故事小沙龙 单词找妈妈 律动英乐社	品德与社会 幸福一家人	数学 速算 24 点 妙手做图形 虚拟小鞋店 省钱小妙招	科学 导电的盐水 恐龙的灭绝 大自然的风 制作信号灯	音乐/美术 红黄蓝 古诗新编 创意手工 非常漫画 钟爱卡通画	体育 守卫红旗 你传我接 "8"字跳绳 护眼小卫士 炫舞啦啦操
四上	语文/英语 字海遨游 我当导游 爱记歌词 就事写事 故事巴士 英文歌谣汇 拼读小达人 走进五大洲 经典《墨子》	品德与社会 校园嘉年华	数学 巧算达人 手绘小世界 游戏小当家 破密小能手	科学 宇航员的饮食 给鱼儿找家 多变的月相 小车竞速	音乐/美术 古诗新唱 纸上飞花 雕塑之美 身边的线条 纹样的造型	体育 两人三足 反摇跳绳 跑动投篮 运动与安全

（续表）

课程\学期	明理育芳园课程	尚仪沁芳园课程	乐思清芳园课程	创新寻芳园课程	丰艺绽芳园课程	强体竞芳园课程
四下	语文/英语 活字活用 我播新闻 创意写作 故事广场 百科万花筒 魔幻变形记 经典《大学》 阳光小电台 超级芝士派	品德与社会 地铁印象	数学 点石成金 手绘小天地 小小预测家 冠军争夺赛	科学 省力与费力 植物的一生 认识太阳 无人机组装	音乐/美术 纸板艺术 编创古诗词 多彩的世界 节日的装饰 城市建筑之美	体育 障碍接力 投篮王子 基本车轮跳 饮食与健康
五上	语文/英语 奇妙汉字 妙谈礼仪 品析经典 观书有感 魅力课本剧 故事小剧场 快乐读绘本 英文书法家 小小联合国	品德与社会 走廊文化	数学 神机妙算 巧手玩图形 抽奖的奥秘 一起去秋游	科学 热的妙用 植物的呼吸 八大行星 时间记录器	音乐/美术 编创民歌 颜体楷书 京剧之美 黏土手工坊 与名作对话	体育 抢夺堡垒 三人篮球 健美达人秀 车轮跳小风车
五下	语文/英语 成语比拼 趣谈交往 畅游书海 巧抒见闻 影视剧场 英语趣配音 点亮读书会 名作欣赏吧 写作小能手	品德与社会 对话校史	数学 一目了然 动手做图形 巧目识统计 魅力马拉松	科学 水的循环 不起眼的微生物 天气的变幻 废物利用	音乐/美术 民歌创新 水情墨趣 趣味版画 与大师有约 装饰画之美	体育 移花接木 五人篮球 车轮换位跳 皮肤小专家

(续表)

学期 \ 课程	明理育芳园课程	尚仪沁芳园课程	乐思清芳园课程	创新寻芳园课程	丰艺绽芳园课程	强体竞芳园课程
六上	语文/英语 古文新唱 魅力汉字 绘声绘讲 文体通读 文本仿写 佳片周周约 童书绘本创 看图写作吧 西方礼仪谈	品德与社会 感恩的心	数学 争分夺秒 小小设计师 高度弹出来 理财小能手	科学 声音的威力 地外生命探索 太空对话 太空种植	音乐/美术 民歌新唱 精彩线描 手工巧匠 建筑长廊 探访文化遗产	体育 点兵挑将 花样交互绳 青春期运动 SHARK 篮球秀
六下	语文/英语 悦听古韵 趣味书写 铿锵演说 古今比读 手写我心 美文朗读者 英文小书虫 英文小作家 彩虹英语剧	品德与社会 我要毕业了	数学 千方百计 拓扑巧设计 拒做低头族 校园比例尺	科学 钻木取火 人类的进化 火星移民 智能宇航员	音乐/美术 新编民歌 动漫世界 创意装饰 雕塑之美 家乡故事	体育 你来我往 远离烟酒 花样组合跳 SHARK 篮球赛

总之,学校依据"芬芳教育"哲学和"向着芬芳绽放"课程理念而构建的"芳草地课程"体系,力求将各门课程有机地结合成为一个紧密联系、富有逻辑的"育人整体",从而有逻辑地推进学校课程变革。

第四部分 学校课程实施

在"向着芬芳绽放"课程理念引领下,学校"芳草地课程"从"芬芳课堂"、"芬芳学科"、"芬芳节日"、"芬芳社团"、"芬芳之旅"、"芬芳仪式"六个方面深度推进课程实施与评价,使每位孩子在课程的乐土中绽放属于自己独特的芬芳。

一、构建"芬芳课堂",扎实实施学校课程

"芬芳课堂"是以孩子为主体,呈现尊重、本真、民主的学习生态课堂;是一种以学生的自主探究、合作交流为主要学习方式的课堂;是师生和谐、共生的课堂。构建"芬芳课堂",就是要改进教师的教学方式和孩子的学习方式,让教师和孩子在课堂中享受快乐、竞绽芬芳。

(一)"芬芳课堂"的内涵

"芬芳课堂"是目标饱满、内容丰富、过程温馨、方式灵动、师生共生的课堂。

1. 学习目标是饱满的。一方面,学习目标的制定要充分依托各学科的课程标准,凸显学科本质,指向学科核心素养的培养;另一方面,学习目标的制定要依据客观学情,满足不同孩子的学习需求,使每位孩子都能获得积极、主动的发展。

2. 学习内容是丰富的。创造性使用教材,注重融入符合时代背景、符合地域特征、贴近孩子现实、符合孩子年龄和认知水平的素材,并通过选择、改编、整合、补充、拓展等方式对课程内容进行适度调整,拓宽课程资源,逐步形成满足不同层次孩子学习的校本化学习内容。

3. 学习过程是温馨的。尊重孩子的学习、认知、成长规律,着眼于不同孩子的成长需要,着力营造民主、平等、激励的课堂氛围,实现师生、生生间的真诚互动。

4. 学习方式是灵动的。将关注孩子学习作为课堂的重点,依据学习内容和学习实际,灵活选择学习方法,或沉思自学,或围坐研讨,或场馆学习,或行走实践……切实转变教师的教学方式和孩子的学习方式,让课堂更加灵动、立体。

5. 师生关系是共生的。巧妙利用课堂生成资源,使之成为课堂中具有思考价值的问题,引导孩子在交流碰撞的过程中实现知识、思维和情感的全面、和谐、可持续发展,并在这个过程中提升教师自身专业素养和教育智慧,促使课堂更加丰盈,促使师生共同发展。

(二)"芬芳课堂"的关注点

"芬芳课堂"作为师生情感交融、智慧碰撞的课堂,重点关注以下四个方面,成就师生的芬芳绽放。

1. 激趣引入，点燃芬芳。以"趣"为切入点，采用符合生情、多样丰富的导入形式，点燃孩子原有认知情感，引导孩子自然进入学习情境。

2. 质疑解惑，酿就芬芳。引导孩子大胆质疑，并通过丰富的学习资源、多样的学习方式自主学习、探寻新知。同时，鼓励孩子合作探究，以多种方法解决问题，促进孩子创造性思维的发展。

3. 巩固矫正，广纳芬芳。鼓励孩子相互交流学习思考、收获，在互动碰撞的过程中，调动孩子原有经验，对新知进行消化、吸收、拓展。

4. 归纳提升，竞绽芬芳。注重引导孩子对前期学习的内容进行梳理、归纳，使孩子在原有认知的基础上获得提升和进步，促进孩子学有所获。

（三）"芬芳课堂"的推进策略

课堂是课程实施的主阵地，学校以集体备课、常规管理、问题研究、课堂展评等方式为抓手，深入推进"芬芳课堂"的实施。

1. 加强集体备课，提高课堂实效

立足学校青年教师较多的现状，在教师个人备课的基础上，加强单周周二下午的学科组集体备课，从教材、学生、课堂三个维度开展课例剖析研讨，引导教师逐渐形成研究教材的"三重境界"、研究学生的"三种意识"和研究课堂的"三个策略"。

研究教材的"三重境界"，即读懂教材、读透教材、读活教材。读懂教材中的重难点；读透教材设计预期，领悟教材的编写思路，整体把握教材的知识结构，处理好单元之间的相互联系；读活教材，强调在读教材的过程中融入自己的科学精神和智慧，灵活地对教材内容拓展，整合、超越教材，把平面的、静态的、沉默的文本变成立体的、鲜活的课程。唤起孩子学习热情、挑战孩子智慧，更好地发挥教材设计的"原始"功能，扩大教学效果。

研究学生的"三种意识"，即课前预测分析、课中实时分析、课后反思分析。课堂教学之前，潜心研究学情，了解孩子的已知和未知，考虑孩子的学习差异和个性特点，多从孩子的角度思考和设计学习活动；课中密切关注孩子的学习状态，及时了解孩子的所思所为，准确了解孩子的体会感受，并以此为依据合理地调整问题设计并适时地调控课堂节奏；课后通过与孩子的对话和互动，关注孩子完成练习的质量，及时了解课堂学习效果、补救学习中的不足，并为今后的教学提供有益的借鉴。

研究课堂的"三个策略",即问题设计、活动设计、评价设计。问题设计要紧扣学习重难点,有一定的思维容量、思考价值,并考虑在哪里设计问题、如何设计问题等,体现出问题的内在联系;活动设计要突出孩子对知识的主动探索、主动发现和对所学知识意义的主动建构,引导孩子通过主动选择、发现、思考、探究、应答、质疑等方式学会学习,促使核心素养落地;评价设计指向孩子的学习活动,既有精心设计的评价体系的落地,又包括课堂中对孩子的及时点拨、评价,促进孩子在原有基础上的不断提升。

2. 强化过程管理,提升课堂质量

课堂是统筹课前准备、课中实施、课后反思为一体的连贯活动。因此,为整体提升课堂教学质量,学校从课前备课、课堂教学、作业设计与批改、课后辅导、学业评价等方面进一步完善规章制度与实施细则,并制定相应的评价量表,加强对教师教学的过程性督导与评价,规范教师课程实施行为,从而努力提高孩子的学习品质和学习质量,全面提升教学质量。

3. 深化校本教研,推动课堂改革

学校坚持"问题引领教科研一体化"的研究思路,以教学问题的研究和教学成果的转化为抓手,推动课堂改革。一方面,加强教学问题的研究。各教研组在学校总课题引领下,针对学科教学中的共性、热点问题确定学科校本教研主题,以课例研究为途径,并充分利用双周周二下午校本教研时间开展问题研讨,推动"芬芳课堂"内涵提升;教师个人层面,针对自身课堂教学中的问题及时提炼成研究问题,并从科研的角度进行深入研究。另一方面,加强教学成果转化。及时将学校"芬芳课堂形态研究"和"教学方式转变的实践研究"等科研成果落实到课堂教学中,推进课堂深度变革。

4. 举行课堂展评,共绽课堂芬芳

学校依据教师专业发展的实际需要,定期举行不同类型的课堂教学展评活动,如梯级教师展示课、课型研讨展示课、问题研究展示课、参赛教师展示课等,为教师搭建相互学习、交流、研讨的平台,促进教师对"芬芳课堂"内涵的理解,并促进"芬芳课堂"向着更高层次发展。

(四)"芬芳课堂"的评价标准

学校从学习目标、学习内容、学习过程、学习方法、学习主体等维度制定了"芬芳课堂"评价标准,以此引领课堂发展方向、提高课堂教学实效,从而全面提升学校课程建设的品质(见表2-3)。

表2-3　金水区沙口路小学"芬芳课堂"评价标准

评价项目	评 价 标 准
学习目标 饱满	1. 学习目标与课程标准、核心素养的要求一致; 2. 学习目标的制定能满足不同孩子的学习需求。
学习内容 丰富	1. 学习内容在立足教材的基础上,能够根据学习目标灵活选择学习内容,能将学习内容从教材转向五彩缤纷的生活世界; 2. 根据学习内容的实际需要,体现与其他学科的联系。
学习过程 温馨	1. 学习环节完整,课堂气氛民主和谐,课堂容量适当,时间分配合理,学习过程紧凑流畅; 2. 关注学情,注重学思结合,注重学科课程理念和核心素养的落实,关注个体差异,能调动不同层次的孩子积极参与; 3. 关注课堂生成,有较强的课堂组织和应变能力。
学习方式 灵动	1. 学习方式灵活多样,积极开展助力学习目标达成的创造性学习活动; 2. 学习方式与学习内容相适应,既体现方式的个性化,又注重实效。
学习主体 师生	1. 孩子在知识、能力和情感态度价值观等方面得到和谐发展,不同层次的孩子都有收获,学习目标达成效果好; 2. 教师通过课堂实践及时反思,提升自身的专业素养和教育智慧。

二、建设"芬芳学科",打造特色学科课程

在"向着芬芳绽放"这一课程理念引领下,学校以"芬芳学科"构建为抓手,进一步丰富学科内容,促进孩子个性发展和教师专业成长。

(一)"芬芳学科"的建设路径

为进一步落实国家课程标准及学科核心素养要求、回应儿童学习需求、凸显学校文化特色,学校引导每位学科教师在深入、扎实落实基础课程的基础上,基于学科特点开发系列课程,通过统筹规划形成丰富的学科课程群,并系统思考实施路径,促进孩子整体素质和能力的提升。

1. "馨香品德"课程群

"馨香品德"课程群因地制宜地营造有利于孩子品德养成的环境,选取孩子生活中真实且有教育意义的生动事例,让孩子在丰富的活动体验中逐步形成高洁如兰的品格。

"馨香品德"课程群不仅扎实落实基础课程,并根据学科课程标准、学科核心素养及孩子发展特点,开发系列主题活动课程(见图2-3),促进孩子身心健康发展。如:在一年级"我的健康成长"这一课程主题引领下,上、下学期分别开设"认识生物钟"和"养成好习惯"主题课程,使孩子在课程体验中初步养成良好的生活习惯,形成与同伴友好交往、合作的意识。

图2-3 金水区沙口路小学"馨香品德"课程结构图

课程实施中,充分利用学校的图书室、校史厅、"一鼓作气"雕塑、文化墙及校外的社会资源,让孩子通过调查研究、收集与整理资料等方式来开展体验式学习活动。

2. "芳菲语文"课程群

"芳菲语文"课程群旨在忠实于孩子的独特个性和特点,扬优抑缺,扎扎实实发展听、说、读、写等各种能力,提升人文素养和审美情趣。

"芳菲语文"课程群在扎实落实国家教材基础上,依托语文学科五大领域开发系列课程(见表2-4),引导孩子形成运用祖国语言文字进行交流沟通的能力,并注重文化传承,提高思想文化修养。

表 2-4　金水区沙口路小学"芳菲语文"课程设置表

课程 学期	识字写字课程	口语交际课程	阅读理解课程	写作表达课程	综合学习课程
一上	书海拾贝	侃侃而谈	国学《三字经》	画中写话	诗情画意
一下	书香撷趣	看图讲故事	国学《百家姓》	你说我写	诗画坊
二上	识字帮手	故事大王	韵文诵读	看图写话	童声童韵
二下	趣味识词	故事王国	经典贤文	快乐写话	故事荟萃
三上	趣玩文字	畅谈制作	趣味对子	奇思妙想	童心童话
三下	说文解字	好书推荐	古诗趣背	故事新编	品书小话
四上	字海遨游	我当导游	经典《墨子》	就事写事	故事巴士
四下	活字活用	我播新闻	经典《大学》	创意写作	故事广场
五上	奇妙汉字	妙谈礼仪	品析经典	观书有感	魅力课本剧
五下	成语比拼	趣谈交往	畅游书海	巧抒见闻	影视剧场
六上	魅力汉字	绘声绘讲	文体通读	文本仿写	古文新唱
六下	趣味书写	锵锵演说	古今比读	手写我心	悦听古韵

　　"芳菲语文"课程群采取将课程嵌入课堂、长短课结合、必修课与选修课结合等多种方式实施。此外,辅以争章评比、活动竞赛等方式对孩子进行及时评价,激励孩子们如花儿一样绽放各自的芬芳。

　　3."经纬数学"课程群

　　"经纬数学"课程群旨在通过教学内容与教学方法的有机结合,促进孩子的数学学习以及发展,成就其数学素养的养成和提升。在内容上,注重勾连数学知识之间的链条系统,建立立体的数学学习模型与结构;在方法上,注重多维的学习方式,达成数学学习与生活实践、数学学科与其他学科、学会数学与会学数学的融会贯通。

　　"经纬数学"课程群一方面扎实落实基础课程,另一方面聚焦学科目标和学科素养开发丰富的拓展课程,两者形成相互促进、相互影响的整体,从而使每位孩子都能在数学上得到全面又个性的发展(见表 2-5)。

表 2-5 金水区沙口路小学"经纬数学"课程设置表

课程 学期	经纬数算课程	经纬几何课程	经纬统计课程	经纬实践课程
一上	开心爆十赛	创意搭一搭	垃圾排排队	影子的秘密
一下	十一翻翻乐	趣拼七巧板	扣子分分类	妙趣填数字
二上	九九争上游	探索对称美	销量统计员	神奇的尺子
二下	谁的尾巴短	探索图形美	评选吉祥物	重复的奥秘
三上	扑克24点	妙眼识图形	日历大探秘	巧妙好搭配
三下	速算24点	妙手做图形	虚拟小鞋店	省钱小妙招
四上	巧算达人	手绘小世界	游戏小当家	破密小能手
四下	点石成金	手绘小天地	小小预测家	冠军争夺赛
五上	神机妙算	巧手玩图形	抽奖的奥秘	一起去秋游
五下	一目了然	动手做图形	巧目识统计	魅力马拉松
六上	争分夺秒	小小设计师	高度弹出来	理财小能手
六下	千方百计	拓扑巧设计	拒做低头族	校园比例尺

为促进课程群的活力,基于课程内容教师尝试采取多种方式推进课程实施。如在数与代数领域,以"巧玩扑克牌"为载体,围绕运算能力开发系列小游戏,通过师生玩、生生玩、学生与家长玩等方式,让孩子在游戏中提升运算能力。实施中,注重学科学习方法的提炼与指导,以让孩子爱上数学为宗旨,努力在实践过程中形成《让孩子爱上数学的小小法宝》活动手册,包括《"玩"数学——让孩子爱上数学的扑克游戏》、《"做"数学——让孩子爱上数学的实践体验》。

4."乐动英语"课程群

"乐动英语"课程群主张激发孩子乐于学习英语的兴趣,引导孩子掌握英语的学习方法和策略,并通过与他人的主动交流,全面提高个人综合文化素养。

"乐动英语"课程群面向三年级至六年级孩子,包括视听英语、悦读英语、智慧英语和活动英语四个领域,满足孩子不同的学习需求。除了基础课程外,课程设置具体如下(见表2-6)。

表2-6　金水区沙口路小学"乐动英语"课程设置表

学期 ＼ 课程	视听英语课程	悦读英语课程	智慧英语课程	活动英语课程
三上	英悦故事汇	绘本趣赏析	魔法 ABC	舞动字母秀
三下	卡通小剧院	故事小沙龙	单词找妈妈	律动英乐社
四上	英文歌谣汇	拼读小达人	爱记歌词	走进五大洲
四下	阳光小电台	百科万花筒	魔幻变形记	超级芝士派
五上	故事小剧场	快乐读绘本	英文书法家	小小联合国
五下	英语趣配音	点亮读书会	写作小能手	名作欣赏吧
六上	佳片周周约	童书绘本创	看图写作吧	西方礼仪谈
六下	美文朗读者	英文小书虫	英文小作家	彩虹英语剧

　　"乐动英语"课程群的实施,或嵌入课堂,或依托"E-Home"社团、英语节、英语文化周、英语风采大赛等活动实施。一方面,以唱、说、读、演的形式,开展课内外听说技能训练,提高听、说、读、写水平,提升语言运用能力;另一方面,充分利用情景会话、英语板报展、绘本及英语趣配音等资源,提高孩子英语学习积极性。为保证课程实施效果,通过家长会、班级微信群、学习小组群等多渠道加强家校沟通,及时反馈孩子学习情况。

　　5."飞扬体育"课程群

　　"飞扬体育"课程群以"健康第一"为指导思想,主张激发孩子的运动兴趣,培养孩子体育锻炼的意识和习惯,帮助孩子形成健康的生活方式,并为每一位孩子的特长发展、个性张扬提供舞台。

　　依据《义务教育体育与健康课程标准(2011年版)》及孩子年龄特征而构建的"飞扬体育"课程群(见表2-7),不仅扎实推进基础课程,而且通过系列特色课程的深入推进,促使每位孩子掌握运动技能、发展体能,逐步形成健康和安全的意识以及良好的生活方式,促进孩子身心协调、全面地发展。

表2-7　金水区沙口路小学"飞扬体育"课程设置表

学期 ＼ 课程	运动参与课程	运动技能课程	身体健康课程	社会适应课程
一上	站立小标兵	韵律操	形体塑造	篮球拍拍乐

(续表)

课程\学期	运动参与课程	运动技能课程	身体健康课程	社会适应课程
一下	小袋鼠接力	并脚跳短绳	肠道小卫兵	运球舞会
二上	迎面接力	单脚跳短绳	快乐小游戏	飞速运球
二下	障碍赛跑	迎面跳绳接力	游戏与安全	快乐投篮
三上	你追我赶	三人长绳	疾病与预防	开心传球
三下	守卫红旗	"8"字跳绳	护眼小卫士	你传我接
四上	两人三足	反摇跳绳	运动与安全	跑动投篮
四下	障碍接力	基本车轮跳	饮食与健康	投篮王子
五上	抢夺堡垒	车轮跳小风车	健美达人秀	三人篮球
五下	移花接木	车轮换位跳	皮肤小专家	五人篮球
六上	点兵挑将	花样交互绳	青春期运动	SHARK篮球秀
六下	你来我往	花样组合跳	远离烟酒	SHARK篮球赛

实施中,各年级根据课程特色编写活动方案,并选择与之匹配的体育器材,确保课程顺利实施。比如,"运动参与课程"以游戏为主,激发孩子的运动兴趣和参与意识;"运动技能课程"在三至六年级以自主选修形式开展,发展孩子的兴趣特长;"身体健康课程"在室内形式进行,引导孩子懂得营养、行为习惯对身体发育和健康的影响;"心理健康与社会适应课程"则是以嵌入的形式开展,依托运动实例让孩子更加深刻地理解体育精神。

6. "唯美音乐"课程群

"唯美音乐"课程群提倡"为艺术而艺术",强调超然于日常生活的音乐美,通过在音乐活动中追求形式完美和艺术技巧完美,从而实现艺术育人的特殊功能。

"唯美音乐"课程群不仅扎实实施基础课程,而且依据《义务教育音乐课程标准(2011版)》中的四大领域将我国各民族的传统音乐作为拓展内容,使孩子热爱祖国音乐文化,增强民族意识、培养爱国主义情操,并提升音乐修养。课程设置具体如下(见表2-8)。

表2-8　金水区沙口路小学"唯美音乐"课程设置表

学期＼课程	感受与欣赏课程	歌唱与表现课程	创造与实践课程	艺术与文化课程
一上	我爱听童谣	我爱唱童谣	童谣新唱	我与童谣共成长
一下	童谣大家唱	班班唱童谣	新编童谣	少数民族中的童谣
二上	有趣的童谣	童谣大家唱	创编童谣	四季童谣
二下	经典童谣	说唱童谣	游戏中的童谣	节日中的童谣
三上	欣赏古诗词	故事大家唱	古诗新声	诗歌与时代
三下	经典咏流传	学唱古诗词	古诗新编	诗歌与民风
四上	古诗里的歌	我爱唱古诗	古诗新唱	四季中的诗歌
四下	歌曲中的古诗	吟唱古诗词	编创古诗词	节日中的诗歌
五上	欣赏传统民歌	我爱唱民歌	编创民歌	中国传统民歌
五下	走进中国民歌	学唱民歌	民歌创新	民歌与民间故事
六上	中国民歌欣赏	民歌大家唱	民歌新唱	民歌与民俗
六下	经典民歌欣赏	班班唱民歌	新编民歌	民歌与地域文化

　　"唯美音乐"课程群充分考虑孩子已有水平,根据孩子的爱好、需要和学校实际,对教材内容进行精选和整合,并拓展孩子喜闻乐见和感兴趣的学材,其中一、二年级以童谣为主题,三、四年级以古诗为主题,五、六年级以民歌为主题。通过各种形式的艺术活动,让孩子在活动中感受音乐的情感真谛,发现、表现和创造音乐美,培养孩子正确的审美观,促进孩子个性发展。

　　7."绘彩美术"课程群

　　"绘彩美术"课程群旨在让孩子用画笔描绘丰富多彩的童年生活,并在创作中体验愉悦、提升修养、发展个性。

　　"绘彩美术"课程群依据《义务教育美术课程标准(2011年版)》及不同年龄阶段孩子的发展特点,在基础课程之外开发丰富的课程,以促进孩子的多元发展。低年级以提升图像识读和美术表现能力为主,让孩子在缤纷色彩中观察和感知;中年级以创意实践和学习体验为主,让孩子在学习体验中感受美术的乐趣;高年级以审美判断和文化理解为主,让孩子在美术活动中感受到美术与生活和文化的联系。课程设置具体如下(见表2-9)。

表2-9　金水区沙口路小学"绘彩美术"课程设置表

课程 学期	造型表现课程	设计应用课程	欣赏评述课程	综合探索课程
一上	黑白映画	剪贴画	绘本欣赏	走近农民画
一下	线随我心	创意剪贴画	我与绘本	生活之美
二上	彩泥世界	对折剪纸	纹样艺术	传统节日之美
二下	童心绘世界	创意剪纸	图案之美	自然之美
三上	科幻空间	折纸达人	美在民间	变废为美
三下	红黄蓝	创意手工	钟爱卡通画	非常漫画
四上	身边的线条	纸上飞花	雕塑之美	纹样的造型
四下	多彩的世界	纸板艺术	城市建筑之美	节日的装饰
五上	颜体楷书	黏土手工坊	与名作对话	京剧之美
五下	水情墨趣	趣味版画	与大师有约	装饰画之美
六上	精彩线描	手工巧匠	建筑长廊	探访文化遗产
六下	动漫世界	创意装饰	雕塑之美	家乡故事

"绘彩美术"课程群的部分课程以必修形式嵌入美术课堂实施,部分课程以自主选修形式实施,孩子们可根据兴趣爱好在自主学习活动中探索美术的多元性。为了增强孩子参与艺术活动的积极性,学校定期举办"绘彩美术展",将文化墙、艺术节等作为孩子成果展示的平台,让孩子在展示与交流中提高观察与感知能力、创意与欣赏能力,并提升艺术文化修养。

8．"芬芳科学"课程群

"芬芳科学"课程群旨在让孩子依据客观存在的现象,敢于质疑、乐于猜想、善于思考,用科学的眼光发现周围的事物和现象,以浓厚的科学探究兴趣和求真务实的科学态度追根溯源,揭秘实质。

本课程依托学科课程标准中物质科学、生命科学、地球与宇宙科学和技术与工程四大领域,将"芬芳科学"课程分为多样物质、多彩生命、深邃宇宙、精妙技术四大类别,以此培养孩子对事物的感性认识、观察能力、探究能力、动手实践能力,培养孩子获取信息、鉴别信息、处理信息的能力。课程设置具体如下(见表2-10)。

表2-10　金水区沙口路小学"芬芳科学"课程设置表

课程 学期	多样物质课程	多彩生命课程	深邃宇宙课程	精妙技术课程
一上	多彩的豆子	会滑翔的动物	美丽地球	魔力磁铁
一下	无处不在的空气	美丽的凤仙花	太阳哥哥	火箭制作
二上	小小指南针	神奇的蝙蝠	观云辨阴晴	趣味纸飞机
二下	海绵变形计	种子的生长	地球之肺	小小造纸家
三上	空气的奥秘	大雁的迁徙	四季之旅	旋翼之谜
三下	导电的盐水	恐龙的灭绝	大自然的风	制作信号灯
四上	宇航员的饮食	给鱼儿找家	多变的月相	小车竞速
四下	省力与费力	植物的一生	认识太阳	无人机组装
五上	热的妙用	植物的呼吸	八大行星	时间记录器
五下	水的循环	不起眼的微生物	天气的变幻	废物利用
六上	声音的威力	地外生命探索	太空对话	太空种植
六下	钻木取火	人类的进化	火星移民	智能宇航员

　　"芬芳科学"课程群由学校科学教师和热爱航空航天的一线教师共同教授,并邀请航空航天方面的专家作为课程技术顾问,为课程提供知识性指导和最新的技术拓展。实施过程中,学校新建的科学实验室、飞天酷客教室为"芬芳科学"课程的实施提供了保障,一应俱全的科学器材和航空航天课程材料包让每个孩子都有动手实践的机会。此外,专家的定期指导、课程团队的定期研讨,提高了教师的专业素养和课堂教学水平,让"芬芳科学"课程带领孩子在芳香馥郁的科学园地中感悟自然的美好!

　　(二)"芬芳学科"的评价要求

　　"芬芳学科"建设是一项系统性的工程,在做好学科建设常规评价基础上,学校以每年5月份开展的"学科主题节"为抓手,从学科团队、学科课程、学科教学以及学科学习四个方面对"芬芳学科"进行全校统一评价。其中"学科主题节"活动主题的确立和活动方案的设计侧重于对学科课程多样化和结构化的评价,"学科主题节"的活动过程侧重于对学科学习的评价,"学科主题节"的活动效果侧重于对学科教学的评价,"学科主题节"的组织管理侧重于对学科团队的评价。具体评价维度及标准如下:

1. 学科活动主题。各学科要确定统一的活动主题,活动主题要能够彰显学科课程理念与核心素养的要求;每个年级根据所学知识以及孩子认知特点制定学科组统一主题下的年级主题;各学科一至六年级的活动主题要体现丰富化、多样化的特点,并体现内容上的螺旋上升。

2. 学科方案设计。方案设计理念要契合学校办学理念、学科课程理念;方案要围绕学科课程群中的一个或多个课程设计,做到全面、具体,凸显学科的核心素养及教育价值;方案设计符合年级孩子特点,彰显活动性、趣味性,激发孩子参与的热情。

3. 学科活动过程。学科主题活动的过程应是孩子学习兴趣、学习方法、学习成果的综合呈现;学科主题活动应坚持全员参与的原则,从班级初选到年级决赛逐层开展,设立班级奖励和学生个人单项奖,确保每个孩子都有参与机会,并使学科爱好者能一显身手;应充分挖掘教室以外的活动场地,并提供适宜的材料,为孩子创造活动体验的机会与条件;活动组织应充分挖掘家长资源,活动过程邀请家长参与,并创设家长参与、与家长互动的机会,促使活动过程更加丰盈,搭建家校沟通桥梁。

4. 学科活动效果。学生学习方面,要使孩子在活动中获得丰富的课程体验,体现孩子学习能力的发展,达到方案的既定目标;教师教学方面,从学科主题活动的内容、成果等方面应呈现出学科教学的特色,并能够促进教学水平的提升;综合评价方面,及时进行问卷调查,学生、家长对学科主题节的满意度高。

5. 学科活动管理。学科团队有较强的活动组织能力,能对整个学科活动过程进行合理的调控,有灵活的应变能力;能及时搜集"学科主题节"中的活动成果,并注重"学科主题节"活动中各项资料的搜集与整理;能针对主题节的活动过程进行及时反思、研讨,并积极吸纳孩子、家长的评价意见,体现对学科主题的持续、深入研究。

三、创设"芬芳节日",做实学校文化课程

节日文化是一种历史文化,它是民族文化中最具代表性的文化资产。学校创设"芬芳节日"课程,注重节日体验,让孩子学习节日文化,并自觉弘扬民族文化、增强民族自豪感、传承民族精神。

(一)"芬芳节日"的主要类型

学校以育人目标为依据,将一年中的节日进行梳理、分类,详见下表(见表2-11)。

表 2-11　金水区沙口路小学"芬芳节日"课程设置表

节日类型	节日名称	主 要 内 容
传统节日	春节	了解传统节日的由来与传说、风俗与习惯,激发民族自豪感。
	清明节	
	端午节	
	中秋节	
	重阳节	
经典节日	元旦	在经典节日实践活动中了解经典节日的节日文化。
	植树节	
	儿童节	
	教师节	
	国庆节	

"芬芳节日"课程内容具有开放性和时令性,以孩子直接参与的丰富多彩的活动为主要实施形式,强调寓教于"动"。一方面,引导孩子上网查找、收集各种节日的由来及相关传说,了解各种节日的习俗,并对节日的来龙去脉有一个清晰的认识;借助古代诗词、文学作品、神话传说等了解节日的文化内涵。另一方面,通过制作小报贺卡、讲民俗故事、亲身体验节日等,让节日变得可亲可近,提高孩子对节日的温情和敬意。

(二)"芬芳节日"的评价要求

为充分发挥"芬芳节日"的感化功能,让每个孩子在"芬芳节日"课程中获得丰富的文化滋养,特从以下几个维度开展评价:

1. 节日课程方案。应关注不同学段孩子的兴趣爱好,让孩子乐于参与;应体现不同节日的特点和习俗,让孩子体验各个节日的风俗和文化。

2. 节日活动过程。应以立德树人为宗旨,将节日主题活动与德育教育内容进行有机整合;注重活动方式的多样化、活动体验的丰富化,为孩子全面了解节日文化和风俗创设条件;全体孩子能够积极参与节日文化实践活动,在活动中积极思考,有创新意识,合作学习能力强。

3. 节日活动效果。通过学习、交流、合作等方式,孩子能够掌握节日的文化历史背景和风俗习惯,并获得丰富的活动体验和情感体验;教师在孩子活动中指导有度、有方,整体活动组织体现有序性、创新性。

4. 节日课程管理。每一项课程在活动结束后,能够及时对开展情况进行梳理,适时调整活动方案,撰写活动案例,提炼活动成果等;能及时进行过程性资料的展评与交流,并提炼每一项课程的特色实施路径。

四、建设"芬芳社团",落实兴趣爱好课程

社团是孩子在共同兴趣爱好的基础上,自愿组织的群众性团体。学校加强"芬芳社团"建设,使其成为孩子们素质拓展的载体,成为课堂教学的有益延伸和补充。

(一)"芬芳社团"的主要类型

学校的"芬芳社团"主要以体育竞技类、艺术审美类、科学实践类为主。

体育竞技类社团旨在丰富孩子的课余生活,培养孩子的运动技巧,打造孩子的健康体魄,主要有绳舞飞扬社团、SHARK 篮球社团、青春排球社团、炫舞啦啦操社团等。

艺术审美类社团旨在培养孩子感受美、表现美、鉴赏美、创造美的能力,引导孩子树立正确的美学观念,提高孩子文化艺术修养,包括小精灵舞蹈社团、口琴社团、陶趣儿社团、水墨丹青社团、线描社团等。

科学实践类社团旨在扩大孩子的学习领域,激发孩子的探索欲望,培养孩子的创新精神,提高孩子的实践能力,主要包括 IT 电子杂志社团、航模社团、航空社团、编程社团等。

为确保社团活动有效的开展,各社团人数控制在 20—30 人之间,并于学年初制定本社团章程、社团活动计划。学校将周二、周四下午作为社团活动时间,社团指导老师做好社团成员的出勤统计,并按照活动计划组织孩子开展活动。学校领导小组成员不定期进行跟踪检查指导,并以每个学年为一个小周期进行社团的申报和考核,确保计划、组织、辅导、活动内容的落实,并确保社团的有序性和持续性。

(二)"芬芳社团"的评价要求

"芬芳社团"采用多元化评价方式,着重关注孩子的兴趣发展需求,培养孩子的实践能力和创造能力,促进孩子交往互动;关注教师社团活动的组织与指导,促使社团活动正常、有序进行。具体评价内容包括如下几方面:

1. 社团组建。应建立在孩子自愿报名的基础之上,由兴趣爱好相同的孩子自由结合组成社团;聘请、委派具有专业水平的辅导老师进行指导,辅导教师固定化。

2. 社团内容。应符合学校文化、学科理念的基本导向；应符合孩子的年龄特点和已有基础，并以满足孩子的兴趣发展为根本。

3. 社团档案。应建立完善的社团档案，包括社团人员名单，组织构架，社团章程，出勤记录，活动记录等；每次社团活动后及时撰写活动反思。

4. 社团管理。社团活动管理规范，应体现孩子自我管理为主、教师辅导为辅的模式；每位孩子都应有机会在社团中锻炼自己，找到适合自身才能发展的位置。

5. 社团成果。通过静态展示和动态展示的形式进行评价，静态展示考核以社团档案为主，一方面考核其完善程度，另一方面考核社团活动提高对孩子各种能力的影响；动态展示考核主要依托每年六一文化周活动平台，从社团活动的创新性，活动的形式、活动的参与性、活动的效果等方面对每个社团开展评价。

五、推行"芬芳之旅"，做活研学旅行课程

为拓展孩子的视野，加深孩子与自然和文化的亲近感，增进孩子对自然和社会的认识，学校积极推进研学旅行课程，并形成每年一次的外出综合实践活动机制。

（一）"芬芳之旅"的主要类型

根据各学段孩子身心发展的不同，家庭教育的不同，结合学校地理位置等情况，初步形成"芬芳之旅"研学课程方案。

一年级：启明成长，我爱我家——爱国教育之旅

集体参观博物馆、纪念馆等相关场馆，使用照相机记录参观过程；了解家乡的历史文化和英雄事迹；能够将看到的讲述给家人或老师；组织讲英雄故事为主题的交流会；在父母的帮助下，展示自己的参观过程。

二年级：探索海洋，保护地球——环保教育之旅

集体参观海洋馆，将看到的海洋动物及相关资料以图片或一句话的形式记录下来；学习将资料整理成小卡片，并在班级展示；组织以"探索海洋，保护地球"为主题的交流会，并拟写一句口号，撰写倡议书，积极开展保护海洋、保护地球的宣传。

三年级：科技之光，放眼未来——科普教育之旅

集体参观科技馆，了解新科技，并以图片或文字的形式记录下来；学习将资料整理成小报，并在班级展示；组织以"畅想未来"为主题的讨论会，畅想未来世界；利用废旧纸盒制作机器人等模型，在班级展示评比。

四年级：快乐实践达人秀——生命教育之旅

集体参观体育馆；体验不同种类的体育训练设施，将看到的体育馆设施及相关资料，以图片或文字的形式记录下来；学会将资料整理成小报，并在班级展示评比；组织主题交流会，拟写一份倡议书，倡议大家每天锻炼一小时。

五年级：我的未来不是梦——体验教育之旅

在父母的带领下，到自己喜欢的地方开展研学，能够和父母一起策划活动方案，以自己喜欢的方式搜集、整理活动过程性资料和感受，并在班级交流；结合活动感受，以"我的未来"为主题制作一份电子小报，畅想自己的未来，并在班级展示。

六年级：团队合作，走向成功——素拓教育之旅

到素质拓展基地，在教练的指导下开展团队合作，体验拓展课程；以交流会的形式畅谈参观收获；将自己的体验感受及收获记录下来，并在班级展示。

（二）"芬芳之旅"的评价要求

"芬芳之旅"作为提升孩子综合素质的实践教育课程，需构建内容、实施、评价为一体的实践模式。为了使孩子们在课程中拓宽视野、丰富知识、加深与自然的亲近感、丰富对集体生活方式和社会公共道德的体验，学校从以下几方面制定评价标准：

1. 研学方案。应符合学校"芬芳教育"哲学，符合本年级孩子年龄特征；方案设计科学、考虑全面，应包含路线设计、责任分工、行程计划、安全保障措施、活动目标、活动设计等方面。

2. 研学组织。应本着"安全第一"的原则，提前将学生分成若干小组，并充分发挥家长志愿者的作用，确保活动组织安全、有序；应注重挖掘课程的育人价值，让孩子有充分的活动体验、合作探索的时间和空间。

3. 研学效果。每位孩子都应积极、主动地参与研学活动之中，兴趣浓厚；通过研学活动，孩子的自我管理、协作能力获得提升，并达成既定的活动目标。

4. 成果管理。活动之后，能及时进行课程资料的梳理和活动组织的展示交流。课程资料包含研学方案、活动记录、活动照片、活动体会等有形成果。活动组织的展示交流分学生和教师两个层面，学生针对活动的感悟开展班级、校级的交流，进一步实现课程的育人价值；教师层面则是针对活动的过程及时反思，并开展年级层面的研讨，总结经验、反思改进，为研学的持续、深入推进提供支撑。

六、开展"芬芳仪式"，建设典礼仪式课程

仪式作为儿童社会化进程中的重要环节，在儿童的教育过程中发挥着潜移默化的作用。"芬芳仪式"课程建设，通过营造隆重、庄严、神圣的环境氛围，借助仪式的强烈感染力来促进教育目的的达成，具有触及灵魂的特殊教育意义。

（一）"芬芳仪式"的设计

为了满足孩子成长的个性化需求，为每个孩子提供成长的平台，学校把原有的传统德育活动、仪式活动，进行整合提炼，构建尊重儿童生命的"芬芳仪式"课程内容。每门课程要设计适合的活动，通过活动让学生在庄重的仪式中产生对文化、对知识的敬畏和向往，朦胧的学习生活中感受"人"的丰富内涵，并产生长久而深远的影响。

入学课程（一年级）：了解新校园、新同学、新老师；熟悉学校课程内容；学习上下课、放学、站队、如厕等方面的礼仪规范和收发作业、打扫卫生等技能。

典礼礼仪课程（一至六年级）：了解国旗的含义和升旗的意义，熟悉升旗仪式的流程、站队、入场和离场的要求，学习升旗仪式的礼仪规范和敬礼的标准要求，感受升旗仪式的庄重；了解举行开学、散学典礼的意义，熟悉开学、散学典礼的流程、入场和离场的要求，学习开学、散学典礼的礼仪规范。

成长课程（一至六年级）：举行一年级新队员入队仪式、全体少先队代表大会、感恩教育等，让孩子在仪式中感受成长。

毕业课程（六年级）：毕业课程围绕"回忆、感恩、希望"三个篇章进行。回忆篇以"毕业回忆"为主题，除了毕业集体照之外，各班同学利用手机、相机拍摄校园或是校园一角中的自己和同学，也可以将自己在六年校园生活中的珍藏照片呈现出来，利用展示平台展览、交流，回忆母校的点点滴滴；感恩篇以"感恩母校"为主题，各班开展毕业感恩征文活动、主题教育活动等，抒发对母校的情谊；希望篇以"新征程、新希望"为主题，以仪式形式进行，由学校领导、六年级全体师生、部分家长代表共同参与，学生、教师、家长代表发言，校长寄语，毕业生领誓。

（二）"芬芳仪式"课程评价

学校根据孩子实际和发展需要，设定适应孩子发展的评价标准，并通过多元化、多样化的评价方式，对"芬芳仪式"课程进行评价，引导孩子们不断确立新的目标、追求进步。

1. 仪式方案。应体现仪式的庄严神圣,让孩子通过参与仪式了解仪式背后的意义,体现仪式课程的育人功能;体现学校文化,符合孩子年龄特点和认知规律;方案中的课程目标、结构、活动等设计应体现一致性与合理性。

2. 仪式过程。注重营造隆重、庄严、神圣的环境氛围,通过其产生的强烈感染力实现教育目标;仪式过程中全体孩子要积极参与,并通过价值理念与情绪感觉的交织、融合,对孩子产生综合性影响。

3. 仪式效果。仪式课程实施中孩子参与度、合作态度、行为规范、精神面貌等良好;通过仪式课程,孩子们能明确体会仪式的目的,感悟到仪式课程对自身成长的意义。

4. 仪式管理。仪式课程结束后,能够积极进行过程性资料的搜集整理、心得体会的交流展示、仪式活动的宣传报道等。

润物无声育新苗,春风化雨绽芬芳。在"芬芳教育"哲学中,每一个孩子都是一朵花儿,每一朵花儿都有芬芳绽放的可能性。"芳草地课程"规划以育人目标为学校课程的指向,以多维的课程实施路径为课程愿景的具象化提供强有力的支撑,从而为每个孩子种下独特的"生命图景",促进每个孩子实现个人的成长、绽放自己独特的芬芳!

(撰稿人：英瑾　郭艳丽　赵明华　宋小娟　吴晓慧)

第三章

结构布局： 学校课程的聚焦

学校课程结构实质上是课程的各个组成成分或要素按照预定的一定准则形成的相对稳定的相互联系。它是课程目标转化为教育成果的纽带,是课程实施活动顺利开展的依据,更是学校设计个性化特色课程的聚焦点。学校课程设计应从本校办学水平实际出发,体现课程形态的多样化,构建充满生机活力、多层次、有特色的课程结构体系。学校在原有课程脉络的基础上,针对学生内在的知识、情感、道德和外在的实践创新精神能力等设置与之相对应的课程。基于学校环境的不同,学校价值需求的不同而引起课程功能的变化,随之产生新的课程结构,这种变革不仅是形式上的,更是实质上的,应努力构建一种科学与人文、逻辑与价值相结合的实质课程结构。

万花筒课程：朝着精彩奔跑

每一个生命，都是一颗神奇的种子，里面蕴藏着不为人知的力量。"精彩教育"就是点燃生命激情，唤醒生命潜能的一颗火种，是激发生命活力，演绎生命精彩的动力引擎。在学校"精彩教育"的实践版图中，"万花筒课程"犹如一棵根深叶茂的大树，为每个生命的破土萌芽、茁壮成长输送营养雨露，为每个生命的美丽蝶变、精彩绽放提供丰沃土壤，激励着每一个生命朝着精彩奔跑，向着精彩绽放，成就精彩人生。

郑州市金水区文化路第三小学创建于 1996 年，位于郑州市文化路北段博颂路 3 号，占地面积 16 223 平方米，现有 53 个教学班。学校秉承"让每个生命精彩绽放"的办学理念，重点通过校园文化、课程建设、校本研修、课堂教学、德育教育、社团活动等渠道，为学生健康成长、全面发展，为教师专业成长、幸福生活，创造条件搭建舞台；为每个生命的美丽蝶变、精彩绽放，奠定坚实基础。学校先后被评为全国中小学中华优秀文化艺术传承学校、河南省书法先进实验校、郑州市书香校园、郑州市道德课堂建设先进单位、郑州市教育科研先进单位、郑州市博客大赛先进单位、郑州市社会实践先进单位、郑州市创新教育先进单位，连续三年被评为郑州市校本课程建设先进单位。

第一部分　学校课程哲学

学校的课程哲学主要体现为学校的课程使命、核心课程价值观和课程愿景，这三方面的内容是相互关联、有机结合的。学校的核心价值观与使命支撑着学校愿景，学校愿景体现了学校使命和核心价值观。学校的课程哲学从逻辑关系上来讲，应从属于学校的教育哲学，属于学校教育哲学的一个分支。

一、学校教育哲学

基于学校原有的文化积淀，我们确立了学校的教育哲学：精彩教育。

精彩教育是尊重生命的教育。尊重生命，因为生命是教育的原点与归宿。精彩教育以尊重生命为前提，不断地延伸生命的长度，扩展生命的宽度，加深生命的厚度，积极追寻生命存在的意义与价值，不断探索生命成长的方式与路径。努力为每个生命的美丽蝶变、精彩绽放，奠基坚实基础。

精彩教育是唤醒潜能的教育。每一个生命，都是一颗神奇的种子，里面蕴藏着不为人知的力量。精彩教育就是点燃生命激情，唤醒生命潜能的一颗火种，是激发生命活力，演绎生命精彩的动力引擎。她能够唤醒每个生命内心深处的成长意愿和生长诉求。我们坚信，每一个孩子都蕴藏巨大的能量，精彩教育能激发生命的无限可能。

精彩教育是彰显个性的教育。每一个生命的独特个性构成了五彩斑斓、色彩缤纷的美丽世界。生命的成长有其自身的规律性和差异性。精彩教育尊重个体差异，鼓励不同声音，倡导顺势而为，为每个孩子铺设独具特色、合理适切的跑道，引导每一个生命成为最好的自己，从而阐释"一样的生命，不一样的精彩"的深刻内涵。

精彩教育是成就梦想的教育。努力奔跑，勇敢追梦是精彩教育的真实生态。精彩教育在尊重生命、唤醒潜能、彰显个性的基础上，强调"梦想"对于生命成长、个体发展的价值和意义。"梦想"为精彩教育插上了一双腾飞的翅膀，在引导每个生命勇敢地追寻梦想，实现梦想的过程中，不断地突破自己，超越自己，美丽蝶变，精彩绽放。

二、学校课程理念

我校基于"让每个生命精彩绽放"的办学理念，确立"朝着精彩奔跑"的课程理念，为孩子们的成长发展铺设多条跑道，铺设最能激发孩子热情，最能唤醒孩子潜能的适切的跑道。让孩子们在课程的跑道上，体验成长的精彩快乐，收获成长的精彩硕果，拥有精彩的幸福童年。

课程即美好旅程。人的一生就是一次学习的旅程，人发展的原动力在于从成长的经历和体验探索中获得经验和能力。鲜活的课程，会使学习者的旅程丰富有趣；动感的课程，会使学习者的旅程积极广泛；立体的课程，会使学习者的旅程热情投入；丰富的课程，将会带给孩子们一次又一次的美好旅行。

课程即发展方向。社会的发展需要个性化人才，国家课程的校本化实施与校本课程的开发为培养个性化人才提供了可能和保障,丰富的学校课程,给了孩子们自由选择的空间,给了他们自我发展的平台,满足孩子们的发展需求,帮助孩子朝着自我预期前行。

课程即内在生长。课程在本质上是一种教学事件,学生作为事件发生的主要人物参与其中,或感受、或体验、或思考、或交流、或探索,经历的过程有奋斗的辛苦、有成功的喜悦、有倔强的呐喊、有失落的泪水,但每次经历的过程都是内在生长的过程,不管是显著生长,还是缓慢发展,只要积极参与课程活动,一定会助力生命的内在生长。

课程即生命养料。学生是一个个鲜活的生命个体,他们的身体、心理、情感、精神都处在快速生长的过程中,丰富多彩的课程是学生生命成长不可或缺的有机养料。不同的课程内容为孩子们提供不同的营养种类,满足不同生命的成长需求。科学合理的课程搭配为孩子们提供营养均衡的成长套餐,使每一位学生在多样化的课程学习中获得生命的滋养。

第二部分　学校课程目标

课程是学校教育的主要载体,是实现育人目标的主要方式与途径。我们基于学校"让每个生命精彩绽放"的办学理念和"精彩教育"的教育哲学,确立学校的育人目标。

一、学校育人目标

学校的育人目标是:培养"全面发展、学有所长"的精彩少年,具体内涵为:"强体魄、启心智、怡情趣、善交流、会创新、爱生活"的精彩少年。

二、学校课程目标

育人目标是通过课程目标去达成的。为了实现育人目标,我们将"强体魄、启心智、怡情趣、善交流、会创新、爱生活"进行细化,形成了低中高年级的分阶段分层级课程目标(见表3-1)。

表3-1　金水区文化路第三小学年级段课程目标

课程目标/育人目标 \ 学段	低年级	中年级	高年级
强体魄	对简单的趣味游戏、体育运动有兴趣，能够积极主动地参与；适应学校生活，乐于与老师、同学交往，谦让、友善，形成初步的纪律意识。	乐于参加体育运动和比赛，形成初步的运动能力，养成坚持锻炼的习惯；善于与老师同学交流，喜欢班级、学校，主动参与集体活动，会与他人合作，遵章守纪。	长期坚持自己喜爱的运动项目，养成健康的生活方式；能处理好人际关系，有集体荣誉感，合理安排时间，关爱小同学。
启心智	会从生活中发现和提出简单问题，并尝试思考解决；会用简单语言表达自己的思维过程。	主动在生活中发现问题，并有规律地解决问题；组织语言，将自己的思维过程较清晰地表达出来。	形成独立解决生活中遇到问题的意识；能自主学习，并在学习过程中提出问题、总结规律；能有条理地将思维的过程完整地表达出来。
怡情趣	对音乐、美术等艺术类学科有兴趣；会用葫芦丝或其他乐器演奏简单的曲目，能创作简单美术作品，以表达思想、情感；乐于参与社团活动。	有初步的艺术感受与欣赏的能力；乐于参与艺术表现活动，有感情地演唱歌曲，掌握简单的葫芦丝或其他乐器的演奏技巧，采用合适的艺术形式创作美术作品；积极参与社团活动，发展兴趣。	丰富和提高艺术想象力和创造力，培养丰富的生活情趣和乐观的生活态度；自信、积极地参与艺术创造活动，提高艺术想象力和创造力，通过合适的艺术表现形式表现生活，表达思想与情感；积极参与社团活动，形成一技之长。
善交流	喜欢阅读，借助拼音和图画进行阅读；对感兴趣的人物和事物有自己的感受；乐于与人交流；简单地写自己想说的话。	初步养成良好的阅读习惯；与人交流中能表达自己的观点；乐于书面表达；结合生活写自己见闻、感受和想法；喜爱英语学科学习。	养成良好的阅读习惯，坚持阅读；在交流和讨论中，敢于提出看法，做出自己的判断；有意识地丰富自己的见闻，珍视个人的独特感受；用英语进行简单的口语交流。
会创新	善于观察生活，有强烈的好奇心，具有初步的动手能力。	想象力丰富，积极参与社会实践活动，在实践中发展创新思维，进一步提升动手能力，能够亲手设计制作一些小作品。	具有较强的创新意识和批判性思维能力，能够提出各类奇思妙想，并能够利用所学知识和外部资源，将自己的奇思妙想和精彩创意转化实物作品。
爱生活	与人交往有礼貌、诚实守信，喜欢自己的父母、老师、同学，初步了解生活中自然、社会常识，珍爱生命，养成良好生活习惯。	形成初步的规则意识、环保意识，积极参与集体生活，学会与人平等地交流与合作。初步理解人与自然、社会环境相互依存的关系。	有初步的社会交往能力，形成正确的"我与国家"、"我与社会"、"我与世界"的观念，对学校、家乡、国家有归属感，热爱中华传统文化，初步理解国家、民族间的文化差异。

第三部分　学校课程体系

学校课程设计是基于学校教育哲学与文化理念,从宏观层面对学校所有课程进行科学系统的规划与思考、组织与编排,进而达到最优化的课程体系与结构,从而更好地实现学校的育人目标。

一、学校课程逻辑

围绕学校"精彩教育"的价值追求,基于"让每个生命精彩绽放"的办学理念和"全面发展,学有所长"的育人目标,学校构建了"万花筒课程"体系。课程逻辑示意图如下(见图3-1)。

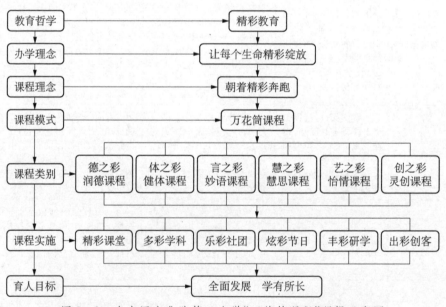

图3-1　金水区文化路第三小学"万花筒课程"逻辑示意图

二、学校课程结构

我们从"行为与道德、运动与健康、语言与交流、逻辑与思维、艺术与审美和科技与创新"六个领域出发,构建学校六大类课程,具体见图3-2。

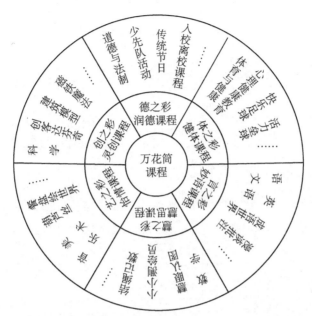

图3-2　金水区文化路第三小学"万花筒课程"结构图

三、学校课程设置

　　根据"万花筒课程"结构,结合学校课程资源现状,我们按照不同的年级水平从"行为与道德、运动与健康、语言与交流、逻辑与思维、艺术与审美和科技与创新"六个领域,对学校一至六年级十二个学期的课程内容进行系统建构,具体设置如下(见表3-2)。

表3-2　金水区文化路三小"万花筒课程"设置表

课程 学期		德之彩 润德课程	体之彩 健体课程	言之彩 妙语课程	慧之彩 慧思课程	艺之彩 怡情课程	创之彩 灵创课程
一年级	上学期	道德与法制 综合实践 少先队活动 传统节日 入校课程 安全小卫士	体育与健康 蹴鞠的衍生 初识啦啦 我的大课间 垒球世界	语文 竖起小耳朵 请你认识我 拼音游戏 端正姿势 气泡图 认识新校园	数学 歌颂数学 识数学算 慧眼识图 分门别类 结绳计数	音乐　美术 书法 妙音初探 DO RE MI 乐器与音符 模仿声音 奇妙的颜色 冬的礼物	科学 五官兄弟 认识动物 位置方向 磁铁魔法

(续表)

学期 \ 课程		德之彩 润德课程	体之彩 健体课程	言之彩 妙语课程	慧之彩 慧思课程	艺之彩 怡情课程	创之彩 灵创课程
	下学期	道德与法制 综合实践 少先队活动 传统节日 安全小卫士	体育与健康 蹴鞠的衍生 初识啦啦 我的大课间 垒球世界	语文 小小传话筒 说说我的家 趣味识字 我爱书写 火眼金睛 缤纷四季	数学 歌颂数学 识数学算 慧眼识图 分门别类 结绳计数	音乐 美术 书法 趣味节奏 我爱儿歌 力度与速度 彩绘音符 灯笼的聚会 有趣的面具	科学 奇妙的水 植物乐园 多样地球 拼装工具
二年级	上学期	道德与法制 综合实践 少先队活动 传统节日 我爱我家	体育与健康 初识足球 寻找节奏 手指转转转 垒球世界	语文 耐心小听众 看图说话 爱上绘本 看图写话 时间轴 亲子成长册	数学 识图解算 剪纸艺术 小测绘员 时间管理 九九归一	音乐 美术 书法 初识经典 我会唱歌 走进双排键 叮咚齐鸣 黏土果蔬 收获篮	科学 脚的秘密 动物特点 奇特天气 认识工具
	下学期	道德与法制 综合实践 少先队活动 传统节日 校园知多少	体育与健康 踩跳小明星 手位32变 护眼小卫士 奇妙的垒球	语文 我能听明白 我能说清楚 蒙学乐读 汉字英雄 这是为什么 动物园 找朋友	数学 识图解算 剪纸艺术 小测绘员 时间管理 九九归一	音乐 美术 书法 中外儿歌 童声齐唱 神奇的标记 自创儿歌 愤怒的小鸟 海洋探险	科学 我们的"家" 四季的人们 漫步地球 制作的乐趣
三年级	上学期	品德与社会 综合实践 传统节日 美丽的祖国 我的姓名	体育与健康 凌波微步 7大步伐 进场小小兵 团队精神	语文 英语 枕边科普 我来告诉你 奇趣童话 读写绘 鱼骨图 传统节日 Sharp Ears Be a Reader I Can write	数学 画中有话 另眼相看 博访强记 移转之美 运算溯源	音乐 美术 书法 经典旋律 卡农式轮唱 初识古筝 调音试琴 老虎和狐狸 纸筒世界	科学 建筑模型 航海模型 物质万花筒 蚂蚁大家族 云与雾 小小竹蜻蜓
	下学期	品德与社会 综合实践 传统节日 我爱国旗 欢喜过大年	体育与健康 八字生出花 可爱韵律操 我会拍手操 抛球	语文 英语 枕边神话 有话好好说 伊索寓言 巧妙构段 是真是假 二十四节气 Sharp Ears	数学 画中有话 另眼相看 博访强记 移转之美 运算溯源	音乐 美术 书法 民间乐曲 双声部和声 宫商角徵羽 五声童谣 卡通小人偶 瓶瓶罐罐	科学 建筑模型 航海模型 周围的材料 动物世界 雨与雪 电路

(续表)

学期 \ 课程		德之彩 润德课程	体之彩 健体课程	言之彩 妙语课程	慧之彩 慧思课程	艺之彩 怡情课程	创之彩 灵创课程
				Be a Reader I Can write			
四年级	上学期	品德与社会 综合实践 传统节日 24节气 交通安全 我爱社区	体育与健康 贪吃蛇 仰卧 跑步 跑垒	语文 英语 枕边历史 精彩瞬间 成语世界 快乐日记 流程图 我是小义工 听力宝库 Dream Book 记忆大师	数学 运算探秘 形中探律 我是赢家 我爱旅行 探踪数字	音乐 美术 书法 初识乐段 和声世界 葫芦丝探秘 丝音悦耳 六色彩虹 小小魔术师	科学 微机 建筑模型 航海模型 旅行生活 奇妙的动物 日月星辰 神奇工具
	下学期	品德与社会 综合实践 传统节日 24节气 生活与广告 我爱社区	体育与健康 形走位 弹跳小能手 我会足球操 挥棒强强强	语文 英语 枕边名著 故事擂台赛 听力宝库 Dream Book 记忆大师 笠翁对韵 摘抄乐园 一探到底 走进图书馆	数学 运算探秘 形中探律 我是赢家 我爱旅行 探踪数字	音乐 美术 书法 木三 年 级管与铜管 动听的重唱 古筝 VS 葫芦丝 民乐融合 树林 我和抽象画	科学 微机 建筑模型 航海模型 燃烧之谜 人体奥秘 魔力天空 我会设计
五年级	上学期	品德与社会 综合实践 传统节日 礼仪课程 城市美容师	体育与健康 独闯龙门 花球小队员 魅力瑜伽秀 防守我最棒	语文 英语 耳听八方 新闻发布会 名人故事 漫谈批注 树状图 校园小记者 Listening Time 我"绘"读 头脑风暴	数学 扑克牌 点线面体 观图析理 理财部落 皇冠明珠	音乐 美术 书法 名家名作 合唱的合作 合唱与伴奏 声声入耳 青铜时代 龙飞凤舞 民族纹样	科学 微机 建筑模型 航海模型 能量守恒 成长周期 地貌 巧控摩擦力
	下学期	品德与社会 综合实践 传统节日 礼仪课程 职业体验	体育与健康 临门一脚 七彩考星级 退场我最棒 进攻我最强	语文 英语 听记有法 我是演说家 上下五千年 游学之旅 Listening Time 我"绘"读 头脑风暴	数学 扑克牌 点线面体 观图析理 理财部落 皇冠明珠	音乐 美术 书法 走近戏曲 我是"小戏迷" 戏曲脸谱 戏曲人物 靓丽的旗袍	科学 微机 建筑模型 航海模型 电能和磁能 生物奥秘 天气影响 科技成果展

(续表)

学期\课程	德之彩 润德课程	体之彩 健体课程	言之彩 妙语课程	慧之彩 慧思课程	艺之彩 怡情课程	创之彩 灵创课程
六年级 上学期	品德与社会 综合实践 传统节日 礼仪课程 戏曲文化	体育与健康 传抢大乱斗 国际赛事 课间多样 比赛实战	语文 英语 辩证倾听 最佳辩手 诗词歌赋 畅作诗歌 思维导图 社会调查听力能手 美文欣赏 小书法家	数学 殊途同归 多维空间 数据时代 美丽校园 走近祖冲之	音乐 美术 书法 魅力交响乐 我爱歌唱 音乐融合 自制乐器 威武的门神 剪纸能手	科学 微机 建筑模型 航海模型 光的特点 植物角问题 保护环境 创客达芬奇
六年级 下学期	品德与社会 综合实践 传统节日 礼仪课程 离校课程	体育与健康 王者对决 出征比赛 课间高质量 荣誉时刻	语文 英语 听评有道 临别赠言 朗读者 自书六年 标新立异 毕业绘本 听力能手 美文欣赏 小书法家	数学 殊途同归 多维空间 数据时代 美丽校园 走近祖冲之	音乐 美术 书法 金色维也纳 "变声期" 记录旋律 "制作人" 泥塑和面塑 我们的风筝	科学 微机 建筑模型 航海模型 声的传播 金鱼养殖 宇宙设计

第四部分　学校课程实施

随着新课程改革的不断推进,课程实施与评价逐渐成为瓶颈问题。课程实施与评价的目的是保障课程目标的达成。实施与评价都是持续的过程,评价是用来验证实施后的课程质量,而且应该贯彻在整个实施的过程中。从某种意义上来看,实施与评价是相伴共生的。

一、构建"精彩课堂",落实学科基础课程

"精彩课堂"是生命与生命交往互动的过程,是一种以自主、合作、探究的学习方式,来引发学生思想碰撞,激发学生思维,促进师生共同提升和完善生命的一种课堂形态。"精彩课堂"体现"以人为本"的课程理念,以学生的综合能力发展作为教学目的,

根据学生的个性特点和学科的内容体系开展教学。"精彩课堂"不仅要成就学生的全面发展，也要创造教师的幸福人生。在课堂上尊重学生人格，关注学生个性，激发学生的生命力和创造力，提升师生的幸福指数，最终实现师生的共同发展。

（一）"精彩课堂"的内涵与实施

"精彩课堂"文化形态基本特征为"自主合作、真实有效、情智共生"。其中"自主合作"是实施精彩课堂的策略和方法，"真实有效"是构建精彩课堂的基石和目标，而"情智共生"是诠释精彩课堂的愿景和追求。

自主合作。"精彩课堂"的"自主"就是在课堂上教师要"放权让位"，相信学生、尊重学生、激发学生，把学习的主动权还给学生，把思考、质疑、提问、探讨、解决问题的时间与空间留给学生，让学生在手动、口动、脑动、心动、情动的"动感课堂"中，实现"自主认知、自主学习、自主教育、自主管理、自主评价、自主发展"的目标。

真实有效。"真实"有三层含义："真"即规律、本质——教学是一个符合教育规律，符合学生身心发展特点的过程，要运用科学的教学方法，避免闭门造车，违背规律；"真"即真诚、真情——学习是一个师生真实对话、真情交流的过程，要展现真实的师生情感，避免虚情假意，敷衍了事；"真"即有获、有效——学习是一个学生由"不会"到"会"的真实变化过程，要收获真实的学业进步，避免空走"过场"，学而未解。"有效"——"精彩课堂"是追求教学质量，追求教育实效的课堂，其"学生快乐、教师幸福、家长放心、社会满意"的最终目标，核心就是为师生生命成长奠定坚实的基础，让学生能够习得知识、获得技能、形成情感，让教师能够积累经验、完善方法、提升智慧。

情智共生。"情"即师生情感共融。教师怀情而教，学生动情而学，教师启发学生，学生感染教师，达到师生情感共鸣；"智"指轻松愉悦的课堂氛围，课堂就是教师和学生共同经历的一段愉悦的生命历程，在轻松愉悦的氛围中获得知识、习得技能、发展思维、陶冶情操，提升生命的质量。

（二）"精彩课堂"实施评价建议

精彩课堂是以学生的综合能力发展作为教学目的，根据学生的个性特点和学科的内容体系展开教学。为了实现精彩课堂的教学目标，学校从"教材与目标、教法与策略、环节与流程、效果与反思"四个方面制定详细的评价量表，力促教学目标的实现与达成（见表3-3）。

表 3-3　金水区文化路三小"精彩课堂"的评价量表

评价要素	评价内容	评价标准 自主合作、真实有效、情智共生	评价分值
教材与目标	目标饱满	1. 结合课标,制定准确适切的教学目标。(5分)	
		2. 制定的目标符合生情,适合学生发展。(2分)	
	内容延伸	3. 依据教学目标,确定合理的教学内容,教学重、难点准确、突出。(5分)	
		4. 能对教材进行整合或者创新,延伸教材的深度与广度。(3分)	
教法与策略	教学灵活	5. 教学方法多样有效,突破教学重难点。(5分)	
		6. 教学环节环环相扣,循序渐进。(5分)	
	策略多样	7. 提出的问题精准、有探究的价值。(5分)	
		8. 注重师生互动、生生互动,给予学生自主学习的空间,通过小组合作、展示交流等形式,培养学生探究式的学习能力。(5分)	
环节与流程	激趣质疑	7. 学生在教师情景引导下,产生有价值的问题。(3分)	
		8. 小组成员能对问题进行积极讨论,敢于发表自己的观点。(4分)	
	互动有效	9. 有组织、有分工,协作进行问题研究,并有实效性。(4分)	
		10. 通过独学、对学、小组学习等形式进行探究。(3分)	
	展示交流	11. 学生有自我展示的欲望和勇气。(3分)	
		12. 能以小组形式,展示交流组内成果。(3分)	
	拓展升华	13. 没有展示的学生能认真倾听,并善于补充或提出疑问。(3分)	
		14. 教师能根据教材进行相关内容的拓展,丰富学生知识,升华情感。(2)	
效果与反思	学习效果	15. 完成预期教学任务,大多数学生达到教学目标。(5分)	
		16. 不同层次的学生在原有水平得到相应的提高。(5分)	
		17. 师生互动,生生互动,教学相长。(5分)	
		18. 学生通过融洽愉悦的课堂活动,得到丰富的知识,形成一定的技能,体验到成功与快乐。(5分)	
	课堂评价	19. 教师、学生、小组多主体参与评价。(5分)	
		20. 采用多样的评价方式,对学生知识、技能、情感、态度、价值观等多方面进行指向性与激励性评价。(5分)	
	教师素养	21. 教师语言精准生动、严谨合理、有逻辑性,善于处理突发事件(2分)。	
		22. 能驾驭课堂教学,营造和谐的氛围,引导学生质疑释疑。(3分)	
		23. 板书工整、规范,布局合理。(2分)	
		24. 利于多媒体进行辅助教学,达到有效教学的目标。(3分)	

二、建设"多彩学科"，落实特色学科课程

学科是学校课程变革的关键，学科发展是学校内涵发展的重要标志。根据学校"万花筒"的课程模式，以学科课程群建设为主要载体，着力建设"多彩学科"，落实特色学科课程。

（一）"多彩学科"的建设路径

各学科教师团队基于基础课程，自主设计研发了内容丰富、结构合理的课程集群。这些课程群具有"回应儿童需求、指向核心素养、凸显学科特色、知识结构具有一定逻辑关系"的性质特点，为学校深入推进特色学科建设提供了有效载体。

1. "真语文"课程群

我们把语文学科的基本理念定位为"真语文"，即植根"真生活"的语文，绽放"真情感"的语文，追求"真成长"的语文。依据国家有关方针政策，我校"真语文"主要以苏教版教材和国家统编教材为教学媒介，完成对学生学科知识能力的培养。为了更好地满足学生的发展需要，根据语文学科"识字与写字"、"阅读"、"写话与习作"、"口语交际"、"综合性学习"五大学习领域，从"汉字英雄"、"手不释卷"、"妙笔生花"、"妙语连珠"、"处处留心"五个方面确立我校的语文学科课程框架。

"汉字英雄"课程群。"汉字英雄"主要内容为识字、写字（硬笔、软笔）活动，通过兴趣激发、方法习得、情感熏陶等途径，引导学生"写一手好字"，为其他课程的实施奠定扎实的基础。

"手不释卷"课程群。"手不释卷"主要指向学生阅读量的积累和阅读力的提升，其中既有不同主题、不同体裁的个性化阅读参与和体验，也有阅读方法的指导和点拨，为学生的全面发展注入源源不断的动力。

"妙语连珠"课程群。"妙语连珠"主要针对学生口语交际能力的训练和提升，既关注生命个体的言语表达能力，更从生活中选取真实的场景和语言情境，将倾听、思考、表达有机链接，加强不同主体间的交流和互动，提升参与能力和思辨能力。

"妙笔生花"课程群。"妙笔生花"主要着眼于写话和写作能力的培养，根据学段梯度和学生的学情，言语单位逐步递增，方法指导层层深入，目的在于提升学生的语言表达能力，以我手写我心，传达自己的真情实感。

"处处留心"课程群。"处处留心"主要来源于学生日常的生活，从身边出发，从点

滴入手,通过内容丰富、形式多样的综合性学习活动,建立学习和生活间的联系,打通学科间的壁垒,切实提升学生的综合实践能力,拓宽视野和胸怀。

在"真语文"学科理念的指引下,学校积极推进语文课程建设和实施,除了基础课程之外,依据校情、师情和生情,多元开发拓展类课程,横向按照学科内容、纵向按照年级高低,形成了符合学校实情的"真语文"课程设置表(详见表3-4)。

表3-4　金水区文化路三小"真语文"课程设置

学期 ＼ 内容	汉字英雄	手不释卷	妙笔生花	妙语连珠	处处留心
一年级上学期	拼音游戏	拼音助读	我口言我心	请你认识我	认识新校园
一年级下学期	趣味识字	快乐悦读	"一句话"表达	说说我的家	缤纷四季
二年级上学期	奇妙象形	缤纷绘本	看图写话	看图说话	亲子成长册
二年级下学期	我爱书写	蒙学乐读	汉字英雄	我能说清楚	动物园找朋友
三年级上学期	有"形"有"声"	奇趣童话	读写绘	我来告诉你	传统节日
三年级下学期	听写大会	伊索寓言	巧妙构段	有话好好说	二十四节气
四年级上学期	巧妙会意	成语世界	快乐日记	讲讲精彩瞬间	我是小义工
四年级下学期	软笔临摹	笠翁对韵	摘抄乐园	故事播台赛	走进图书馆
五年级上学期	追根溯源	名人故事	漫谈批注	新闻发布会	校园小记者
五年级下学期	墨韵飘香	上下五千年	有感而发	我是演说家	游学之旅
六年级上学期	汉字文化	诗词歌赋	畅作诗歌	争当最佳辩手	社会调查
六年级下学期	有"行"有"款"	朗读者	自书六年	临别赠言	我的毕业绘本

2. "创探数学"课程群

基于数学基础性、普及性和发展性的学科性质,我们提出"创探数学"的学科哲学。我们认为,因"创"而生动力,从"探"中得能力,最终学生在课程的实施中发展数学素养。数学的学习应该通过创新的课程内容,使学生在学习过程中感受到数学学习的"创造性"、激发数学"探究"的欲望、经历"探究"的体验,发展学生的数学素养——这,即是"创探数学"学科理念。

我校数学学科按照各年级主题,有层次、有梯度地开发了各年级的拓展课程主题。其中包括"初识数学"、"创学数学"、"巧做数学"、"深探数学"、"活用数学"、"升汇数学"六个主题。

　　"初识数学"——在有创意的简单数学活动中初识生活中的数,进行简单的加减运算,了解基本几何图形,简单的数量关系等知识;在有创新的情景中,尝试收集、分析数学信息,并解决简单的数学问题;初步养成爱思考,有创造的数学学习习惯;感受数学在生活中的作用。

　　"创学数学"——在有创造性的简单数学活动中,体会四则运算的意义,发现并了解生活中的量,认识平面几何图形的特征;从有创意的学习内容中提出数学问题并尝试解决。在成功体验中,培养创新意识。

　　"巧做数学"——在有创造性、有趣的数学活动中动脑想,动手做;以"巧做"拓创造、以"巧做"促学习、以"巧做"提高学生学习数学的能力及数学基本素养。

　　"深探数学"——在有创造性、有趣的数学活动中,深入探究知识的学习过程、数学中的规律、数学与生活的联系;在探究的过程中,发展学生创新意识,提高解决问题的能力,形成探究方法。

　　"活用数学"——在有创造性、有生活性的数学活动中,发现问题、提出问题,灵活运用数学知识和具备的数学能力解决问题,增强应用意识,提高实践能力;在积累活动经验的过程中,进一步感受数学源于生活、用于生活,体会数学的应用价值。

　　"升汇数学"——在有创造性、挑战性的数学活动中,开展小组的合作学习以及小组间的竞争活动,吸引学生主动参与、积极探索,把六年来所收获的知识、技能、经验以及方法通过自己提升总结、融汇,形成富有个性和科学性的学习成果。

　　"创探数学"借助以多种不同的形式实施,指导学生探索数学中有趣的知识,感受数学的魅力,并绘制拓展类课程设置表如下(见表3-5):

表3-5　金水区文化路三小"创探数学"课程设置

年级 ＼ 课程领域 ＼ 主题		数与代数	几何与图形	统计与概率	综合实践活动
一年级	初识数学	识数学算	慧眼识图	分门别类	歌诵数学
二年级	创学数学	识图解算	剪纸艺术	小测绘员	时间管理
三年级	巧做数学	画中有话	另眼相看	博访强记	移转之美
四年级	深探数学	运算探秘	形中探律	我是赢家	我爱旅游
五年级	活用数学	扑克牌中的秘密	点线面体	观图析理	理财部落

(续表)

课程领域 年级 / 主题	数与代数	几何与图形	统计与概率	综合实践活动
六年级 / 升汇数学	殊途同归	多维空间	数据时代	美丽校园

3."奇趣科学"课程群

我们把科学课程的理念定义为:"奇趣科学"。奇——指的是奇思、奇妙、奇特。趣——指的是有趣、乐趣、智趣。我们坚信孩子是天生的发现者,对未知充满了好奇;孩子是天生的探索者,对世界充满了热情;孩子是天生的创造者,对未来充满了信心。科学教研团队从"物质科学"、"生命科学"、"地球与宇宙"、"技术与工程"四大知识领域,针对六个不同的年级水平,基于基础课程,拓展研发设计24门学科课程(课程设置见表3-6)。

表3-6 金水区文化路第三小学"奇趣科学"课程设置

课程领域 学期	物质科学	生命科学	地球与宇宙	技术与工程
一年级上学期	五官兄弟	认识动物	位置方向	磁铁魔法
一年级下学期	水的特征	植物乐园	多样地球	拼装工具
二年级上学期	脚的秘密	动物的特点	奇特的天气	认识工具
二年级下学期	我们的"家"	四季的人们	漫步地球	制作的乐趣
三年级上学期	物质万花筒	蚂蚁大家族	云与雾	小小竹蜻蜓
三年级下学期	材料世界	动物世界	雨与雪	建筑模型
四年级上学期	旅行生活	奇妙的动物	日月星辰	工具知多少
四年级下学期	燃烧之谜	人体奥秘	魔力天空	我会设计
五年级上学期	能量守恒	成长周期	各种地貌	巧控摩擦力
五年级下学期	电能和磁能	生物奥秘	天气影响	航模世界
六年级上学期	光的特点	植物角问题	保护环境	创客达芬奇
六年级下学期	声的传播	金鱼养殖	探秘宇宙	科学微电影

4."动健体育"课程群

"动健体育"学科理念是基于体育学科"激发运动兴趣、发展学生体能、增加学生体质健康"的课程理念和我校体育学科的师资生情、特色项目而提出的。"动健体育"课程中的"动"含义有三,即心动、行动、运动。所谓心动——通过课程教学,激发和保持学生的运动兴趣;行动——通过激发学生的运动兴趣,使学生能够真正地行动起来;运动——通过课程的学习,学生能够掌握运动的基本知识和技能技巧,养成终身运动的意识和习惯。"健"是要达到两个目标,即身体健康与心理健康。其中身体健康——通过运动掌握有关身体健康的知识和科学的健身方法,养成健康的行为习惯和生活方式。心理健康——引导学生在经历挫折和克服困难的过程中,提高抗挫能力和情绪调节能力,培养坚强的意志品质。

　　"动健体育"课程在国家基础课程的基础上,立足学生需求,结合实际校情,确立"欢乐足球、活力啦啦、阳光课间、垒球风采"四大门类48门拓展课程(具体课程设置见表3-7)。

表3-7　金水区文化路第三小学"动健体育"课程设置

课程模块 学期	欢乐足球	活力啦啦	阳光课间	垒球风采
一年级上学期	蹴鞠的衍生	初识啦啦	我的大课间	垒球世界
一年级下学期	初识足球	寻找节奏	手指转转转	垒球世界
二年级上学期	踩跳小明星	手位32变	护眼小卫士	奇妙的垒球
二年级下学期	脚内侧碰球	手位配音乐	动感室内操	竞赛规则
三年级上学期	凌波微步	7大步伐	进场小小兵	团队精神
三年级下学期	八字生出花	可爱韵律操	我会拍手操	抛球
四年级上学期	贪吃蛇	仰卧大比拼	跑步小能手	跑垒我知道
四年级下学期	形走位	弹跳小能手	我会足球操	挥棒强强强
五年级上学期	独闯龙门	花球小队员	魅力瑜伽秀	防守我最棒
五年级下学期	临门一脚	七彩考星级	退场我最棒	进攻我最强
六年级上学期	传抢大乱斗	国际赛事	课间多样	比赛实战
六年级下学期	王者对决	出征比赛	课间高质量	荣誉时刻

　　5."乐彩音乐"课程群

　　我们将音乐课程的哲学确定为:"乐彩音乐"。它体现了我校音乐课程在实施中"乐"与"彩"的两个理念,第一个理念是"乐",走进音乐才能感受音乐。第二个理念是

"彩",是指学生通过音乐课程学习,参与丰富多彩的音乐实践活动,才能领略到音乐的无限魅力,展现个人的艺术之彩。

我校"乐彩音乐"课程从"感受与欣赏、表现、知识与技能、创造"四大课程领域,确立"妙音悦听、天音童唱、乐海畅游、乐创佳音"四大课程主题,按照六个年级十二个学期,共开发48门课程。旨在通过丰富多彩的课程类型,充分激发学生学习音乐的兴趣和热情,发展和培育学生的音乐素养(具体设置见表3-8)。

表3-8 金水区文化路第三小学"乐彩音乐"课程设置

课程领域 学期	感受·欣赏 妙音悦听	表现 天音童唱	知识·技能 乐海畅学	创造 乐创佳音
一年级上学期	妙音初探	DO RE MI	乐器与音符	模仿声音
一年级下学期	趣味节奏	我爱儿歌	力度与速度	彩绘音符
二年级上学期	初识经典	我会唱歌	走进双排键	叮咚齐鸣
二年级下学期	中外儿歌	童声齐唱	神奇的标记	自创儿歌
三年级上学期	经典旋律	卡农式轮唱	初识古筝	调音试琴
三年级下学期	民间乐曲	双声部和声	宫商角徵羽	五声童谣
四年级上学期	初识乐段	和声世界	葫芦丝探秘	丝音悦耳
四年级下学期	木管与铜管	动听的重唱	古筝 VS 葫芦丝	民乐融合
五年级上学期	名家名作	合唱的合作	合唱与伴奏	声声入耳
五年级下学期	走近戏曲	我是"小戏迷"	和声世界	天籁和声
六年级上学期	魅力交响	我爱歌唱	音乐融合	自制乐器
六年级下学期	金色维也纳	"变声期"	记录旋律	音乐"制作人"

6."艺绘美术"课程群

基于学校"朝着精彩奔跑"的课程理念,确立我校美术学科课程理念为"艺绘美术",具体内涵为"艺创生活,绘出精彩",引导孩子们用艺术的眼光看待事物,用绘画的手法表现生活,将美好的情、景用学习到的技艺与方法表现出来,学会运用艺术语言表达自己的情感和思想,并且把它灵活运用到美化环境与日常生活中。围绕美术学科"造型表现、设计应用、欣赏评述、综合探索"四个知识领域,通过"我绘我画、趣味黏土、创意手工、彩色童年、百绘国粹、趣探民俗"六个不同主题展开学科课程的开发与设计,使学生在美术学习过程中,丰富视觉、触觉和审美经验,获得对美术学习的持久兴趣,形成基本的美术素养。除基础课程外,具体课程设置见表3-9。

表3-9　金水区文化路三小"艺绘美术"课程设置

课程领域 年级	造型·表现	设计·应用	欣赏·评述	综合·探索
一年级	我绘我画	趣味黏土		
二年级	我绘我画	趣味粘贴		
三年级	小绘黑白	创意手工	东方水墨	炫彩艺术
四年级	色彩寻趣	创意手工	欧美佳画	餐盘汇世界
五年级	百绘国粹	民间艺术	国宝会说话	解忧年画
六年级	百绘国粹	民间艺术	传承中国	有趣的影像

(二)"多彩学科"的评价要求

为了落实和保障各学科课程群的实施效果和内在生命力,学校以"学生发展"为中心,从"学科课程哲学、学科课程目标、学科课程设置、学科课程实施、学科课程评价、学科课程管理"六个维度,研制出18项评价指标,分设"优秀、良好、一般、不通过"四个评价等级,对各学科开发设计、推进实施中的课程进行把脉和诊断,通过数据整理、案例分析,科学检测各学科课程实施的质量与效果(详见表3-10)。

表3-10　金水区文化路第三小学"学科课程建设"评价量表

一个中心	六个维度	18项评价指标	四个等级标准			
			A优秀	B良好	C一般	D不通过
学生发展	学科课程哲学5分	1. 立意新颖,体现价值追求,彰显学科性质与特色。(3分)				
		2. 内涵阐述清晰、具体、深刻,与学校教育哲学深度契合。(2分)				
	学科课程目标10分	3. 目标定位清晰、准确,语言表述简洁具体,指向学科核心素养。(3分)				
		4. 能够在课程标准的基础目标上,结合本校本学科实际学情师资状况,从知识、技能、情感态度价值观三个维度进行课程目标的叙写与延伸。(5分)				
		5. 能够支持学校培养目标的落实与达成。(2分)				

一个中心	六个维度	18项评价指标	四个等级标准			
			A 优秀"	B 良好	C 一般	D 不通过
学生发展	学科课程设置 15分	6. 课程结构科学合理，层次分明。（2分）				
		7. 1+X课程群设计丰富立体，能够兼顾到不同层次学生的。（5分）				
		8. 各个子课程能够体现学科知识的基础性、层次性和延展性，相互之间具有一定的逻辑关系。（5分）				
		9. 能够促进学生学科关键能力和必备品格的发展与提升。（3分）				
	学科课程实施 40分	10. 实施途径：课程实施途径多样，能够根据学科特点与内容组织不同形式的学习、实践、体验活动，开展本课程的学习。（10分）				
		11. 措施办法：课程实施措施详细、具体，可操作性强。有独具学科特色的实施途径与方式（10分）				
		12. 实施效果：课程实施效果明显，过程性资料丰富，完善。学生满意率高，课程目标达成度高。（10分）				
		13. 课程成果：教师层面整理完成课程纲要、课程设计、典型案例、活动反思等课程资料。学生能够从课程学习中积累过程性的资料，呈现不同形式的学生作品，建立自己的课程档案袋。（10分）				
	学科课程评价 20分	14. 课程评价形式多元，主体多元。做到过程性评价与终结性评价的一致性。（10分）				
		15. 评价指标全面科学、评价细致详细具体。评价等级的设置具有一定的层次性和科学性。（5分）				
		16. 评价措施详细具体，可执行性强。有学科独具特色的评价策略与方法。（5分）				
	学科课程管理 10分	17. 有一系列保障本学科所有子课程深入推进、有效实施的制度和措施，并能够根据实施的过程有出现的情况和问题有相应的改进调整办法。（6分）				
		18. 教研组内部分工明确、团结协作。团队建设制度完善。（4分）				

三、创设"乐彩社团"，落实兴趣爱好课程

　　社团是发展学生兴趣特长，满足学生个性需求，实现学生全面发展的重要载体，是学校教育的重要组成部分。打破班级年级界限的孩子们，在自主报名和双向选择的基础上，组建社团组织，定期开展社团活动。经过多年的实践与探索，我校"乐彩社团"规模不断扩大、类型日益丰富，并能够坚持常态化有序开展。

（一）"乐彩社团"的主要类型

"乐彩社团"是我校"万花筒课程"的重要组成部分，也是课程实施的重要途径，包括"运动与健康、逻辑与思维、艺术与审美、语言与交流、科技与创新、自然与社会"六大类，具体设置见表3-11。

表3-11 金水区文化路三小"乐彩社团"设置表

社团类别	社团名称
运动与健康	活力垒球、田径社团、拉玛西亚足球社团、篮球社团、啦啦操、花样跳绳社团
逻辑与思维	理财部落、扑克牌中的秘密、一次神奇的 math 旅行
艺术与审美	餐盘汇世界、纸艺手工大世界、小手动起来、百变折纸俱乐部、礼仪社团、动漫欣赏、双排键社团、古筝社团、翰墨飘香书法社团、摄影课程、向阳花舞蹈社团、小百灵合唱社团、丝音婉绕葫芦丝社团
语言与交流	我爱国旗、小记者、主持人社团、兴趣英语社团、成语故事、悦读社、读书社、悦诵社、趣味语文、快乐阅读
科技与创新	校园E族、航海模型、建筑模型
自然与社会	探秘二十四节气、探索节气之旅、玩转中国传统节日

（二）"乐彩社团"实施要求

为了保障我校"乐彩社团"深入、持续、有效地实施与开展，学校重点从规范课程纲要、保障活动时间、坚持特色发展、科学自主管理等多个方面提出规范与要求。

1. 社团提倡有特色、有亮点，符合学校文化、培养目标，符合社团特色、富于童趣的社团名称。每个社团需有适切的课程纲要，有学期活动计划、总结，有学生考勤簿，有活动过程的记录及对学生的评定，并做好过程性材料（文字、图片、作品等）的积累。

2. 在开展常规活动的同时，能重视特色活动的开展。社团要通过符合社团成员兴趣爱好的活动，充分调动社团成员的积极性、主动性、创造性，使每个成员能够把自己作为社团的主人，充满热情、兴趣浓厚地参与社团活动。

3. 做好社团活动的总结与反思，不断探索学校社团的发展之路，根据实际的活动效果，为学校的社团建设提出合理的要求和建议。加强学生社团的自主化管理，各社团要制定管理制度，实现社团建设的规范化、制度化，确保学生社团健康、持续、稳定实施。

(三)"乐彩社团"的评价要求

为增强我校"乐彩社团"课程实施效果,建立社团动态循环发展机制,学校从"社团管理、活动开展、展示宣传、活动效果"四个方面对各个社团进行监控评价(详见表 3 - 12)。

表 3 - 12　金水区文化路三小"乐彩社团"评价要求

评价项目	评价内容	评价形式	得分
社团管理 (25 分)	社团要有规范的名称、制度、章程并及时完善执行。	查看资料	
	社团内部有严密的机构设置,有社长、社员、社团学生,各项事务分工合理。	查看资料	
	指导老师引导得当,社团活动场地及设施有严格使用制度。	实地查看	
	服从学校德育处的管理及领导,按时参加各项会议,并按要求及时传达和执行。	看活动记录	
	按时上交学期课程纲要、方案计划、活动记录、学期质量分析和学期总结。	查看资料	
活动开展 (25 分)	活动期间组织纪律严谨,工作安排到位,整个活动井然有序。	看活动方案	
	活动有创意并能体现社团特色,积极向上、文明健康,符合小学生发展个人专长,拓展自身素质的需求,参与面广。	看活动方案	
	活动有计划、方案以及文字资料及活动图片。	查看资料	
展示宣传 (20 分)	能独立开展对外开放活动或参与校内大型活动,且主题突出特色鲜明,受师生们欢迎,影响较大。	问卷调查	
	每次活动都有宣传报道,且有一定的影响。	师生访谈	
活动成果 (30 分)	以社团名义参加校内外大型活动,取得良好效果。	查看资料 询问学生	
	以社团名义参加区级、市级、省级大型比赛,并取得良好成绩。	查看资料	

四、做活"炫彩节日",落实节庆文化课程

节日教育蕴含着丰富的教育内容和巨大的教育价值,开发不同节日的潜在资源,营造节日教育的良好氛围,以实践体验为途径,大胆创新,不断深化,开拓新的领域,赋予节日活动以新的内容,让节日文化走进学生的生活,促进孩子情感、态度、认知、行为、能力等全面发展。

(一)"炫彩节日"的设置与实施

创设"炫彩节日"的不同教育主题,引领学生充分认识多姿多彩的节日,将节日文化教育与学会做人有机结合,培养学生个性特长,塑造高尚品德,提高民族文化素养和

独立解决问题的思维能力、动手能力和创新能力(具体设置详见表 3-13)。

表 3-13　金水区文化路三小"炫彩节日"教育主题的设置与实施

节日主题	时间安排	活动形式	活动目的意义
灯笼节	假期及开学初	动手操作实践体验调查访问	通过灯笼了解元宵的由来、庆祝的意义等,从而使他们牢记自己民族的传统节日,传承中华民族传统文化。
踏青节	4月上旬	社会实践活动	踏青是开展清明节主题教育的主要活动,主要使学生了解清明节的渊源、含义、习俗以及纪念方式。通过组织学生参加祭扫先烈、缅怀先烈丰功伟绩的活动,丰富清明节的节日含义,引导学生崇敬先烈,树立正确的人生观、价值观,推进我校的民族精神教育。
粽子节	5月上旬	实践体验调查研究	通过端午节主题活动的开展,让学生了解端午节的相关来历、传说故事和习俗活动,感受中华民族传统节日中折射出的浓郁的民族气节,树立健康的身心意识,快乐成长。
阳光体育节	四月下旬九月下旬	运动会	通过运动会培养学生良好的体育锻炼习惯,增强全体学生体质,提高团队合作意识,创设健康文明的校园文化生活,展现我校学生健康、活泼的形象。
翰墨飘香节	五月中旬	千人书法大赛	通过书法大赛,培养使用硬笔、软笔的书写姿势和握笔姿势,养成良好的书写习惯,掌握书法基本技能技巧,培养学生学会审美、学会拼搏和展示的能力,陶冶情知,磨练意志。
炫彩文化节	五月下旬	系列庆祝活动	通过系列文化周活动,展示学生美育教育及创客教育成果,展示学生个性特长,培养学生合作交流、勤奋创新,从而度过一个幸福、难忘的"六一"儿童节。
月饼节	九月份	庆祝活动	通过中秋节主题教育活动,使学生了解中秋节的由来、习俗、庆祝意义,初步了解中秋节是家庭团圆的节日,培养学生重亲情、尊重自然,使学生体验关爱家人的情感,感受家园和睦的温馨之情,引导学生对生活无限的热爱和对美好生活的向往。
敬老节	十月份	社会实践	通过开展重阳节敬老主题教育活动,使学生了解有关重阳节的由来、传统习俗活动,庆祝的意义,从而使学生认识到尊老爱幼自古以来是中华民族的传统美德。通过组织学生参加敬老活动,增强他们敬老尊长的意识,弘扬中华民族尊老爱老的优良传统。
入队节	十月上旬	入队仪式	通过庄严的少先队礼仪和入队仪式,培育加入少先队组织的光荣感和自豪感。

（续表）

节日主题	时间安排	活动形式	活动目的意义
经典诵读节	十一月份	诵读展示 诵读考级 阅读会	通过组织学生诵读中国古诗文经典的方式，弘扬祖国优秀的传统文化，让他学生在诵读过程中获得古诗文经典的基本熏陶和修养，接受中国传统美德潜移默化的影响和教育，提高广大学生文化和道德素质，增强民族自信心和自豪感。同时，以经典诗文诵读活动为载体，促进学生积淀文化底蕴，提升教师设计活动课程能力，深化学校读书文化的教育。
葫芦丝节	十二月份	班级展演 个人表演	通过班级和个人葫芦丝表演检验全体学生掌握葫芦丝吹奏的基本技能，培养学生音乐素养和审美情趣，让孩子们用优美动听的乐曲奏响学生幸福快乐的童年。

（二）"炫彩节日"的评价要求

根据"炫彩节日"课程的性质特点，学校积极倡导过程性评价与终结性评价相结合的评价原则。过程性评价主要针对学生平日课程中的五个维度进行评价，分别是"参加每期活动的积极性、实践过程中的自主探究能力、小组合作协同能力、每期活动成果的交流表达、活动过程中的情感体验"，借助我校"一卡双星"评价制度中的不同评价载体，进行有针对性的持续评价。同时通过自评、组评、师评，给予每个孩子公平客观的评价，评价结果以等级制呈现。在终结性评价中，主要依托档案袋进行展示性评价，即根据学生参与活动的态度、课程学习足迹、课程成果收获、创新精神和实践能力的发展情况等进行展示性评价。

五、开展"丰彩研学"，落实研学旅行课程

研学课程倡导参与、体验、行走、实践等多样化的学习方式，以开阔学生的视域眼界，丰富学生的具身经验，增强学生的创新精神和实践能力为出发点与落脚点，从而实现经验与理论、知识与生活的深度融合。学校以丰彩研学课程开发为契机，助推人与自然、人与社会的亲密接触、和谐发展，引导学生在亲近自然，走进社会的过程中做到"游中学"、"学中研"、"研中思"、"思中做"、"做中创"，真正做到思学研行、知行合一。

（一）"丰彩研学"课程设计

根据教育部、国家发展改革委等11部门2016年印发的《关于推进中小学生研学

旅行的意见》，针对小学生的年龄、身心特点，以"研究性"与"体验性"为原则，学校充分整合各类教育资源，围绕不同年级水平，设计出不同主题的研学课程。

一年级：我爱我家，幸福娃娃——爱国教育之旅。一年级的爱国教育之旅，分别从"爱家庭、爱学校、爱社区、爱家乡、爱祖国，爱世界"六个方面设计课程主题，依次是"回到老家、探秘校园、走访社区、丈量郑州、游历祖国、世界有多大。"通过爱国教育之旅，增强学生对于家乡祖国的了解与认识，培养学生爱家、爱校、爱国的朴素感情和美好情怀。

二年级：走进自然，观察发现——自然探秘之旅。二年级的自然探秘之旅，带领学生走进文博公园、人民公园、郑州市动物园，利用各类动植物识别软件 APP，认识每一种植物的名称、科目、习性以及花、径、叶、脉的形状特点等。了解每一种动物的名称类别，观察动物的生活习性。组织学生到河南省地质博物院，了解不同的地形地貌知识，激发学生保护自然，人与自然和谐相处的情感态度。

三年级：探究奥秘，体验神奇——科学发现之旅。带领三年级的孩子参观郑州市科技馆、郑州市气象馆，发现科学现象，体验各类科技的神奇与魔力，能够对自己感兴趣的科技现象或科技项目进行持续深入的观察与研究，用自己喜欢的方式分享交流自己的研究成果，激发学生的科学探究兴趣，培养学生的创新精神与实践能力。

四年级：走进社会，实践体验——社会实践之旅。组织四年级的孩子走进思念食品厂，污水处理厂，公交公司，可口可乐公司，110 指挥中心等社会机构，了解各种不同社会机构的组织运行情况，了解各行各业的职业特点，初步培养学生的生涯规划教育。通过社会调查、实地走访、数据分析等实践方式，能够对某一社会现象或问题，表达自己的观点与意见，并提出合理化的改进建议。

五年级：感悟历史，追寻足迹——商城寻根之旅。组织五年级的孩子来到河南省博物院，了解文物背后的历史、故事、文化。走访商城遗址，追寻祖先的足迹，探秘数千年商城的发展与演变，感受中华文明的博大精深。增强每一位学生的文化自信和制度自信，激发学生建设郑州，建设家长的美好愿望。

六年级：团结协作，互助共赢——野外拓展之旅。借助校外素质教育拓展平台，组织六年级的学生参观素质拓展基地，在教练老师和专业团队的指导下，开展以增强体质、磨炼意志、凝聚力量、团结协作为目的的野外封闭拓展训练。并鼓励学生以各种不同的形式呈现展示自己的进步与收获,感悟与成长。

(二)"丰彩研学"课程实施

"丰彩研学"课程主要涉及"自然与社会"、"科技与创新"、"文化与生活"等领域内容,主要依托语文组、数学组、科学组、品社组和综实组五个教研组,借助于实践活动、主题探究、开放式作业、项目式学习等形式展开,鼓励学生按照3—5人研究小组的形式来完成,以研究小报告、调查报告、手绘作品,发明制作、摄影记录等形式进行成果的交流与分享。学校借助于"研学成果博览会"和各级各类的赛事展示孩子们的研学成果。

(三)"丰彩研学"课程评价

基于研学旅行课程"研究性"、"体验性"和"计划性"等特点,我们重点从"主题设计"、"活动过程"和"活动效果"三个方面进行监控评价,详细的评价标准见表3-14。

表3-14　文化路三小"丰彩研学"评价标准

评价项目	评价标准	评价等级			
		A	B	C	D
主题设计	主题设计新颖有趣,符合学生的心理特点和认知水平。				
	有明确的研学目标,研学内容,体现出探究性、体验性和实践性的特点。				
	有每次研学活动的实施方案,对活动的组织与流程安排提前做出设计与规划。				
活动过程	学生参与度高,积极活跃,获得感和成就感强烈				
	教师组织有序,能够按照预定的研学目标组织研学活动,采取多种方式采集信息,有序整理研学中的过程性资料。				
	课程评价及时适切。对学生研学过程中的表现给予恰当的评价,并能够对学生研学过程中出现的问题和困惑给予及时的帮助指导。有过程性评价的相关成果。				
	安全措施到位,安全保障有力。				
活动效果	学习态度积极,认真参与每一处研学活动,努力完成自己的学习任务。始终保持求知欲和好奇心。				
	能够丰富学生的见闻和积累,增加自然、人文知识储备				
	能够增强学生的探究意识和探究精神				
	能够提升学生的实践能力和创新精神				

六、做活"出彩创客"，落实创客教育课程

在大众创业，万众创新的时代背景下，集科学、技术、工程、数学、艺术于一身的STEAM创客教育走进到学校教育的课程体系中来。我校基于时代要求，根据学校师资状况和各类可利用的物质资源，针对三至六年级开发系列创客课程。

(一)"出彩创客"课程设计

我校的创客课程，针对三到六年级学生的年龄特点与认知水平，结合学校的资源现状和师资水平，设置不同的主题与内容，分别是"3D打印与微创意、SCRATCH创意编程、设计思维、Arduino电子创意设计"。

三年级：3D打印与微创意。利用3D设计软件和3D打印机等设备，开设《3D打印与微创意》创客课程，引导学生认识了解三维设计与三维打印技术，能够运用这一技术展现科技设计创意；开展3D打印兴趣小组活动，将使学生更多地接触、感知和体验最前沿的新兴技术，开阔学生视野，提高创造性思维及能力。鼓励学生争做"出彩创客"。

四年级：SCRATCH创意编程。通过丰富有趣的故事，浅显易懂的讲解，让学生从零基础开始轻松学习Scratch3.0编程。学会创作动画、音乐、美术、游戏等作品。在完成各种驱动型任务的过程中，学习事件、循环、变量、逻辑判断等基本的计算机程序知识。利用各种传感器做出生动有趣的游戏，不断培养学生的创新思维。鼓励学生争做"出彩创客"。

五年级：设计思维。以任务驱动的方式开展设计思维的课程实施，如"为低年级的小朋友设计一款牙刷"，使学生经历"同理心、需求定义、创意构思、原型实现、测试反馈"等设计思维的环节流程，了解设计思维中每个环节的实践方式，能够运用设计思维设计产品，激发学生的思维想象能力和动手实践能力，鼓励学生争做"出彩创客"。

六年级：Arduino电子创意设计。组织学生利用常用的Arduino入门硬件，学习基础的电子电路知识和传感器相关的物理知识，学习循环、条件、变量等基础编程知识。认识蓝牙、RFID门禁、语音识别和GPS等模块，了解生活中常见智能设备的硬件组成和设计原理，自己设计出能改善生活的智能设备。深度训练学生的逻辑思维能力和动手能力，鼓励学生争做"出彩创客"。

(二)"出彩创客"课程实施

鉴于创客课程的特质，我校主要重点依托微机组的老师负责培训开展，针对3—6

年级的学生,采用选修课的形式,坚持学生自主报名,师生双向选择的原则,利用每天下午两节课后和周五下午的第二节在学校的微机教室和创客空间进行集中的授课训练。同时借助各类比赛、创客节等活动展示课程成果。在师资团队方面,除了我校微机教师全程参与外,也邀请部分有能力有资源的家长担任我校创客课程专家顾问,对我校创客教育给予全力的指导与帮助。

(三)"出彩创客"课程评价

一方面,依托学生的学习状况,实现对学生参与的综合性评价。通过学习单、任务单、作品展等形式对学生参与创客课程的学习进行监控与诊断,进行阶段性的反馈与交流,采用等级制的形式记录孩子的学习收获。另一方面,依托课程管理,实现对教师能力的发展性评价。通过学期初、学期中、学期末三个时间节点的课程设计、课堂观察、效果监测等一系列的课程管理与监控,及时诊断分析教师在课程实施中的情况与问题,并以问题为导向引导教师进行课程能力的提升与改进。最后,依托成果展评,实现对课程品质的展示性评价。

在实现"精彩教育"的价值追求中,文三人秉持"让每个生命精彩绽放"的办学理念,在"朝着精彩奔跑"课程理念的引领下,统筹各方力量、整合各种资源,为每一个孩子编制课程跑道,烹制课程套餐,让每一个生命在"精彩课堂"中获得知识、习得技能;在"多彩学科"中广泛涉猎、发展特长;在"乐彩社团"、"炫彩节日"、"丰彩研学"和"出彩创客"中实践探索、不断创新。愿每一个孩子在"万花筒课程"的滋养润泽中全面发展、学有所长,真正成为一名"强体魄、启心智、怡情趣、善交流、会创新、爱生活"的精彩少年。

(撰稿人:李佰文　刘国强　耿素素　王琳琳　张丽　刘绍楠)

第四章

资源整合：学校课程的源泉

　　一位德国教育家这样说过："过去我们把课程当作整个世界，现在我们要把整个世界当作课程。"开发课程资源，必须立足于学生发展和学校优势，抓住学生的"关注点"，寻找课程的"生长点"，在生活中发展，在发展中生活。丰富和深化学校课程资源，应从学生个体的需求出发，与学生的生活实际相联系，为个体成长提供其所需要的资源和能量、环境和保障。学校在面对丰富的、复杂的且具有地域特色的校内、校外课程资源时，不能拿来就用，而需根据学校课程哲学、课程理念、课程目标等，采用灵活的方式，从多种角度、多个途径，把这些多元化的资源融入课程设计中，使它们都紧紧围绕课程目标这个"魂"来展开。通过资源整合形成结构合理、逻辑分明的整体，让课程更加贴近学生生活，为学生成长提供最佳"养料"，成为学校课程建设的源头活水。

太阳花课程：向着快乐出发

"太阳花"，顾名思义就是向着阳光照耀的方向开放的花朵。看见太阳花就仿佛看见了阳光，仿佛看见了希望。课程如花，孩子如花。"播种快乐，静待花开"，"太阳花课程"体系秉承着学校的办学理念，依托课程，充分发挥教师、家长优势，挖掘校内外课程资源，充分满足孩子们的成长需求，为儿童发展提供最坚实的基础、最重要的支撑、最持久的影响，培养具有太阳花品质的、热情、快乐、坚强、有毅力的经三快乐少年。

郑州市金水区经三路小学位于郑州市中心区域、河南省政府行政区内，财富大道经三路与政四街交叉口，经三路一号，交通便利，环境优美，历史积淀深厚，文化气息浓郁。自1963年建校以来，学校认真贯彻党的教育方针，着眼于为学生的全面发展、终身发展奠基，致力于让每一个孩子得到发展，让每一位教师施展才华，让每一个家长收获希望。学校先后被授予全国三八红旗集体、全国科技教育示范单位、全国教育科研先进单位、全国青少年科技创新大赛科技教育创新优秀学校、全国气象科普教育基地示范校园气象站、中国下一代编程信息化教育示范学校少儿编程培训基地、中国基础教育十大品牌机构、年度十佳影响力艺术教育名校等荣誉称号，并荣获全国青少年棒球比赛冠军。学校以严谨的办学作风、规范的办学行为、创新的办学思想，不断寻求新的发展契机；以优美的环境、鲜明的办学特色和较高的教学质量，赢得了良好的社会声誉，呈现出积极的发展态势和美好的发展前景。

第一部分　学校课程哲学

学校课程哲学体现着学校师生共同的价值追求与课程意愿。因此，在对学校文化背景进行分析的基础上，结合学校"播种快乐，静待花开"的办学理念，围绕"乐"文化，提出学校"快乐教育"哲学,确定学校课程哲学。

一、学校教育哲学

学校的教育哲学是"快乐教育"。让孩子在学习中得到心灵的愉悦,保持学习的兴趣,提高学习的能力,唤醒活力生命意识,是"快乐教育"的重要追求。

(一)"快乐教育"的提出

"知之者不如好之者,好之者不如乐之者。"古代大教育家孔子的这句话点出了快乐学习的重要。科学教育思想的提倡者、英国著名教育家赫伯特·斯宾塞认为"孩子在快乐的状态下学习最有效"。他基于对孩子天性的透彻分析,提出"快乐教育"的理念。苏霍姆林斯基在30年实践研究的基础上提出了"让儿童享受到脑力劳动的欢乐和学习成功的欢乐"的著名论断,指出学校的主要任务"在于促进学生个性积极自由的发展"。中国教育学会所召开的"愉快教育与素质教育改革研讨会"提出愉快教育就是要通过调动学生情感来促使学生乐于学习,并在学习中体验快乐。这一思想已成为素质教育的重要教育理念之一。

我们认为,对学生而言,快乐地学习,才是主动的学习;快乐地学习,才是理想的学习。对教师来说,快乐的工作,是幸福人生的重要部分;快乐的工作,才是最佳工作效果的保证。"快乐做教育"应是我们追求的最高境界,也是我们做教育的初心。

(二)"快乐教育"的内涵

快乐是一种幸福的人生状态,是我们每个人永恒的追求。

"快乐教育"是我们做教育的追求,围绕学校"播种快乐,静待花开"的办学理念,让每一个孩子都有进步,每一位教师都有发展,我们致力于打造一所人人享受快乐、传播快乐的学校,一所为学生提供发展机会,引领师生走向一流的学校。

"快乐教育"是自然和谐的教育,师生在融洽、轻松、快乐的氛围中完成教学活动;"快乐教育"是激情高效的教育,师生在获得知识与能力的同时,感受生命的充盈和收获成长的快乐;"快乐教育"是动态分享的教育,师生在自主、合作、探究、互动、交流、分享中创造思维,情智共生。

我们的教育信条:

我们坚信,快乐是幸福的源泉;

我们坚信,学校是孕育快乐的地方;

我们坚信,每一个孩子都是快乐的天使;

我们坚信,向着快乐出发是教育最美的图景;

我们坚信,播种快乐、静待花开是教育的神圣使命。

二、学校课程理念

每一个孩子都是快乐的天使,都是一朵等待绽放的花朵。在"播种快乐,静待花开"的办学理念引领下,学校课程建设致力于把孩子放在课程的中央,唤醒生命活力,激发学习兴趣,收获幸福快乐。因此,我们将学校的课程理念确定为:向着快乐出发。这意味着:

课程是成长的方向。学校为孩子们提供的课程,给予孩子们个性发展与生命成长的滋养,关注学生生命发展内力,点燃学习的热情,激发孩子们的自我成长。

课程是幸福的磁场。在这里,师生共同享受精神游历的愉悦,曲折探索的奇趣,合作互助的欢喜,创造成功的激动,感受课程的魅力,领悟学习的乐趣,实现快乐学习。

课程是快乐的旅程。课程为孩子们打开认识世界的大门,带孩子们经历快乐美妙的学习之旅,获得丰富的情感价值体验,让每一个孩子都沉浸其中,愉悦身心,流连忘返。

课程是缤纷的场景。我们关注学生成长的需求,回应儿童的学习需求,为学生提供多元化、有层次、有选择的课程,努力让快乐教育滋养孩子的心田,让孩子的天性与智慧缤纷绽放。

总之,我们要尽力让每一个孩子享受童年的快乐,让孩子感受教育的温暖与激情,犹如太阳花沐浴着阳光幸福地绽放。因此,我们将"快乐教育"下的经三路小学课程模式命名为"太阳花课程"。

第二部分　学校课程目标

"育人为本是教育的生命和灵魂,是教育的本质要求和价值诉求。"按照国家育人为本的教育思想，把教育与人的幸福、人的价值、人的尊严、人的需要、人的全面发展和人的终身发展有机联系起来，以现代人的精神塑造人，以全面发展的广阔视野培养人。结合学生必备的六大核心素养及学校教育哲学，提出学校育人目标，确定学校课程目标。

一、学校育人目标

学校的育人目标是：培养明德有礼、乐学致知、心和体健、乐思善创的快乐少年。具体表述如下：

明德有礼：明德，出自《大学》首句"大学之道，在明明德，在亲民，在止于至善"。明德，有光明之德、美德的意思；也有彰明德行之意。学校将"明德有礼"作为学生培养目标之一，是希望学生知晓礼仪，明晰道德规范，拥有良好的道德品行。

乐学致知：致，求得；知，知识。致知，即"获得知识"之意，出于《礼记·大学》："欲诚其意者，先致其知；致知在格物"。乐学，让学生在学习中感受到快乐，乐于学习，乐于探究，从而达到"致知"，达到完善的理解。

心和体健：心和，心境平和。明朝徐春圃的《古今医统大全》中讲："神静而心和，心和而形全。"精神沉静就会心平气和，心平气和才会身体健康。此目标，关注学生身心健康，旨在促进学生内心和谐，自信开朗，快乐成长。

乐思善创：孔子曰，"学而不思则罔"。学贵有思，勤于思考、乐于思考，才能融会贯通，不断创新。此目标的提出，基于社会实际，基于校情学情。当今社会需要创新型人才；学校的科技教育特色，更是重在培养具有创新意识的学生。

二、学校课程目标

围绕学校"播种快乐，静待花开"的办学理念，在"向着快乐出发"课程理念的指引下，努力实现具有学校特色的"快乐少年"育人目标。为此，学校将"明德有礼、乐学致知、心和体健、乐思善创"的目标进行了细化，形成了低、中、高年级的分级段课程目标。分级段课程目标如下（见表4-1）：

表4-1　金水区经三路小学分级段课程目标

育人 目标　　年级	低年级	中年级	高年级
明德 有礼	教育引导学生了解并掌握基本行为规范,适应小学生活,热爱祖国、热爱学校,懂礼貌,尊师长、爱同学;喜欢班集体,愿意为班级服务;喜欢校园环境,讲究卫生,爱护公物;遵守学校纪律,听从老师的教导;自己的事情自己做,养成基本的文明行为习惯。	培养爱祖国、爱家乡、爱科学、爱劳动的好习惯;理解日常生活的道德规范和文明礼貌,遵守落实学校规校纪和社会公德;积极劳动,勤俭节约,关爱他人,助人为乐,积极为集体做好事,以实际行动维护集体荣誉,拥有自信向上、诚实勇敢等良好的意志品格和活泼开朗的性格。	教育学生热爱祖国,热爱中国共产党,了解家乡发展变化和国家历史常识,了解中华优秀传统文化和党的光荣革命传统,初步树立远大理想;学会待人接物的日常礼仪,养成良好的生活和行为习惯,具有遵守社会公德的意识,初步形成规则意识和民主法治观念;具备保护生态环境的意识,增强自我保护的能力;形成诚实守信、友爱宽容、自尊自律、乐观向上等良好品质。
乐学 致知	培养学生良好的学习、生活习惯,激发学习及阅读的兴趣;经历学习的过程,乐于模仿,敢于表达,能就感兴趣的内容提出问题、参与讨论,并以各种不同的方式表达自己的想法。	培养学生主动学习的意识,激发学习的积极性与自信心;注重阅读积累,尝试使用适当的学习方法解决学习中遇到的问题;乐于与人交流,能清楚地表达自己的感受和想法,对别人的想法提出建议;尝试合作,感受成功。	培养学生专心踏实、快乐求知的学习态度,保持浓厚的学习兴趣,养成爱观察、会思考、乐表达的自主学习能力;能够通过自主探究、讨论分享、搜集资料等方式,运用所学知识,解决学习和生活中的问题;与人交往中,勇于发表自己与众不同的观点;在学习中乐于参与、积极合作、主动请教,形成较为良好的学习品质。
心和 体健	帮助学生适应小学学习生活,感受在集体中共同学习、生活的快乐;乐于与老师、同学交往。积极参与体育活动;初步掌握简单的技术动作,感受到体育活动给自己的生活带来的乐趣。会玩1—2项体育运动游戏。	帮助学生不断增强责任意识,自觉主动参与集体活动;敢于面对问题,勇于克服困难;培养做事认真、积极向上的心理品质。形成参与运动的兴趣,形成坚持锻炼的习惯,形成健康的生活方式,基本掌握1—3项体育技能,彰显出儿童独有的身心健康、蓬蓬勃勃的精神面貌。	引导学生在生活、学习、人际交往中,正确认识自己、调控情绪,心态平和地与人交往,学会处理人际关系,形成积极进取、乐观向上的生活态度。保持参与运动的兴趣和积极运动的习惯,使性格更开朗,动作更协调。通过国家体质健康测试,掌握3—4项体育运动技能,其中一项成为特长。
乐思 善创	培养学生学习探知的兴趣,乐于思考、勤于动手的良好习惯;在富有创造力的活动中,初步了解生活中的自然、感知知识与生活的链接,启蒙创新精神、审美能力;在多彩丰富的艺术活动中,初步感知艺术世界的美。	培养学生思考探究的浓厚兴趣,乐于在观察、求证、验证中去寻找解决办法和答案;有合作意识,乐意与别人分享成果;学会欣赏美、鉴赏美,并产生创造美的意愿;勇于实践,发展综合运用知识的能力,体验初步创新的快乐。	培养学生独立思考、勇于质疑与实践创新的能力,养成勤于观察、敏于发现、严于计划、善于借鉴、精于制作的行为习惯和耐心细致、团结合作的态度。在体验活动中,大胆探究,敢于创新与表现,增强以现代技术与工艺改善环境与生活的愿望。

第三部分　学校课程体系

依据"把学校办成家长满意、师生幸福成长乐园"的办学宗旨,学校秉承着"播种快乐,静待花开"的办学理念,基于学校"快乐教育"哲学,努力构建"太阳花课程"体系。此课程体系的框架设计基础是教育部颁发的《义务教育课程设置方案(2001)》与《金水区义务教育新课程设置表》,按照学校课程目标,结合学校及教师、学生的发展需求及课程期待进行系统规划设置。

一、学校课程逻辑

课程体系的架构目的是为了达成育人目标,实现课程功能。在系统规划课程、精准定位、优化重组的基础上,梳理学校课程逻辑,形成具有学校特色的"太阳花课程"体系。课程体系逻辑图如下(见图4-1):

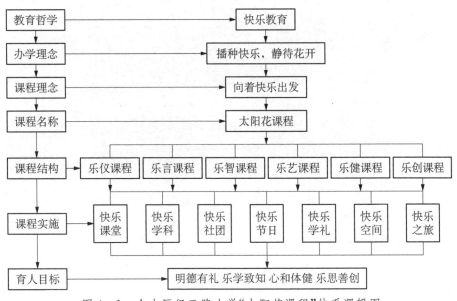

图4-1　金水区经三路小学"太阳花课程"体系逻辑图

二、学校课程结构

为促进学生的全面发展,按照多元智能的理论,依据学生发展六大核心素养,学校"太阳花课程"体系涵盖了"乐仪课程"、"乐言课程"、"乐智课程"、"乐艺课程"、"乐健课程"、"乐创课程"六大课程。"太阳花课程"体系结构图如下(见图 4-2):

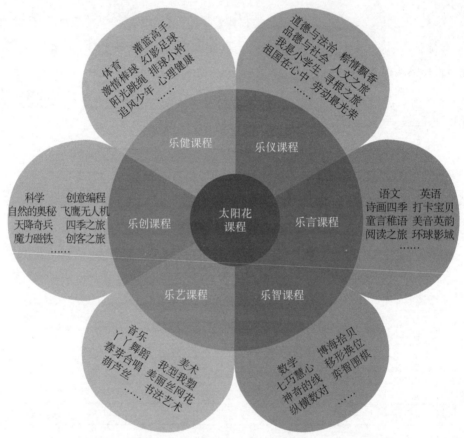

图 4-2　金水区经三路小学"太阳花课程"体系结构图

三、学校课程设置

依据"太阳花课程"体系六大课程分类,将学校课程按照一至六年级十二个学期进行具体设置。课程设置如下(见表 4-2):

表4-2　金水区经三路小学"太阳花课程"体系课程设置

年级＼课程	乐仪课程	乐言课程	乐智课程	乐艺课程	乐健课程	乐创课程
一年级第一学期	道德与法治我是小学生飘动的领巾欢喜过大年	语文诗心萌芽我读绘本童言稚语故事大王认识新校园英语能歌善舞Phonics time跳动词卡打卡宝贝Act timeFun club	数学家宝寻数我的一天奇妙城堡独具慧眼玩具分家数宝旅行	音乐灵敏的耳朵小小打击乐我形我秀美术快乐涂鸦生活中的形彩纸的美硬笔书法	体育快乐棒球阳光跳绳翻滚吧宝贝柔韧一字马赢在起跑线乐玩排球心理健康	科学自然的奥秘天降奇兵四季之旅
一年级第二学期	道德与法治妈妈我爱你祖国添新绿快乐过六一明礼好少年	语文诗心萌芽我读绘本童言稚语故事大王认识新校园英语能歌善舞Phonics time跳动词卡打卡宝贝Act timeFun club	数学我爱跳绳计算超人七巧慧心万花筒美环保卫士校园寻宝	音乐灵敏的耳朵小小打击乐我形我秀美术快乐涂鸦生活中的形彩纸的美硬笔书法	体育快乐棒球阳光跳绳翻滚吧宝贝柔韧一字马赢在起跑线乐玩排球心理健康	科学空气大力士冰雪奇缘水的奇妙旅程四季之旅
二年级第一学期	道德与法治祖国在心中飘动的领巾月圆合家欢明礼好少年欢乐闹元宵	语文诗韵人心童话世界童心童语报知天下成长的足迹英语角色反转美式学舌群星我秀头脑风暴Handwriting timeGame club阅读之旅	数学计算花园身边的量国之利器移动图形神秘尺子光阴故事	音乐有趣的节奏节奏接龙我最健美美术刮刮乐七彩家具奇妙的动物硬笔书法	体育飞舞棒球趣味跳绳玩转沙包嘎嘎跳跃追风少年键起飞扬心理健康	科学浩瀚星辰翼翔天开动物方程式四季之旅

(续表)

课程 年级	乐仪课程	乐言课程	乐智课程	乐艺课程	乐健课程	乐创课程
二年级 第二学期	道德与法治 妈妈我爱你 祖国添新绿 快乐过六一 明礼好少年	语文 诗韵入心 童话世界 童心童语 报知天下 成长的足迹 英语 角色反转 美式学舌 群星我秀 头脑风暴 Handwriting time Game club 阅读之旅	数学 算盘计数 计算能手 四面八方 七巧世界 有理有据 扑克游戏	音乐 有趣的节奏 节奏接龙 我最健美 美术 刮刮乐 七彩家具 奇妙的动物 硬笔书法	体育 飞舞棒球 趣味跳绳 玩转沙包 嘎嘎跳跃 追风少年 毽起飞扬 心理健康	科学 小雨滴哗啦啦 交通工具 玩具博览会 四季之旅 植物知多少
三年级 第一学期	品德与社会 感谢师恩 祖国在心中 人文之旅 明礼好少年	语文 悟诗吾情 童话世界 童年日记 小小导游 紫荆探秘 英语 黄金搭档 记忆能手 书写达人 Little red book Song time Life club 阅读之旅	数学 算得清楚 精打细算 定位游戏 表的世界 神秘盒子 火眼金睛 弈智围棋	音乐 可爱的音符 我的金葫芦 小歌手 丫丫舞蹈 春芽合唱 葫芦丝 扬帆管乐 美术 韵味水墨 巧手爱哈泥 奇特的雕塑 书法艺术	体育 旋转棒球 活力跳绳 控球大师 小小功夫家 乐享田径 乒乓世界 心理健康	科学 温度溜滑梯 创意科幻画 草木的奥秘 我身边的科学 四季之旅
三年级 第二学期	品德与社会 清明祭英烈 植绿护绿 人文之旅 明礼好少年	语文 悟诗吾情 童话世界 童年日记 小小导游 紫荆探秘 英语 黄金搭档 记忆能手 书写达人 Little red book Song time	数学 巧分细想 计算准确 一绳之地 美丽变换 我爱数据 数之文化 弈智围棋	音乐 可爱的音符 我的金葫芦 小歌手 丫丫舞蹈 春芽合唱 葫芦丝 扬帆管乐 美术 韵味水墨 巧手爱哈泥 奇特的雕塑 书法艺术	体育 旋转棒球 活力跳绳 控球大师 小小功夫家 乐享田径 乒乓世界 心理健康	科学 蚂蚁搬家 谁主沉浮 魔力磁铁 我身边的科学 四季之旅 走进科技馆

(续表)

课程年级	乐仪课程	乐言课程	乐智课程	乐艺课程	乐健课程	乐创课程
		Life club 阅读之旅				
四年级 第一学期	品德与社会 粽情飘香 人文之旅 寻根之旅 明礼好少年	语文 诗画四季 快乐阅读 童眼看世界 三国史话 走进四季 英语 美音英韵 超模舞台 超级词霸 环球宝贝 Story time Travel club 阅读之旅	数学 数据王国 成算在心 神奇的线 纵横数对 规律探索 有奖竞猜 弈智围棋	音乐 乐理我最棒 乐器达人秀 春芽合唱 葫芦丝 扬帆管乐 美术 对称的美 自行车的故事 画家毕加索 美丽丝网花 我型我塑 趣玩美术 书法艺术	体育 强力棒球 花式跳绳 玩转篮球 体操达人 奔跑少年 排球小将 心理健康	科学 创意编程 放飞梦想 探索人体奥秘 我身边的科学 爱拍社 创客之旅
四年级 第二学期	品德与社会 人文之旅 追寻红色足迹 寻根之旅 劳动最光荣 明礼好少年	语文 诗画四季 快乐阅读 童眼看世界 三国史话 走进四季 英语 美音英韵 超模舞台 超级词霸 环球宝贝 Story time Travel club 阅读之旅	数学 精打细算 成算在心 图形解密 真相大白 亲力亲为 解密中医 弈智围棋	音乐 唱歌小百灵 春芽合唱 葫芦丝 扬帆管乐 美术 对称的美 自行车的故事 画家毕加索 美丽丝网花 我型我塑 美丽丝网花 趣玩美术 书法艺术	体育 强力棒球 花式跳绳 玩转篮球 体操达人 奔跑少年 排球小将 心理健康	科学 美食营养家 环保小卫士 机械大搜罗 爱拍社 我身边的科学 创客之旅 走进科技馆
五年级 第一学期	品德与社会 感谢师恩 祖国在心中 浓浓敬老情 展望未来 寻根之旅	语文 走近诗词 走进经典 妙笔生花 超级演说家 小小义工 英语 最佳拍档 日积月累 Talk show Diary time Party time Reading club	数学 熟能生巧 记忆犹新 化繁为简 有形有色 心中有数 畅游中国	音乐 京腔京韵 美术 我型我塑 魅力衍纸 爱上达芬奇 春芽合唱 葫芦丝 扬帆管乐 十字绣 趣玩美术 翰墨飘香	体育 激情棒球 魔性跳绳 小小神投手 完美体操 活力田径 逆风排球 风云足球 心理健康	科学 变废为宝 玩转四季 呼风唤雨 创客之旅 小小调查员 飞鹰无人机

(续表)

课程\年级	乐仪课程	乐言课程	乐智课程	乐艺课程	乐健课程	乐创课程
五年级第二学期	品德与社会 环保行动 珍惜水资源 寻根之旅 明礼好少年 梦想之旅 童心向党	语文 走近诗词 走进经典 妙笔生花 超级演说家 小小义工 英语 最佳拍档 日积月累 Talk show Diary time Party time Reading club	数学 巧算分数 满打满算 面面俱到 追踪定位 心系蓝天 博海拾贝	音乐 京腔京韵 美术 我型我塑 魅力衍纸 爱上达芬奇 春芽合唱 葫芦丝 扬帆管乐 十字绣 趣玩美术 书法艺术	体育 激情棒球 魔性跳绳 小小神投手 完美体操 活力田径 逆风排球 风云足球 心理健康	科学 电动修理师 风车之谜 有趣的微生物 小小调查员 飞鹰无人机 创客之旅 走进博物院
六年级第一学期	品德与社会 感谢师恩 祖国在心中 寻根之旅 离校课程	语文 赏析古诗文 随文旅行 乐享写作 最佳辩手 感恩母校 英语 Class变形记 烧脑时间 Show time 网络联盟 环球影城 Art club	数学 计算达人 比"比"试试 "圆"来是你 真相大白 多元统计 趣味数学	音乐 最强大脑 我是歌手 春芽合唱 葫芦丝 扬帆管乐 美术 动漫彩绘 POP艺术字 游园寻魅 巧手编织 书法艺术	体育 全垒棒球 竞速跳绳 灌篮高手 腾跃少年 极速田径 悦享排球 幻影足球 心理健康	科学 能力会生根 大眼看世界 自制乐器 飞鹰无人机 创客之旅
六年级第二学期	品德与社会 明礼好少年 师恩难忘 寻根之旅 离校课程 我为校荣	语文 赏析古诗文 随文旅行 乐享写作 最佳辩手 感恩母校 英语 Class变形记 烧脑时间 Show time 网络联盟 环球影城 Art club	数学 奇妙比例 神机妙算 "圆"来如此 移形换位 统筹规"画" 未来已来	音乐 最强大脑 我是歌手 春芽合唱 葫芦丝 扬帆管乐 美术 动漫彩绘 POP艺术字 游园寻魅 巧手编织 书法艺术	体育 全垒棒球 竞速跳绳 灌篮高手 腾跃少年 极速田径 悦享排球 幻影足球 心理健康	科学 寻找祖先足迹 环球自然梦 创客未来星 飞鹰无人机 创客之旅 走进博物院

学校希望通过系统的规划，构建覆盖学校全学科、全方位、全内容的"太阳花课程"体系，整体撬动学校育人模式的变革；通过学校课程的有效实施，实现"向着快乐出发"的课程理念及培育"快乐少年"的育人目标。

第四部分　学校课程实施

学校通过"快乐课堂"文化的构建，打造"快乐学科"特色课程群，以"快乐社团"、"快乐节日"、"快乐学礼"、"快乐空间"、"快乐之旅"为依托，创设多维、多元、多种形式的快乐学习、自主学习渠道，实施充满阳光与希望、彰显快乐与活力的"太阳花课程"，为学生提供更具个性、更多选择的成长环境、教育资源和专业服务，让学生的潜能得到全面充分而又自由的发展，尽最大可能实现学校的培养目标。

一、构建"快乐课堂"，推进课程有效实施

以课堂教学为抓手，以"快乐课堂"标准为依托，在课例研讨中，探索"快乐课堂"的构建途径，促进教师课堂教学水平的不断提升。

（一）"快乐课堂"的文化内涵

教学是课程实施的主渠道，也是依据国家课程标准，发挥教师专业自主、提高教学效能，促进学生学习的过程。依据学校的办学思想与目标，学校着力构建"快乐课堂"文化形态。从教育学角度来看，快乐的心态有助于激发学生的学习兴趣和积极性、开发学习潜能、提高学习效率与成绩。"快乐课堂"的关键是"快乐教学"，即让学生在学习中得到享受，在享受学习中学会做人，学会做事，学会生存。"快乐课堂"应是和谐的，师生关系是融洽的，师生都感到轻松快乐；"快乐课堂"应是充实的，师生能获得更多的知识与能力，师生都能感受到收获成长的快乐；"快乐课堂"应是互动的，在自主、合作、探究中，在交流共享中，激发师生潜能，教学相长，师生都能感受到思维创造的快乐。"快乐课堂"应是富有生命，充满智慧，充满快乐的。因此，学校将"快乐课堂"的特征确定为自然和谐、动态分享、激情高效、生命成长。学校通过"快乐课堂"的构建，使师生在课堂中有探究，有发现，有合作，有启迪，有顿悟，有情感互动，有智慧共生。

(二)"快乐课堂"的实践操作

基于"快乐课堂"的特征,学校又提出了"微笑、有趣、互动"的"快乐课堂"显性指标。各学科、各年级组结合"快乐课堂"特征进行深入教研,制定具体教学改进措施,积极在课堂中进行实践,探索不同学科、不同类型课堂的快乐教学指标。

1. 规范常规,有效调控。从备课、随堂课、作业建设、校本教研、学业评价等方面加强常规管理,对优秀的做法及发现的问题,及时反馈给备课组长和教师,以检查促进教学、以检查促进反思、以检查促进规范。加强随堂听课,及时教研,不断优化教师的教学行为和学生的学习方式,促进快乐课堂的有效构建。加强集体教研,引导教师围绕主题进行教研,发挥年级组合力,共思共享共进。

2. 教学展评,促进提升。每学期的一人一节课是学校传统的教研活动。课程纲要分享拉开"快乐课堂"的序幕,新教师亮相课、骨干教师示范课、青年教师成长课、金硕杯暨希望杯展评课依次呈现不同学科的教学特色,使快乐研究成为常态,教师们在研讨交流中,取长补短,共同提高设计教学、实施教学、评价教学的能力,有效促进教学水平的提升。快乐课堂,快乐同行。

3. 教无定法,贵在得法。在不断的实践研究中,学校聚焦"快乐课堂"教学的四个基本点,优化环节设计:激情设境,启智触乐;创思探秘,涌慧生乐;练知固识,得法成乐;研学提能,明理晓乐。各学科以课例为载体进行反复深入地研讨,通过集体备课,确定教学的重难点,确定教学流程,上课、听课、研讨,发现问题,查找原因,进行改进,也逐步形成了自己学科独特的课型基本框架,从而使教师在课堂教学中有章可循、有法可依,使教师的教育教学能力得到迅速提高,使"快乐课堂"教学更为扎实、有效。"快乐课堂"课型基本框架列举如下(见表4-3):

表4-3　金水区经三路小学"快乐课堂"课型基本框架

学科	课型	框 架 例 举
语文学科	童话故事课型(低年级)	1. 创设情境,激发学生良好的情感体验 2. 朗读感悟,品味多姿灵动的童话语言 　丰富朗读形式,感受童话语言之趣 　点击关键句,感受童话语言之味 3. 自由表演,张扬学生独特的个性 4. 拓展创新,让童话意蕴浸润学生心灵

(续表)

学科	课型	框架例举
	寓言 故事 课型 （三年级）	1. 回忆故事,激发兴趣,唤醒认知 2. 自主学习,初步感知,理清大意 3. 品词析句,交流体会,感悟明理 4. 创设情境,联系现实,理解寓意 5. 拓展延伸,学习方法,依情悟理
	历史 故事 课型 （四年级）	1. 题目解读,理清思路 2. 追寻事实,重构历史 3. 对话人物,把握特征 4. 依托文本,激活导读
	人物 故事 课型 （五年级）	1. 课题入手,直指中心 2. 精读课文,品读感悟 　　品析关键词句,体会人物品格 　　走进内心世界,把握人物品质 　　触摸细节语言,感悟人物形象 　　广泛搜集资料,丰富人物形象 3. 交流感受,课外延伸
	写人 文章 课型 （六年级）	1. 整体把握主要内容 2. 品词赏句畅谈感受 3. 朗读诵读感知内涵 4. 探究方法做好铺垫
数学学科	计算 课型 （低年级）	1. 创设情境,激发兴趣 2. 探究新知,掌握算法 3. 巧练增趣,灵活运用 4. 总结评价,提升认识
	数学 活动 课型 （中年级）	1. 创设情境,激发动机 2. 探究新知,以动启思 3. 巩固深化,学以致用 4. 课末小结,课外延伸
品德学科	常识 课型	1. 精心导入,激发兴趣 2. 丰富活动,注重实践 3. 善用媒体,增强效果 4. 走进生活,体验生活
音乐学科	唱歌 课型	1. 巧妙过渡,启发想象 2. 节奏训练,感受情绪 3. 化繁为简,自主学习 4. 齐唱轮唱,理解形象

(续表)

学科	课型	框架例举
科学学科	实验课型	1. 激发兴趣,增强创新意识 2. 充足时空,自由开展探究 3. 引领学生,亲历探究过程 4. 科学评价,调动学习积极性

(二)"快乐课堂"的评价标准

为了把握教师课堂教学快乐指标的达成度,依据"快乐课堂"教学四环节,凸显"快乐课堂"的特征,学校制定出了"快乐课堂"具体的评价标准。"快乐课堂"评价标准如下(见表4-4):

表4-4　金水区经三路小学"快乐课堂"评价标准

指标	评价标准
启智触乐	1. 能根据学习内容创设恰当情景,引导学生进入快乐学习状态。 2. 能根据学习方式激趣引疑,启迪思维,激发学生的学习欲望。 3. 能根据学生的学习基础、已有经验,贯通前后联系,带领学生轻松学习。
涌慧生乐	1. 学习形式多样,学生通过动手实践、相互合作、尝试探索,运用多种感官参与学习,情绪愉悦积极。 2. 给予学生充分的自主学习时间与空间,培养学生独立思考、敢于质疑的意识和能力,体验思维的快乐。 3. 在解决问题过程中,引导学生积极主动搜集信息、整理信息,形成自己的假设、观点,使学生学会多角度、多种方法分析问题,生成智慧。
得法成乐	1. 注重发挥学生的主动性,引导学生进行多边多向、互动性强的信息交流,分享彼此的思考、经验和知识,交流彼此的情感、体验与观念,达成共识、共享、共进、共乐。 2. 学生能积极主动地深入探索与总结、归纳新知的内在规律、区别、联系,学有所得。 3. 学生能运用探索的知识规律去解决问题,并欣赏同学或自己的发现与创新,收获成功的快乐。
明理晓乐	1. 注重深化知识,强调实际应用,拓展学生思维,丰富和发展学生的生活智慧。 2. 进一步提高学生的实践能力,培养创造精神,强化探究意识。 3. 学生带着继续学习探究的愿望走出课堂,学习的积极性得到进一步激发。
状态效果	1. 课堂氛围和谐快乐,教师与学生、学生与学生之间相互尊重、理解、平等。 2. 学生乐于学习,学习积极性高,情绪饱满,求知欲强,有竞争合作意识。 3. 评价多元,方式多样,有利于调动学生的学习积极性。 4. 学生知识与能力目标达成率高,过程与方法目标落实具体,情感、态度、价值观目标提升明显。 5. 不同的学生都能感受到成功的喜悦、学习的快乐;教师在教学中获得教学的成就感和幸福感。

二、建设"快乐学科",形成学科特色课程群

依托于"太阳花课程"体系下的"快乐学科",基于国家规定的基础课程,由学校教师依据课程标准,结合学校实际及学生发展需求自主开发,旨在综合提升学生学科素养,提高学科学习能力,激发学习潜能兴趣,帮助学生完善学科知识体系。

(一)"快乐学科"的建设路径

在优化整合基础性课程的基础上,推广学校特色化及学生个性化特色课程,构建学科课程群,丰富课程内容,提升课程品质。

1. "绚丽语文"课程群

语文学科课程群的构建侧重给予学生生命的关怀与生长的滋养,学校结合小学生语文核心素养的培养目标,围绕语言建构与运用、思维发展与提升、审美鉴赏与创造、文化传承与理解等核心素养,以学科课程为基础,拓展研发开设丰富的课程,构建"绚丽语文"特色课程群,引领学生在语文这座绚丽的花园中享受语文,感知色彩缤纷的语言之美,触摸真、善、美的语言世界。"绚丽语文"课程,让语文学科成为美的载体,绽放出绚丽的光彩!

依据各年级学生学情,由易到难,循序渐进,逐级深入,共开设 30 门课程。"经典永流传"利用每日晨读及课堂拓展进行实施;"童阅汇"依托每日家校阅读实施,双周一节阅读分享课;"我手写我心"根据不同学段的知识储备和学生需求编制不同的内容,由各年级段的任课教师组织实施;"悦表达"则基于各年级口语交际学段目标、课程内容开设主题课程,由任课教师组织实施,并通过学生综合素质展示活动,为学生搭建展示交流的平台;"快乐行"由各年级开发、利用课程资源,引领学生在快乐体验中行与思,收获成长。除基础课程外,"绚丽语文"课程设置如下(见表 4-5):

表 4-5　金水区经三路小学"绚丽语文"课程设置

课程 年级	经典永流传	童阅汇	我手写我心	悦表达	快乐行
一年级	诗心萌芽	我读绘本	童言稚语	故事大王	认识新校园
二年级	诗韵入心	童话世界	童心童语	报知天下	成长的足迹

课程\年级	经典永流传	童阅汇	我手写我心	悦表达	快乐行
三年级	悟诗吾情	寓言故事	童年日记	小小导游	紫荆探秘
四年级	诗画四季	快乐阅读	童眼看世界	三国史话	走进四季
五年级	走近诗词	走进经典	妙笔生花	超级演说家	小小义工
六年级	赏析古诗文	跟着课文去旅行	乐享写作	最佳辩手	感恩母校

2. "立体数学"课程群

"立体数学"是根据课程标准、数学核心素养、小学生的身心特点、学校学生特质及文化氛围,围绕"数与代数"、"空间与几何"、"统计与概率"、"综合与实践"四个领域建构的学校特色数学课程群。其含义是让学生获得有广度、有深度、有思想、有智趣、有个性的数学知识。该课程群分为"聪慧妙算"、"探秘空间"、"统统有理"、"数学好玩"四大主题。

"立体数学"课程群四大板块课程分别指向数学的四大领域,每个领域课程内容设置围绕课程理念、达成目标,随年级递增不断拓展广度与深度,螺旋上升。"聪慧妙算"主题,围绕"数与代数"领域,以数的认识、数的计算、数量关系、空间等知识为主,结合各年级的主要阶段目标,进行课程建设,促进学生在数与代数方面知识和能力的提升。"探秘空间"主题依托"空间与几何"这一内容进行课程设置,学生经历从现实情景中抽象出图形的过程,从整体到局部,从立体图形到平面图形再到立体图形,通过图形的运动以及位置关系等发展学生的空间观念,让学生学会独立思考,体会数学的基本思想和思维方式。"统统有理"主题围绕"统计与概率"设置课程,帮助学生形成统计观念及用数据说话的意识,用数学解决问题,达到对数学知识的实践与运用。"数学好玩"主题旨在提升学生综合运用数学的能力,通过数学阅读了解数学的发展历程,拓宽视野,感受数学魅力、数学家的精神;通过实践活动让学生将获得的知识综合运用到实践中,积累新的经验。除基础课程外,"立体数学"课程设置如下(见表4-6):

表 4-6　金水区经三路小学"立体数学"课程设置

年级/学期	课程	聪慧妙算	探秘空间	统统有理	数学好玩
一年级	第一学期	家宝寻数	奇妙城堡	玩具分家	数宝旅行
		我的一天	独具慧眼		
	第二学期	我爱跳绳	七巧慧心	环保卫士	校园寻宝
		计算超人	万花筒美		
二年级	第一学期	计算花园	国之利器	神秘尺子	光阴故事
		身边的量	移动图形		
	第二学期	算盘计数	四面八方	有理有据	扑克游戏
		计算能手	七巧世界		
三年级	第一学期	算得清楚	定位游戏	神秘盒子	火眼金睛
		精打细算	"表"的世界		
	第二学期	巧分细想	一绳之地	我爱数据	数之文化
		计算准确	美丽变换		
四年级	第一学期	数据王国	神奇的线	有奖竞猜	规律探索
		成算在心	纵横数对		
	第二学期	精打细算	图形解密	亲力亲为	解密中医
		成算在心	真相大白		
五年级	第一学期	熟能生巧	化繁为简	心中有数	畅游中国
		记忆犹新	有形有色		
	第二学期	巧算分数	面面俱到	心系蓝天	博海拾贝
		满打满算	追踪定位		
六年级	第一学期	计算达人	"圆"来是你	多元统计	趣味数学
		比"比"试试	真相大白		
	第二学期	奇妙比例	"圆"来如此	"统"筹规"画"	未来已来
		神机妙算	移形换位		

3. "5E 英语"课程群

"5E 英语"课程群基于英语学科的特点，重在激励学生通过体验和探索，轻松愉悦地内化知识，历练能力。"5E 英语"课程，紧扣五个关键词，即"Experience 体验"、"Explore 探索"、"Encourage 激励"、"Effect 达成"、"Enjoy 乐享"，要求教师遵循学生兴趣、需要,通过资源联动、有效互动、评价驱动激活英语学习,让学生"动起来"、"乐起来",通过手活、口活、脑活,身动、心动、神动,在体验中达成学习目标,内化语言,形成彻悟,锻炼能力,生成智慧。除基础课程外,"5E英语"课程设置如下(见表4-7):

表4-7 金水区经三路小学"5E英语"课程设置

年级/学期	课程	律动视听	脱口而出	创课书写	美思美读	文化之旅	English Club
一年级	第一学期	能歌善舞(爱上表演)	Phonics time(上)	跳动词卡(亲子制作)	打卡宝贝	Act time(师生搭档)	Fun club
	第二学期	能歌善舞(自信展示)	Phonics time(下)	跳动词卡(玩转课堂)	打卡宝贝	Act time(同伴合作)	Fun club
二年级	第一学期	角色反转(你说我做)	美式学舌(语音达人)	Handwriting time (letter time)	群星我秀	头脑风暴(I know mind map)	Game club
	第二学期	角色反转(我行我秀)	美式学舌(记忆达人)	Handwriting time (word time)	群星我秀	头脑风暴(I make mind map)	Game club
三年级	第一学期	黄金搭档(模仿剧场)	Song time(丫丫吟唱)	书写达人(作业达人)	Little red book	记忆能手(争先恐后)	Life club
	第二学期	黄金搭档(原创剧场)	Song time(童声音韵)	书写达人(设计达人)	Little red book	记忆能手(日积月累)	Life club
四年级	第一学期	美音英韵(vowel)	超模舞台(对话表演)	超级词霸	Story time(沉浸阅读)	环球宝贝(走进餐厅)	Travel club
	第二学期	美音英韵(consonant)	超模舞台(对话原创)	超级词霸	Story time(原创表演)	环球宝贝(走进亚欧)	Travel club
五年级	第一学期	最佳拍档(原音重现)	talk show(个人秀场)	Diary time(copy time)	日积月累(绘本阅读)	Party time(神奇之旅)	Reading club
	第二学期	最佳拍档(大咖秀场)	talk show(搭档秀场)	Diary time(changing time)	日积月累(绘本分享)	Party time(魔幻之旅)	Reading club
六年级	第一学期	class变形记(我行我秀)	Show time(创意达人)	烧脑时间(百词斩王)	网络联盟	环球影城(思维空间)	Art club
	第二学期	class变形记(翻转课堂)	Show time(创客达人)	烧脑时间(语法空间)	网络联盟	环球影城(保卫地球)	Art club

4."悦动体育"课程群

传承学校体育特色，以"挥洒激情，超越梦想"的棒球精神为魂，以"一校一品"带"多品"，根据学生需求，挖掘课程资源，制定"悦动体育"学科课程群，围绕体育课堂教学拓展多项目技能学习，利用体育课、校本课、社团活动及课外时间进行实施。通过多种体育课程的实施，丰富校园生活，激发学生们对运动的热情和对体育的兴趣。通过课程群建设，让学生们从多种体育项目中选出自己喜爱的项目进行专项训练，既达到了健身的目的，又培养了对运动的热爱，还能使孩子们掌握一门技能，从而达到一举多得的效果。学生在享受运动带给他们无限快乐的同时，养成终身锻炼的习惯，在运动中感受体育运动的乐趣，身心愉悦、健康成长。除基础课程外，"悦动体育"课程设置如下（见表4-8）：

表4-8 金水区经三路小学"悦动体育"课程设置

年级	课 程						
一年级	快乐棒球	阳光跳绳	翻滚吧宝贝	柔韧一字马	赢在起跑线	乐玩排球	
二年级	飞舞棒球	趣味跳绳	玩转沙包	嘎嘎跳跃	追风少年	毽起飞扬	
三年级	旋转棒球	活力跳绳	控球大师	小小功夫家	乐享田径	乒乓世界	
四年级	强力棒球	花式跳绳	玩转篮球	体操达人	奔跑少年	排球小将	
五年级	激情棒球	魔性跳绳	小小神投手	完美体操	活力田径	逆风排球	风云足球
六年级	全垒棒球	竞速跳绳	灌篮高手	腾跃少年	极速田径	悦享排球	幻影足球

5."哆来咪音乐"课程群

根据音乐学科课程标准、音乐学科核心素养以及学校学生的特点，本着"让每一朵花都开放，让每一只鸟都歌唱"和"让每一个孩子都自信、健康、快乐的成长"的音乐学科课程理念，构建"哆来咪"音乐学科课程群，开设"乐海拾贝"、"小小乐器"、"我是大明星"三大主题课程。"乐海拾贝"主题课程主要通过视唱听音练耳，让孩子们了解、掌握音乐的节奏、旋律、音色、和声、力度、速度等要素，提升学生的音乐素养；"小小乐器"主题课程让孩子从基础的打击乐器认知开始，为歌曲伴奏到自制简单小乐器，再到用葫芦丝吹奏歌曲，走近管乐团，认识戏曲中的乐器，让孩子喜欢乐器，让音乐成为孩子们的好伙伴；"我是大明星"主题课程重在激发孩子们的表演潜质，激励孩子勇于展示自我，像小明星一样秀出自我！除基础课程外，"哆来咪音乐"课程设置如下（见表4-9）：

表4-9 金水区经三路小学"哆来咪音乐"课程设置

年级	乐海拾贝	小小乐器	我是大明星
一年级	灵敏的耳朵	小小打击乐	我形我秀
二年级	有趣的节奏	节奏接龙	我最健美
三年级	可爱的音符	我的金葫芦	小歌手
四年级	乐理知识我最棒	乐器达人秀	走近合唱
五年级	戏曲知多少	戏曲中的乐器	小戏迷
六年级	最强大脑	走近管乐	我是歌手

6. "漫彩美术"课程群

绘画是儿童感知世界最直接、最自由的表达方式。新课标要求教师不仅是课程的实施者,还要是课程的开发者。老师们依据多年的一线教学经验,逐步提炼自己的教学主张,认为学科基础课程已不能满足学生学习的需求,因此依据现有的美术教材,且不局限于教材,跳出书本,走出课堂,到大自然中、生活中寻找和发现更适合的美术学科教学新资源、新内容,更好地激发学生学习兴趣,发挥他们的艺术才能。

"漫彩美术"课程群是美术教师依据《小学美术新课程标准》,依据学生在技能技巧、造型表现、感官体验等诸多方面的需求,开发设置的课程。让学生通过课程漫步畅游在五彩斑斓的世界,用眼去发现、用心去体验、用手去创造生活中的美。课程以"兴趣与体验、绘画与生活、实践与创新"为主题,分为低、中、高三个阶段,融合国画、水粉、动漫、泥塑等多种创作形式构建。除基础课程外,"漫彩美术"课程设置如下(见表4-10):

表4-10 金水区经三路小学"漫彩美术"课程设置

年级	兴趣与体验	绘画与生活	实践与创新
一年级	快乐涂鸦	生活中的形	彩纸的美
二年级	刮刮乐	七彩家具	奇妙的动物
三年级	韵味水墨	巧手爱哈泥	奇特的雕塑
四年级	对称的美	自行车的故事	画家毕加索
五年级	我型我塑	魅力衍纸	爱上达芬奇
六年级	动漫彩绘	POP艺术字	游园寻魅

7."悦翔科海"课程群

"悦翔科海"课程群是以科学课程为核心,将生活融于课程,将课程实践于生活,围绕"科学启蒙、科学兴趣、科学观察、科学体验、科学实践、科学创新"六个方面进行课程群建构,使学生初步形成主动观察体验、乐于实践创新的能力,快乐地遨游在科学的海洋中,发展学生科学观念、科学思维、科学探究、科学态度与责任等学科核心素养。在具体实施的过程中,《天降奇兵》《空气大力士》《冰雪奇缘》《光色大作战》《水的奇妙旅程》《自然的奥秘》《快乐玩科学》《动物方程式》《热力全开》《小雨滴哗啦啦》、《浩瀚星辰》《温度溜滑梯》《草木的奥秘》《蚂蚁搬家》《黑白对决》《谁主沉浮》《魔力磁铁》《创意科幻画》《探索人体奥秘》《放飞梦想》《绿色奇迹》依托各年级科学课在教室进行,每周一节课,由科学教师具体实施。《创意编程》《神奇的光》《机械大搜罗》《有趣的微生物》《创客未来星》《能力会生根》《寻找祖先足迹》《环球自然梦》课程依托创客空间,部分学生参与,每周一次课。《翼翔天开》《玩具博览会》《交通工具》《美食营养家》《环保小卫士》《变废为宝》《玩转四季》《呼风唤雨》《电动修理师》《玩具发明师》《风车之谜》《童眼看世界》《自制乐器》等,以学生小组合作的方式自由参与,利用社团活动时间实施。除基础课程外,"悦翔科海"课程设置如下(见表4-11)。

表4-11　金水区经三路小学"悦翔科海"课程设置

年级	主题	学期	课程	年级	主题	学期	课程
一年级	科学启蒙	第一学期	自然的奥秘	四年级	科学体验	第一学期	创意编程
			快乐玩科学				放飞梦想
			天降奇兵				探索人体奥秘
		第二学期	空气大力士			第二学期	美食营养家
			冰雪奇缘				环保小卫士
			水的奇妙旅程				机械大搜罗
二年级	科学兴趣	第一学期	浩瀚星辰	五年级	科学实践	第一学期	变废为宝
			翼翔天开				玩转四季
			动物方程式				呼风唤雨

(续表)

年级	主题	学期	课程	年级	主题	学期	课程
	科学兴趣	第二学期	小雨滴哗啦啦		科学实践	第二学期	电动修理师
			交通工具的发展				风车之谜
			玩具博览会				有趣的微生物
三年级	科学观察	第一学期	温度溜滑梯	六年级	科学创新	第一学期	能力会生根
			创意科幻画				大眼看世界
			草木的奥秘				自制乐器
		第二学期	蚂蚁搬家			第二学期	寻找祖先的足迹
			谁主沉浮				环球自然梦
			魔力磁铁				创客未来星

总之,打造快乐学科课程群,学校遵循实用性与趣味性相结合、创新性与前瞻性相结合、不增加学生课业负担等原则,大致基于三条建设路径。

路径一:学科内整合。整合实施国家基础性课程,将国家课程校本化。改变以往一节课40分钟的固定时长,改变按统一教材设定教学内容与进度的实施方式。以此方式整合出的结余时间,用于为学生填充延伸同学科类其他知识内容。

路径二:跨学科整合。根据学生的学习需求,打破学科间的界限,以实际需求来连接和推动不同学科的融合,使学生建立系统的知识体系,感受学科之间的联系和知识的共融。

路径三:课内外整合。学知识是为了运用,知识与生活、学习与实践是密不可分的。课程设置要充分利用地域特色、学校特色、独特优势、独特资源这些方面充分整合,来培养学生理解、综合运用知识解决实际问题的能力。

(二)"快乐学科"的评价要求

"快乐学科"旨在打造快乐课堂,评价要求围绕课程理念及课程标准、科学制定方案、多元内容支撑、凸显课程效果等进行,来贴近学生的认知规律,激发学生兴趣、发散学生思维等。主题课程的评价主体包括学校评价、学科组评价、教师自评、学生评价,评价形式根据学科特点进行纸笔测试、成果展评等。

1. 目标明晰。学科实施能以学校办学理念和育人目标为准绳,体现学校的办学特色,彰显学校的课程文化,促学生发展的多元化。

2. 方案先行。分学科制订科学、合理、细致的实施方案,由课程开发实施小组具体承担,实施内容要具有教育和发展功能。

3. 内容支撑。依托国家课程,挖掘其内涵,拓展其外延,通过学科整合、跨学科整合、课内外整合等路径,开发实施的课程要了解和满足学生多元发展的需求,不仅要关注学生的学业成绩,而且要发现和发展学生多方面的潜能。通过课程的实施,充实学生的学习体验,帮助学生认识自我,建立自信。

4. 质量保证。遵循课程理念,落实教学目标,开展丰富扎实的学科群活动,注重评价生成,及时课后反思,不断审视课程执行情况与实施中的问题,继而调整课程内容,改进教学管理,促进课程革新,保证课程质量,综合提升学生核心素养。

5. 学法指导。明悉课程开发的培养目标,注重对学生进行学习方法、学习能力的指导和训练。通过各种形式的活动来培养学生理解运用知识、解决实际问题的能力,使学习变得快乐、有趣,使知识变得有用、有意义。

6. 团队建设。课程的开发与实施要融合各方力量,加强团队建设是学科建设与实施的关键因素,也是推进课程实施的有效形式。这就需要团队有共同育人愿景、和谐开发氛围,共同致力于提高学科品质的探索与实践。

三、成立"快乐社团",落实兴趣爱好课程

为贯彻落实"向快乐出发"的课程理念,丰富学生的课余生活,切实推进素质教育,实现学校特色发展,促进学生多元成长、全面发展。学校结合学生需求和传统优势,组织学生开展丰富多彩的文化艺术、体育、科技等社团活动,扩大学生视野,激发学习兴趣、发展个性特长,促进学生身心健康、和谐发展,让每个学生获得成功的体验,从而做到"乐学"。

(一)"快乐社团"的设立与实施

"快乐社团"活动的开设与开展以学生为主体,发展学生的自主性,提高学生的积极性,鼓励学生的创新性,力求活动的实效性,使学生在活动中参加一个社团,培养一种兴趣;学会一门知识,练就一项技能;体验一次成功,享受一份快乐。"快乐社团"活动实施的具体内容及方式见表4-12。

1. 社团活动的设立。在每年九月新学期的开始,学校下发学生对社团活动需求的调查问卷,根据学生兴趣爱好、发展需求,整理出所开设的社团活动。

2. 社团活动的具体实施。九月上旬,各班级学生根据自己的特长及兴趣爱好自由报名。九月中旬在全校举行社团成员选拔活动,组建社团,制定社团活动计划及社团活动制定。九月下旬至次年六月,各社团自行开展活动。每学期期末,各社团进行成果展示。

表 4-12 金水区经三路小学"快乐社团"实施内容及方式

社团类型	社团名称	实施方式
学科拓展类	快乐阅读社	学生根据个人兴趣,提出申请,自主选择社团;社团辅导老师根据综合考查通过申请,组织学生参与社团活动,完成社团课程,记录成长轨迹。
学科拓展类	智慧数学社	
学科拓展类	翰墨书香社	
学科拓展类	英语绘本社	
综合类	校史研究社	
综合类	传统节日社	
综合类	英语影音社	
综合类	红领巾礼仪社	
科学创新类	编程猫社团	
科学创新类	飞鹰无人机社团	
科学创新类	小小科学院社团	
文体类	幻影足球社	
文体类	灌篮高手社	
文体类	追风田径社	
文体类	花样跳绳社	
文体类	活力棒球社	
文体类	"春芽"合唱社团	
文体类	"扬帆"管乐社团	
文体类	"爱丫丫"舞蹈社团	
文体类	"丝韵悠扬"葫芦丝社团	
文体类	"我型我塑"轻泥社团	
文体类	弈智围棋社	

（二）"快乐社团"的评价要求

为了保障社团活动的顺利开展,协助辅导老师认真负责地引导学生开展活动,学校制定了针对课程、教师、学生的系统性评价指标。在活动过程中,进行周评、月评、学期评、师生评、生生评等,促进学生在活动中不断提高。在学期末,各社团进行展示,评选出优秀社团。"快乐社团"活动评价如下(见表4-13)。

表4-13　金水区经三路小学"快乐社团"活动评价

项目	评价指标	评估方式
管理保障	1. 社团有明确的规章制度。	实地查看制度分工
	2. 社团有团长和辅导老师,明确分工职责。	
	3. 社团活动时间固定,次数每周不少于两次,每次活动2课时。	
课程研发	1. 社团主题鲜明、健康积极,富有特色,在学生中能有较强的吸引力。	查看活动方案、学生资料
	2. 活动内容促进学生个性发展,展现学生自我特长。	
	3. 每学期有活动计划(方案)及活动反馈。	
实施过程	1. 社团成员稳定,有成员花名册;学生出席有记录,能培养学生自主管理社团的能力。	查看活动过程性资料,活动记录、图片资料
	2. 活动内容和形式有创意,能结合学校文化、家长资源、学生兴趣开展生动活泼的社团活动。	
活动成效	参加社团成果展示活动;社团成员成长测评良好。	查看学生成长记录

四、建立"快乐节日",彰显节庆文化课程

"快乐节日"课程结合学校德育系列教育活动,充分发挥"节日文化"的教育功能,提高学生的思想道德素质和文明礼仪素质,促进学生个性化发展。

（一）"快乐节日"的创设与实施

结合中国传统节日、纪念日及学校设立的特色节日,构建学校"快乐节日"课程。通过课程的开发与研究,让师生在"传统节日"中学习节日文化,树立国家意识,增强民族自豪感,自觉弘扬民族文化,传承民族精神;在"特别纪念日"活动中,懂得感恩,懂得爱祖国、爱劳动、爱他人,在社会中奉献自己的力量;在"校园节日"中,让学生增进校园

主人翁意识,规范自己的言行,做明德有礼的经三快乐少年。"快乐节日"实施内容如下(见表4-14)。

表4-14 金水区经三路小学"快乐节日"实施内容

时间	类别	节日	主题	内 容	开设年级
正月初一	传统节日(农历)	春节	欢喜过大年	拜年、写对联、剪窗花、统计压岁钱	一至六
正月十五		元宵节	欢乐闹元宵	赏花灯、猜灯谜、吃元宵	一至六
四月五日		清明节	清明祭英烈	忆先烈故事、制作思念花、扫墓、踏青	三至六
五月初五		端午节	粽情飘香	包粽子、念屈原	四至六
八月十五		中秋节	月圆合家欢	做月饼、绘月亮、讲故事	一至六
九月初九		重阳节	浓浓敬老情	敬老人、献孝心	四至六
1月1日	特别纪念日(公历)	元旦	展望未来	1. 制作一份新年规划 2. 订下一个小小目标	一至六
3月8日		妇女节	妈妈我爱你	1. 亲手给身边女士(妈妈、老师等)制作一个小礼物 2. 我让妈妈露笑脸 3. 为妈妈做一件力所能及的事	一至六
3月12日		植树节	祖国添新绿	1. 开展爱绿护绿活动 2. 办一期手抄报 3. 争当环保小卫士	一至六
5月1日		劳动节	劳动最光荣	1. 我是社区服务小能手 2. 我身边的劳动模范 3. 评选班级劳动小能手	三至六
7月1日		建党节	童心向党	1. 学习党的历史 2. 学画党旗、党徽 3. 我身边的党员	四、五
8月1日		建军节	拥军爱军	1. 走进军队 2. 革命故事比赛 3. 赠送拥军大红花	三、四
9月10日		教师节	感谢师恩	1. 感谢师恩 2. 讲讲我的好老师 3. 评选我最喜欢的老师	二至六
10月1日		国庆节	祖国在心中	1. 学唱国歌 2. 了解国旗、国歌、国徽知识 3. 了解中国的发展	二至六

（续表）

时间	类别	节日	主题	内容	开设年级
9月	校园节日（公历）	入学节	我是小学生	1. 熟悉小学校园生活 2. 一年级入学仪式	一年级
10月		建队节	飘动的领巾	1. 一年级入队仪式 2. 全校少先队员重温队知识	一至六
11月		学科节	学科知识样样棒	1. 各学科成果展示 2. 学生学习成果汇报	一至六
12月		狂欢节	Happy every day	1. 了解节日由来 2. 开展快乐分享活动	一至六
1月		收获节	展我成长树晒我丰收果	学生展示一年的收获成果	一至六
2月		礼仪节	争做"明德有礼"好少年	1. 学习养成各种文明礼仪 2. 评选身边"明德有礼"少年	一至六
3月		体育节	我运动 我快乐	1. 各年级开展体育运动项目 2. 增强学生运动意识	一至六
4月		科技节	科技创未来	1. 开展科技节活动 2. 创作科技作品	一至六
5月		毕业季	离校课程	1. 我的毕业绘本 2. 我的毕业季	六年级
6月		儿童节	快乐过六一	1. 才艺展示 2. 整理自己的成长足迹	一至六

（二）"快乐节日"的评价策略

"快乐节日"的评价,既关注课程设计,又关注师生发展,注重课程的时效性,使每一个孩子在不同的节日课程活动中得到体验、感悟和成长。"快乐节日"课程实施评价见表4-15。

1. 过程性评价。每月的"快乐节日"中,根据学生的参与表现,用"点赞"的形式来评价学生的交流状态,活动后评选出"最美少年"、"班级之星"。

2. 展示性评价。主题活动安排学生的展示,个体展示与集体展示相结合,让学生向身边的伙伴学习,互促成长。

表 4-15　金水区经三路小学"快乐节日"课程实施评价表

评价指标	评价内容	评价分值
主题	1. 主题鲜明,具有时代性、科学性、针对性、实效性、教育性。 2. 立意新颖,能根据学生身心发展和成长中遇到的共性问题确定主题。	10
目标	1. 目标明确,有明确的导向和时代性。 2. 培养学生积极、正确的情感态度价值观。 3. 学生在实践中,增强自我教育能力,促进身心健康发展。	10
内容	1. 贴近社会现实,贴近学生实际生活,贴近学生身心发展规律。 2. 紧扣主题,准确定位。 3. 层次清晰,重点突出。	10
形式	形式多样,生动有创意。	5
成员的 主动性	1. 成员在课程中有任务分工,有角色担当。 2. 充分发挥成员的积极性、主动性,培养创新能力。	5
实施	1. 课程情境设计合理,操作性强,能体现学生综合运用知识的能力。 2. 设置拓展性、开放性、能给学生思考空间的问题,引导学生体验和感悟。 3. 师生互动,能充分体现学生主体的课程理念。 4. 面向全体,关注学生个体差异,注重培养学生的实践能力。 5. 凸显课程的实践性、自主性、综合性、创造性和趣味性。	40
活动 效果	1. 课程活动基本能满足学生发展要求。 2. 学生在课程中增长了才干,培养了兴趣,开阔了眼界,提高了思想认知水平。	20
评语	优点	
	不足	
	建议	

五、规范"快乐学礼",强化主题教育课程

结合学校育人目标,知礼守礼、明礼重礼,是经三快乐少年所要表现出的良好品质及精神风貌。中国,是礼仪之邦。重礼仪,讲礼貌,是中华民族的传统美德。"礼"是社会道德文明程度的直观表征,是一个人道德素质和教养程度的外在标志。"为人子,方少时,亲师友,习礼仪"(《三字经》),作为新时代的少年儿童,更应从小知礼晓礼,以自己的实际行动彰显良好文明素质,继承古代礼仪文化的精华,践行具有现代文明的礼仪文化。

(一)"快乐学礼"的规划与实施

将礼仪教育融入到德育常规管理、主题教育、德育特色活动中,融入到学生日常生

活的点点滴滴中。以《小学生守则》和《小学生行为规范》为依托,结合《三字经》等经典诵读学习,从仪表仪容、言谈举止及校园礼仪、家庭礼仪、公共场所礼仪等方面分年级对学生提出要求,并开展相应的教育实践活动。如每学期初,学校进行以礼仪教育为主的主题大队会,各班利用晨会学习、重温《小学生日常行为规范》和《小学生一日常规》,强化学生良好的学习、生活等礼仪训练,提高学生基础文明素养。在系列活动中逐步使队员从"要我这样做"转变为"我要这样做",让良好的礼仪文化内化为学生的自觉行动。"快乐学礼"实施内容及方式如下(见表4-16)。

表4-16 金水区经三路小学"快乐学礼"实施内容及方式

年级	主题	内　容	实施方式
一年级	入校礼仪	校园生活一日常规《三字经》	晨会、队课、实践活动
二年级	个人礼仪	仪表礼仪三字歌《三字经》	晨会、队课、实践活动
三年级	交往礼仪	交往礼仪三字歌	队课、实践活动
四年级	公共礼仪	公共场所礼仪三字歌	队课、实践活动
五年级	特定礼仪	餐饮、购物、赛场、网络、外出旅游等礼仪	队课、实践活动
六年级			

(二)"快乐学礼"的评价策略

学校逐步完善学生礼仪规范的管理模式,进行学生自主管理的探索与实践,培养学生自我管理、自我教育、自我完善和自我超越,让学生养成尊重个性、善于选择、实事求是、独立思考、坚持真理、修正错误的精神品质。

1. 常规管理精细化。各班根据礼仪规范,制定班规,开展"朵朵花开向太阳"争章、争星活动,明确学生职责,实行精细化管理,让每一位学生都能在自己的岗位上践行所学到的礼仪规范,在此过程中强化礼仪教育,培养学生的责任感、使命感以及合作意识,有效促进班集体的常规管理。

2. 活动评价经常化。各班合理利用学生在校时间,开展丰富多彩的班集体活动,在活动中对学生进行实时评价,让学生体验、感受到集体内的互助与约束,增强班集体的凝聚力,促进班集体礼仪文化建设。

3. 班级评比制度化。对各班礼仪常规进行量化考核,做好期末总评,使全校形成班班争先、比学赶超的良好氛围。

六、创设"快乐空间",实施创客教育课程

创客教育是一种指向"创造"的教育,是回归生活的教育,是表达智慧、全面育人的综合教育。学校创设"快乐空间",进行创客教育课程的开发与建构,在尽量满足学生多样化选择与发展需求的同时,促进学生核心素养的提升。

(一)"快乐空间"的建设与实施

学校从学生需求出发,结合学校实际,依托社会、学校和教师等多方面资源,开设系列创客教育课程,探索创客教育教学方式,实现多学科教师联动,让学生采取多种形式进行学习,力求达到学生的深度参与、真实学习。

1. 设计调查问卷,分析发展需求。为进一步了解师生对创客教育的认识及实施中的困惑,便于更好地设计创客教育课程,构建满足学生需求、挖掘教师潜能的创客教育课程体系,商讨研制学生、教师调查问卷,并进行座谈、访谈。

2. 成立教育团队,提升实施水平。学校选拔有思想的优秀教师组建创客教育团队,聘请专家作为校外辅导员,进行专业引领、课程指导,学习相关课程知识,提升教师开发课程、实施课程的能力水平。

3. 引进课程资源,建设创客空间。为提升课程品质,学校多方联系,与专业人士沟通交流,遴选优秀创客教育资源及课程,并积极筹建创客空间基地,引进课程资源,选拔学校骨干教师开发、实施《创客未来梦》课程;聘请无人机教练,带领学校无人机教师团队,共同开设《飞鹰无人机》课程。

4. 开启项目研究,助推自主学习。创客教育项目学习活动在各年级开展,每学期一次,每次约十课时。每个年级的项目学习主题由学生自主设计,课程有教师团队先行策划,拟定目标,撰写纲要,分解任务、制定课程手册,帮助学生准备学习辅助工具。学习期间,采取导师负责制,教师与学生共同经历学习的全过程。学生通过解决生活中的实际问题,综合运用各科知识,开展主动学习与探索。

(二)创客教育课程的评价策略

对于创客课程的评价,学校依据发展性、过程性、多元化、差异性的原则,关注过程,体现多元,强调发展,注重实效;重视以正向的、具体的、多样化的评价为导向;提供展示平台,跟进过程评价;综合多元主体评价,完善学校评价体系。

1. 审议课程，奠定实施基础。学期初，学校课程委员会对开设的课程及《课程纲要》进行评审，包括教师能力以及课程目标、课程内容、课程实施策略、评价方法是否合理可行等方面。

2. 关注过程，加强实施管理。学校课程评价小组加强巡视，随堂听课。密切关注师生在课程活动中的投入程度；学生的能力、素养是否得到培养。

3. 质量监控，促进持续发展。学习结束后，汇报交流、成果展示、经验分享，搭建多元评价平台；采取内外部相结合的方式，评价主体多元，学生、教师、家长均参与到评价过程中，并将学生的评价作为对该课程进行评价的主要依据。

七、携手"快乐之旅"，走进社会实践课程

读万卷书，行万里路。杜威说"教育即生活"；陶行知说"生活即教育"。教育离不开生活，教育应与社会生活紧密相连，学生应在生活情境中接受教育。"快乐之旅"让学生从学校、课堂中解放出来，到大自然、社会中去寻求知识的真理。"快乐之旅"是学校课堂教学的延伸性活动，是进一步深化教育教学改革，全面实施推进素质教育的一个重要体现。

（一）"快乐之旅"的研学范围

"快乐之旅"不是一般意义上的春游、秋游，而是走进社会、自然，观察了解身边的景物与事物。内容可涉及社会政治、经济、文化、历史、地理、法律等方方面面，活动综合各学科探究为一体。

1. 四季之旅。大自然是一部真实、丰富、生动的"百科全书"，里面蕴藏着巨大的教育财富。基于学校优越的地理位置资源，"四季之旅"带学生走进紫荆山公园、经纬广场、动物园等。这些校外课程让学生走出校门，到大自然和社会中去接受教育，让他们通过耳闻目睹，亲身感受大自然。"四季之旅"主要对象为1—3年级学生，平均每月至少1课时。

2. 书海之旅。阅读不是一门科目，它是生活的基石，是所有和世界接轨的人们乐此不疲的一项活动。通过阅读，孩子们学会用不同的眼光看世界。"书海之旅"带孩子们走进新华书店、中原图书大厦、河南省图书中心，旨在引领孩子们学会阅读、学会搜集处理信息，从而培养学生较强的课外阅读能力，让学生爱上阅读。"书海之旅"主要对象为2—4年级学生，平均每月至少2课时。

3. 人文之旅。河南,是中华文明汇集的地方,是炎黄子孙的心灵故乡。在中国历史上,先后有 20 多个朝代在此建都。华夏文明在此地源远流长。"人文之旅"让孩子们走进二七纪念塔、黄河风景名胜区、商城遗址,引导孩子们了解家乡文化的博大精深,激发对家乡的热爱。"人文之旅"主要对象 3—4 年级学生,平均每学期 2—4 课时。

4. 寻根之旅。河南省博物院承载着河南上下几千年历史的地方,为国家级重点博物馆,是中国建立较早的博物馆之一,也是首批中央、地方共建国家级博物馆之一,馆藏国家一级文物与国家二级文物 5 000 余件,其中的史前文物、商周青铜器、历代陶瓷器、玉器最具特色。带孩子们走进博物院了解家乡历史,激发学生的民族自豪感。"寻根之旅"主要对象为 4—5 年级学生,平均每学期 2—4 课时。

5. 科技之旅。科技是学校的特色。开展校外科技创新活动,引导学生主动去了解现代科技的飞速发展,开阔学生的视野,扩展学生的学习思路,让勇于创新、乐于实践在科技之旅中变成本能。每年的科技节,带领学生们走进创客空间、郑州市气象馆,郑州市科技馆,引导学生迈向科技那神秘而充满魅力的大门。"科技之旅"主要对象为 4—6 年级学生,平均每月 2 课时。

6. 体验之旅。"体验之旅"旨在充分利用社会、社区、家长资源,让学生置身于丰富的社会生活之中,体验各种不同的社会职业,参与社会服务活动,在实践活动中获得真切认知和情感体悟,了解社会、学会沟通,提升多方面的社会实践能力。各年级根据学生年龄特点整合资源,选取不同的体验方式。如低年级可采取家长进课堂及模拟情景表演的方式;而中高年级则可选择设计职业情境,组织学生到实地体验、实际岗位演练。活动每学期至少一次。

7. 梦想之旅。"梦想之旅"专门为高学段的学生设计。五、六年级是小学学习生活的最后冲刺阶段。五、六年级的学生已经有了独立意识,情绪情感日益丰富。毕业季开展户外拓展训练课程,暑假期间开展游学课程,让学生开阔视野、丰富知识,激发远大理想抱负的形成。

(二)"快乐之旅"的研学方式

根据研学课程情况,充分利用在校期间以及校外期间,如周末或者寒暑假,以小组合作方式为主,个人单独进行为辅。小组合作范围可以从班级开始,逐步走向跨班级、跨年级、跨学校和跨区域等。具体方案如下：

1. 提前做好研学规划，制定研学活动方案和评价方式；学生可提前查阅相关资料，做好研学准备。

2. 教师根据活动方案组织学生活动，引导学生边走边学。学生在研学的过程中做好观察、思考、记录、整理。

3. 进行成果收集、整理、展示，评价方式可以是自我评价、小组评价、教师评价。

4. 教师撰写研学反思总结，学生撰写研学成果报告。

(三)"快乐之旅"的评价策略

"快乐之旅"的评价理念、评价方式与学科课程是完全不同的。它主张采用"自我参照"标准，引导学生对自己在活动中的各种表现进行"反思性评价"，突出师生之间、同伴之间对彼此的个性化表现进行评定、鉴赏。

1. 评价的主要原则为突出发展、注重过程、体现多元、关注差异、强调自评。评价的目的在于推动每个学生在原有的基础上有新的发展；关注学生在活动过程中能力的提高、情感的体验、态度与价值观的形成；评价主体多元化、评价标准多元化、评价内容与方式多元化；对信心不足的学生，更要提供成功的机会，尽最大努力满足学生多方面的需求；重视学生自我评估、自我调整、自我改进。

2. 评价的主要方式包括活动作品鉴赏与分析、学生自我反思、教师观察评价、评价表等。观察评价要求观察记录学生在活动中的实际表现，以把握学生活动的本来面貌。自我评价是由学生自己根据研学活动特点设定目标，通过学习结果与学习目标相比对进行评价。成果评价是"快乐之旅"常用的评价方式。在活动的不同阶段，将学生的所见、所闻、所想等细节展示出来，或以学生喜闻乐见的形式展出，让学生感受成果、体验喜悦，促进协作共勉。

总而言之，"快乐之旅"评价要求建立多元化的评价体系，评价的目的不再是甄别和选拔学生，而应该是促进学生的发展，促进学生的潜能、个性、创造性的发挥，使每个学生具有自信心和持续发展的能力。"快乐之旅"小组活动记录、过程评价及成果展示评价表如下(见表 4 - 17、4 - 18、4 - 19)：

表4-17 金水区经三路小学"快乐之旅"小组活动记录表

活动名称			
指导教师姓名		组长姓名	
活动时间	活动地点		活动形式
参加活动人员			
活动的内容和目的			
活动的收获和体会			
活动未解决的问题和需要的帮助			

表4-18 金水区经三路小学"快乐之旅"过程评价表

活动内容		
小组成员	组长	组 员
评价项目	评价要求	评价分数 （每项满分10分）
研学态度	成员对活动有较高的热情与较大的兴趣，能够积极参加实践活动，认真完成研究任务，主动思考，探寻问题；善于合作与交流；具有创新意识。	
出勤率	成员能够出席每一次小组活动，出勤按时按量。	
方法运用	研学方法选择恰当，重视实践与实验研究。	
任务分工	队员之间有合理的分工和紧密的合作。	
活动内容	内容完整、系统、周密。	
活动进度	进度安排科学适宜，能逐步展开。	
活动组织	组织合理、有序，有计划性。	
活动形式	形式灵活，具有实践性。	
活动记录	活动记录真实、完整。	
综合评价		

表 4-19　金水区经三路小学"快乐之旅"成果展示评价表

活动主题			
小组成员	组长	组　　员	
评价项目	评价要求		评价分数
			每项 10 分
成果撰写	语言表达清楚,文字简洁、流畅,格式规范,观点鲜明,有独到见解。		
材料收集	小组按时整理各类材料。		
材料完整性	根据研学的要求和课题的需要附上相关的所有材料。		
研究成果创新性	新颖,有独到的见解,能从实践中有较深的体悟。		
展示方法	能及时发布活动成果,形式恰当;呈现方式多样;效果较好。		
报告陈述	讲话清楚、有条理,语言简洁、流畅,语态自然,仪表端庄,自信大方,表达具有感染力。		
回答问题	能抓住关键问题,讲解清楚,有条理,逻辑性较强,小组能有效配合。		
综合评价			

秉承着"播种快乐,静待花开"的办学理念,学校提出了"快乐教育"哲学及"向着快乐出发"的课程理念,构建涵盖"乐仪课程"、"乐言课程"、"乐智课程"、"乐艺课程"、"乐健课程"、"乐创课程"六大课程的"太阳花课程"体系,有效整合多种资源,充分满足孩子们的成长需求,培养学生的必备品格与关键能力,促进学生核心素养的形成,为学生终身发展奠定基础,培育"明德有礼、乐学致知、心和体健、乐学善创"的经三快乐少年。

（撰稿人：张仁杰　李庆欣　刘娜　周浩青　鲁玉珩　冯溪娟　李茹　付晓蓓）

第五章

学科延展： 学校课程的活性

　　单一的学科课程,常常与生活经验相脱离。学生在面对生活中的实际问题时常感到无力。学校应在有效落实国家学科课程的前提下,注重建设全方位、多角度的学科延展课程,打破以往泾渭分明的学科界限,打通不同学科教学之间的藩篱,以统一的主题、问题、概念、基本学习内容等形式连接不同学科,从而以更广阔的视角来"借力"并优化本学科课程。在跨学科视角下的课程教学中,课程不仅仅源于本学科的教材,还包括与其他学科联系的"枝干",展现给学生的是一张融会贯通的知识之网;教师变成专业侧重、文理兼具的有着广阔视域的"杂家",培养的则是思维开阔、自主探究、具有创新意识与能力的未来人才。学科延展,使得课程宽广而深远,富于活力与灵性,让学生得以在全面发展的基础上张扬个性、发展潜能。

盛宴式课程：让每一个孩子享受学习的盛宴

　　学校课程文化变革，归根结底是不断挖掘和丰富人的文化实践活动。郑州市金水区黄河路第三小学坚持以"三"字文化为依托，以"仁、智、勇"为价值取向，以"三味教育"为学校教育哲学。注重以优秀传统文化涵养品质，崇尚以智慧的方式启迪心灵，勇于在自我反思中自我超越，以宽广而深远、富有活力与灵性的"盛宴式课程"为载体，培养具有家国情怀的"仁、智、勇"品质少年。从"三味课堂"、"滋味学科"、"品味节日"、"趣味社团"、"美味之旅"五方面入手，让每一个孩子享受学习的盛宴，见证每一个孩子有滋有味的成长过程。

　　郑州市金水区黄河路第三小学位于政六街 9 号，始建于 1963 年，有 56 年的办学历史，现有 34 个教学班。学校拥有一支团结务实、治学严谨的高素质教师队伍，现有23 名省区市骨干教师、名师、学科带头人。校园面积不大，但环境优美、设施完善，有鲜明的校园特色文化。校园内香樟树秀美，花草竹繁茂，孩子们诵读于梧桐下，嬉戏于画廊中。学校拥有三味大讲堂、科技体验厅、三味训练厅、三味书屋、三味书苑、三味工作坊等功能室。学校是全国啦啦操实验学校，全国啦啦操四星级俱乐部，河南省体育（田径）传统项目学校，郑州市文明单位，郑州市中小学德育工作先进单位等，学校办学品质逐年提升。

第一部分　学校课程哲学

一、学校教育哲学

　　学校的教育哲学是"三味教育"，即以"三"字文化为依托，以"仁、智、勇"为价值取向的教育。"三味教育"的核心观念是：以仁者的仁爱之心对待别人和自己，以智者的科学态度对待工作和学习，以勇者的担当精神对待机遇和挑战。"仁、智、勇"是一个人完美人格的具体表现。"三味教育"是"仁"的教育，重在以优秀传统文化涵养品质；"三味教育"是"智"的教育，崇尚以智慧的方式启迪心灵；"三味教育"是"勇"的教育，勇于在自我反思中自我超越。"三味教育"是多姿多彩的教育，是有滋有味的教育。

基于此，我们将学校的办学理念确定为：让每一个孩子享受有滋有味的成长过程。由此，我们提出学校的教育信条：

我们坚信，生活就是一场百味盛宴；

我们坚信，每个孩子都是人生盛宴的主人；

我们坚信，和孩子一起品味成长滋味是教师的神圣职责；

我们坚信，学校就是帮助每一个孩子有滋有味成长的地方；

我们坚信，每一个孩子都能在学习的盛宴中涵养出优秀品质。

二、学校课程理念

学校课程理念是"让每一个孩子享受学习的盛宴"。让每一个孩子享受有滋有味的成长，是我校课程规划实施的出发点。学校课程就是要为孩子搭建张扬个性的平台，提供成长的养料和沃土，让每一个孩子享受学习的盛宴，在"三味教育"中涵养成为具有家国情怀的品质少年。因此，我们将学校的课程理念确定为：让每一个孩子享受学习的盛宴。这意味着：

课程是滋养品质的营养剂。为孩子们提供各种营养元素，滋养孩子仁爱、智慧、有担当等的优秀品质。

课程是充满趣味的旅程。让每一个孩子都兴致盎然、主动探索，用智慧的方法解决各种问题。

课程是精心烹制的佳肴。根据每个孩子口味不同，为孩子们提供更多样的课程服务，帮助他们把兴趣变成特长。

总之，课程是有滋有味的学习盛宴。滋养孩子，帮助他们插上理想的翅膀。因此，我们把学校课程模式确定为"盛宴式课程"。

第二部分　学校课程目标

学校课程目标最终是为实现育人目标。所以,确定学校课程目标,首先要明晰学校的育人目标。依据学校"三味教育"的教育哲学,学校确立了培养"仁、智、勇"品质少年的育人目标。

一、学校育人目标

学校培养"仁、智、勇"品质少年,具体如下:

仁:爱生活　会感恩　乐服务

智:爱学习　会合作　乐创美

勇:爱劳动　会健体　乐担当

学生以"仁、智、勇"为目标,做有仁爱情怀、有做事智慧、有责任担当的品质少年。

二、学校课程目标

培养目标是通过课程目标去达成的,为了实现培养目标,学校将"仁、智、勇"的具体目标进行了细化,形成了低中高年级段的课程目标。具体如下(见表5-1):

表5-1　金水区黄河路第三小学的课程目标

育人目标 ＼ 课程目标 ＼ 年级	低年级	中年级	高年级
仁 / 爱生活 会感恩 乐服务	自己的事情自己做,喜欢上学,见到师长能主动问好,爱父母,爱老师,爱同学。	享受生活的快乐,懂得与他人友好相处,宽以待人,懂得感恩,尽自己的能力去帮助别人。	热爱生活,珍爱生命,有广泛的兴趣爱好和良好的行为习惯,学会换位思考,文明知礼,乐于助人,积极参加公益活动。
智 / 爱学习 会合作 乐创美	喜欢学习,养成良好的学习习惯,学会思考,懂得与同伴合作,喜欢生活中的美好事物。	勤学善思,乐于合作,能发现并尝试解决学习和生活中的问题,有一定的审美情趣和审美能力。	善于合作探究,乐于分享交流,能灵活运用所学知识解决生活中的实际问题,具有欣赏美和创造美的能力,有一到两项艺术特长。

（续表）

课程目标 年级 育人目标		低年级	中年级	高年级
勇	爱劳动 会健体 乐担当	热爱劳动，喜欢体育锻炼，知错能改。	积极参加劳动，养成每天锻炼的习惯，身心健康，有责任心。	掌握一定的劳动技能，热爱体育锻炼，有一到两项体育特长，诚实守信，勇于担当。

第三部分　学校课程体系

学校以"三味教育"为核心，以培养"仁、智、勇"品质少年为育人目标，构建具有学校特色的"盛宴式课程"体系。

一、学校课程逻辑

学校基于"三味教育"的教育哲学和学校课程目标，建构了"德之味"、"言之味"、"思之味"、"艺之味"、"健之味"五大类课程，以下是"盛宴式课程"逻辑体系图（见图5-1）：

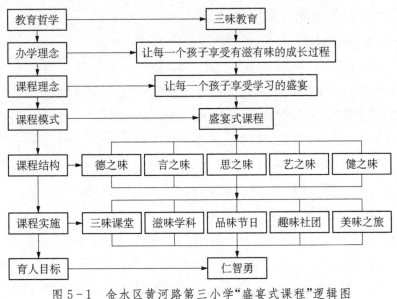

图5-1　金水区黄河路第三小学"盛宴式课程"逻辑图

二、学校课程结构

每个孩子都有自己的独特需求,而课程内容的选择就像吃饭,每个人口味不同选择就会不同。因此,我们把学校课程命名为"盛宴式课程"。根据国家课程标准和学生核心素养培养要求,我们结合学校课程资源情况,对"德之味"、"言之味"、"思之味"、"艺之味"、"健之味"五大类课程进行了系统构建。

(一)"德之味"课程

"德之味"课程是学校德育课程,以道德与法治、品德与社会为基础学科,挖掘课程资源。利用少先队活动课、生活技能课、仪式课程、入校课程、离校课程、节日课程、社团课程等,开设三个系列课程,包括德之体验、德之活动、德之节日,旨在培养学生文明的行为举止、高尚的道德品格和良好的社交能力,养成好习惯。

(二)"言之味"课程

"言之味"课程是以语文、英语为基础学科。"至味语文"以提高学生的语文素养、丰富学生的生存智慧和提升学生的人生境界为宗旨,以"趣味汉字"、"韵味阅读"、"妙味练笔"、"风味口语"、"珍味生活"为辅修课程,从知识与能力、过程与方法、情感态度与价值观三个方面设计课程目标,并使之相互渗透,相互融合。趣味英语以英语为基础学科,以趣味快乐的学习之旅为载体,开设了"乐享英语"、"体验之旅"等系列课程,旨在培养学生学习英语的兴趣和语言能力。

(三)"思之味"课程

"思之味"课程以数学、科学、综合实践为基础课程。"智味数学"重在培养学生逻辑思维和推理能力,启发学生找寻事物发展的规律。开设了以基础课程为主,以"乐算智算"、"乐画智创"、"乐动智思"、"乐学智用"为辅的系列课程。"知味科学"以科学学科为基础课程,以"奇妙科学"、"科学乐园"为辅修课程,注重培养学生的探究精神和创新能力。"玩味综合"以综合实践和信息技术为基础,以"探究大本营"、"实践总动员"和"万花筒"为辅修课程,重在培养学生的实践创新能力和良好的个性品质。

(四)"艺之味"课程

"艺之味"课程是以音乐、美术学科为基础。"美味音乐"以培养学生的音乐素养、审美能力为宗旨,建构了合唱、舞蹈、戏曲、小乐器、管乐为辅的音乐学科课程群。"雅味美术"以美术基础课程为主,以"魔术气球"、"装饰线描画"、"纸艺飞花"、"舞动色彩"

为特色辅助课程,重在培养学生的审美情趣和动脑、动手能力。

（五）"健之味"课程

　　"健之味"课程是以体育和健康教育为基础课程,以学校"火焰啦啦操"和"活力田径"为特色课程,以"花样跳绳"、"篮球宝贝"、"毽球飞扬"、"轻羽飞扬"为辅修课程,以大课间、趣味运动会、达标运动会为特色活动,鼓励学生到阳光下、到操场上、到大自然中去锻炼身体,陶冶情操,培养学生运动能力和体育精神,提高学生身心健康意识和社会适应能力。以下是我校"盛宴式课程"结构图(见图5-2)。

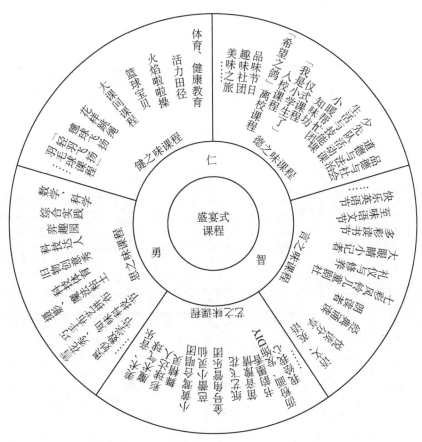

图5-2　金水区黄河路第三小学"盛宴式课程"结构示意图

三、学校课程设置

根据"盛宴式课程"结构,结合学科特点和学科优势,我们对"德之味"、"言之味"、"思之味"、"艺之味"、"健之味"五大类课程内容进行了系统设置,具体如下(见表5-2):

表5-2　金水区黄河路第三小学"盛宴式课程"设置表

学期＼课程	"德之味"课程	"言之味"课程	"思之味"课程	"艺之味"课程	"健之味"课程
一年级上学期	道德与法治 入校课程 入队课程 每月一个好习惯 三星一创 自己做真有趣 品味节日	语文 我和汉字交朋友 童心童绘 童蒙养正 一句话美好 好玩的游戏 虫虫变形计 悦读分享 至味语文节 多彩读书节	数学　科学 速算在心 巧手拼搭 整理房间 时间小主人 玩转纸陀螺 魔法磁铁 神奇的影子 精彩课间我做主 认识电脑新朋友 生活技能课	音乐 美术 叮咚唱游 DO RE MI 找朋友 芭蕾小精灵 舞精灵 会变的线条 快乐折纸 多彩美术	体育与健康 健康教育 火焰啦啦操 花样跳绳 大课间 运动会
一年级下学期	道德与法治 快乐的一天 结交好朋友 五星红旗升起 每月一个好习惯 三星一创 自己做真有趣 品味节日	语文 我和汉字交朋友 童心童绘 童蒙养正 一句话美好 我的好朋友 虫虫变形计 悦读分享 至味语文节 多彩读书节	数学　科学 巧算在心 百变七巧 垃圾分类 购物小能手 墨水变清水 魔法磁铁 我和春天有个约会 寻找生活中的标志 我是键盘小能手 生活技能课	音乐 美术 叮咚唱游 DO RE MI 找朋友 芭蕾小精灵 舞精灵 会动的线条 快乐折纸 多彩美术	体育与健康 健康教育 火焰啦啦操 花样跳绳 大课间 运动会
二年级上学期	道德与法治 今天我当家 快乐的小伙伴 我的小队我做主 每月一个好习惯 三星一创 我是生活小能手 品味节日	语文 汉字故事 童心童梦 《声律启蒙》 美绘写话 有趣的动物 豆豆特工队 悦读分享 至味语文节 多彩读书节	数学 乘之有诀 我会测量 十字路口 购物小达人 液浸标本 植物在成长 学习习惯小调查 风筝载着我的梦 交往一位"中文朋友" 生活技能课	音乐 美术 美妙的音符 指尖恰恰恰 金号角管乐团 芭蕾小灵仙 舞精灵 乖巧的线条 创意剪纸 多彩美术	体育与健康 健康教育 火焰啦啦操 花样跳绳 大课间 运动会

（续表）

课程　学期	"德之味"课程	"言之味"课程	"思之味"课程	"艺之味"课程	"健之味"课程
二年级下学期	道德与法治 今天我当家 快乐的小伙伴 我的小队我做主 每月一个好习惯 三星一创 我是生活小能手 品味节日	语文 汉字故事 童心童梦 《声律启蒙》 美绘写话 故事大王 豆豆特工队 悦读分享 至味语文节 多彩读书节	数学 除之有余 小小设计师 书悦我心 时间我做主 生命留影—植物标本 植物在成长 我与蔬菜交朋友 家务劳动我能行 初识 WPS 生活技能课	音乐 美术 美妙的音符 指尖恰恰恰 金号角管乐团 芭蕾小灵仙 舞精灵 有色的线描 创意剪纸 多彩美术	体育与健康 健康教育 火焰啦啦操 花样跳绳 大课间 运动会
三年级上学期	品德与社会 多彩的社团 快乐的小队活动 每月一个好习惯 三星一创 我是校园小主人 品味节日	语文　英语 词语荟萃 儿童文学系列作品 《笠翁对韵》 观察日记 校园趣谈 大眼睛小记者 悦读分享 至味语文节 多彩读书节 乐趣字母 缤纷色彩 礼仪修养	数学　科学 计算有妙招 乐拼巧搭 食之味 巧手测量 蚂蚁找家 科技体育 奇妙的水果 汽车博览会 "Word"诗词大赛 雪花秀 魔法黏土 巧手布艺拼布	音乐 美术 我是小小歌唱家 小黄莺合唱团 我是小小演奏家 金号角管乐团 维吾尔族风情 舞精灵 黑白线描1 立体折纸 书韵墨香 彩球达人 沥粉画	体育与健康 健康教育 火焰啦啦操 轻羽飞扬 大课间 运动会
三年级下学期	品德与社会 多彩的社团 快乐的小队活动 每月一个好习惯 三星一创 我是校园小主人 品味节日	语文　英语 词语荟萃 儿童文学系列作品 《笠翁对韵》 观察日记 奇思妙想 大眼睛小记者 悦读分享 至味语文节 多彩读书节 语音探秘 家族渊源 礼仪修养	数学　科学 巧算四则 对称之美 眠之味 租车学问 交通信号灯 科技体育 跟着节气去探究 交通与安全 创建网上的家 雪花秀 魔法黏土 巧手布艺拼布	音乐 美术 我是小小歌唱家 小黄莺合唱团 我是小小演奏家 金号角管乐团 维吾尔族风情 舞精灵 黑白线描1 立体折纸 书韵墨香 彩球达人 沥粉画	体育与健康 健康教育 火焰啦啦操 轻羽飞扬 大课间 运动会

（续表）

课程 学期	"德之味"课程	"言之味"课程	"思之味"课程	"艺之味"课程	"健之味"课程
四年级上学期	品德与社会 红领巾心向党 我的中队我做主 每月一个好习惯 三星一创 我是文明小使者 品味节日	语文 英语 成语锦集 中外名著 古诗词精选 生活随笔 畅所欲言话环保 朗读者 悦读分享 至味语文节 多彩读书节 书写小能手 小小整理家 礼仪修养	数学 科学 思前算后 奇思妙角 转盘转转转 神秘代码 食物中的营养物质 科技体育 生活中的小窍门 玩转沙包 电脑小画家 雪花秀 魔法黏土 巧手布艺拼布	音乐 美术 合唱之旅 小黄莺合唱团 欢乐颂 金号角管乐团 傣族的小孔雀 舞精灵 黑白线描2 多才刻纸 书韵墨香 彩球达人 沥粉画	体育与健康 健康教育 火焰啦啦操 毽球飞扬 大课间 运动会
四年级下学期	品德与社会 红领巾心向党 我的中队我做主 每月一个好习惯 三星一创 我是文明小使者 品味节日	语文 英语 成语锦集 中外名著 古诗词精选 生活随笔 七嘴八舌赞家乡 朗读者 悦读分享 至味语文节 多彩读书节 欢乐歌谣 配音小达人 礼仪修养	数学 科学 算24点 图形家族 趣味统计 优化方案 谁搭的桥最结实 科技体育 校园周边的食品安全 一元钱的体验 网上导游雪花秀 魔法黏土 巧手布艺拼布	音乐 美术 合唱之旅 小黄莺合唱团 欢乐颂 金号角管乐团 傣族的小孔雀 舞精灵 黑白线描2 多才刻纸 书韵墨香 彩球达人 沥粉画	体育与健康 健康教育 火焰啦啦操 毽球飞扬 大课间 运动会
五年级上学期	品德与社会 大队活动我献策 学校岗位体验营 每月一个好习惯 三星一创 日行一善 品味节日	语文 英语 趣说汉字 与名人对话 《论语》 读书笔记 甲方乙方 热点播报 悦读分享 至味语文节 多彩读书节 单词记忆王 玩转圣诞节 趣味英语节	数学 科学 分数巧算 奇妙的面积 游戏公平 鸡兔同笼 卵石的形成 科技体育 摄影 旧物创意秀 生活垃圾的研究 舌尖上的黄三 奇妙的幻灯片 科技达人 知味坊	音乐 美术 和谐之声 小黄莺合唱团 花儿乐手 金号角管乐团 小卓玛的一天 舞精灵 魅力线描 纸浮雕 发饰DIY 彩球达人	体育与健康 健康教育 火焰啦啦操 篮球宝贝 大课间 运动会

(续表)

课程 学期	"德之味"课程	"言之味"课程	"思之味"课程	"艺之味"课程	"健之味"课程
五年级下学期	品德与社会 大队活动我献策 学校岗位体验营 每月一个好习惯 三星一创 日行一善 品味节日	语文　英语 趣说汉字 与名人对话 《论语》 读书笔记 热点播报 我的梦想 悦读分享 至味语文节 多彩读书节 诵读经典 追忆四季 趣味英语节	数学　科学 分数我能行 立体涂色 小统计员 包装设计 气球动力小车 科技体育 摄影 旧物创意秀 谁不说俺乡好 校园文化探究 走进动画世界 科技达人 知味坊	音乐 美术 和谐之声 小黄莺合唱团 花儿乐手 金号角管乐团 小卓玛的一天 舞精灵 魅力线描 纸浮雕 发饰DIY 彩球达人	体育与健康 健康教育 火焰啦啦操 篮球宝贝 大课间 运动会
六年级上学期	品德与社会 社区服务我能行 有趣的职业体验 每月一个好习惯 三星一创 我是好榜样 品味节日	语文　英语 汉字之美 畅游经典 《中华经典诵读》 循环日记 我是演说家 儿童剧社 悦读分享 至味语文节 多彩读书节 我演我秀 走进感恩节 趣味英语节	数学　科学 计算能手 巧手绘图 家庭支出 反弹高度 有趣的光线变化 科技体育　摄影 旧物创意秀 月圆话中秋 拒绝二手烟 网络会客室 科技达人 知味坊	音乐 美术 我是中国人 小黄莺合唱团 奇妙的演奏 金号角管乐团 草原上的鸿雁 舞精灵 线描新境界 皱纹纸花 发饰DIY 彩球达人	体育与健康 健康教育 火焰啦啦操 活力田径 大课间 运动会
六年级下学期	品德与社会 离校课程 服务之星评选 每月一个好习惯 三星一创 我是好榜样 品味节日	语文　英语 汉字之美 畅游经典 《中华经典诵读》 循环日记 成长的故事 儿童剧社 悦读分享 至味语文节 多彩读书节 快乐周末 毕业之旅 趣味英语节	数学　科学 计算"大师" 百变化圆 莫比乌斯带 小小的细胞 科技体育 摄影 旧物创意秀 带着问题去春游 合理安排课余生活 网络会客室 科技达人 知味坊	音乐 美术 我是中国人 小黄莺合唱团 奇妙的演奏 金号角管乐团 草原上的鸿雁 舞精灵 线描新境界 皱纹纸花 发饰DIY 彩球达人	体育与健康 健康教育 火焰啦啦操 活力田径 大课间 运动会

第四部分　学校课程实施

　　课程实施是学校培养"仁、智、勇"品质少年的快乐过程,是教师"守望、温馨、美丽"的甜蜜历程,是学校落实"三味教育"的幸福进程。学校从"三味课堂"、"滋味学科"、"品味节日"、"趣味社团"、"美味之旅"五方面入手践行"三味教育"、"让每一个孩子享受有滋有味的成长过程"的理念,实现"盛宴式课程",见证"让每一个孩子享受学习的盛宴"。课程评价是学校"盛宴式课程"健康发展的指南针,课程实施与评价是学生核心素养发展的基础保障,让学校充分彰显育人特色。

一、构建"三味课堂",有效实施学校基础课程

　　"三味课堂"是黄河路第三小学"三味教育"的实践创新。"三味课堂"是有滋有味的课堂,是快乐民主的课堂,是丰富多元的课堂,是智慧超越的课堂。

(一)"三味课堂"的意涵与操作

　　"三味课堂"是超越的课堂,即生长的课堂,她是"三味课堂"教学目标的准确定位。她直指学生能力与品格的核心素养的内涵,培养"仁、智、勇"品质少年。在具体操作上,"三味课堂"的教学目标:科学把握,指向学科,准确描述,制定适切。师生在反思中自我超越,而课堂成为培养创新能力和塑造完美人格的圣地。

　　"三味课堂"是快乐的课堂,她是"三味课堂"教学文化的重要体现。在具体操作上,"三味课堂"尊重学生独特性,最大限度地运用学生喜欢的、最有效的学习方式进行有意义地学习,发展学生优良个性,让学生乐学,使课堂成为最愉快的学习体验。

　　"三味课堂"是民主的课堂,她是以生为本的师生关系的具体展现。"三味课堂"教学环境自主,师生相互欣赏、平等和谐。在具体操作上,教师努力为学生创造愉悦、和谐的教学氛围,唤起学生学习的自觉性和创造性,激发学生的学习积极性和主动性,使学生真正成为课堂的主人。

　　"三味课堂"是丰富的课堂,她是"三味课堂"教学内容的重要特征。不同层次的学生都能在丰富的课堂学习中有所收获和提高。在具体操作上,"三味课堂"的教学内容更加丰富,教师不满足于传统低效的教学,因而大胆创新教学方法和内容,教师能精选出具有创造性和发散性的有价值的问题,引导学生进行广泛地交流分享,汇集更多智慧。

"三味课堂"是智慧的课堂,她是"三味课堂"教学方法的独特之处。教师以智慧的教学方法启迪学生心灵,引发学生创造性地思考。在具体操作上,教师努力研究教法,由教会转为会教;学生成为智力活动的主体,由被动地学转为主动地探究。在教与学的互动课堂中,达到"以智启智"互动共赢的过程;在知识交流互动中潜移默化地实现"三维"目标。

"三味课堂"是多元的课堂,她是"三味课堂"教学评价的核心特征。即评价主体的多元、评价标准的多元、评价形式的多元。在具体操作上,坚持激励性原则,通过自评、互评等多方评价来引导学生的课堂学习活动,引导学生学会调整自己的学习行为。

"生本"是"三味课堂"的关注点,在课堂教学中应充分考虑学生的认知规律和心理特点,设计好激发学生学习热情、好奇心、求知欲的导入环节,为学习新知打好基础;"生本"是"三味课堂"的关注点,能灵活地根据教学内容的重点和难点,根据每一位学生发展的需要,充分发挥学生学习探究的主动性,在小组交流、质疑释疑、展示提升中掌握正确的知识要点,收获有效的学习方法;"生本"是"三味课堂"的关注点,教师通过不断研究"生本",从而超越教材,激活学生的思维,激发学生的创新热情,培养良好的学习习惯,让智慧得到升华。

(二)"三味课堂"的评价标准

依据"三味课堂"意涵,学校制定出以下评价标准(见表5-3):

表5-3　金水区黄河路第三小学"三味课堂"评价表

评价标准	优	良	合格	不合格	效果
	完全达到	基本达到	部分达到	少量达到或未达到	
激趣导入快乐民主15分	1. 带着启发学生已有知识、情感和经验为主的问题情境走入课堂,吸引学生快乐地投入到学习中去。 2. 通过创设情境,发现并形成合适的有价值的问题,启迪智慧。 3. 通过语言描绘、实物演示、多媒体课件等手段创设生动有趣,直观形象的情境,激起学生学习的积极性和兴趣。				
	15—13分	12—11分	10—9分	9分以下	

(续表)

评价标准	优	良	合格	不合格	效果
	完全达到	基本达到	部分达到	少量达到或未达到	
探究学习丰富智慧35分	1. 教师能大胆创新教学方法和内容,精选出具有创造性和发散性的有价值的问题,并对疑难问题进行梳理归纳,引导学生进行广泛地交流分享,汇集更多智慧。 2. 学生自主学习过程中,教师要发挥主导作用,勤于观察,适时给予指导和鼓励,并兼顾到各个层面的学生。 3. 学生能带着解决问题的喜悦去交流观点、质疑追问、自学探究,在解决问题过程中主动思考、积极体验。				
	35—30分	29—26分	25—21分	21分以下	
拓展延伸反思超越30分	1. 课中及时小结,重点针对核心目标,鼓励学生进行求异思维和个性展示,进行变式拓展。 2. 紧密联系生活实际,尝试运用所学知识和方法发现问题、解决问题,训练点明确,题型典型,内容分布有梯度。 3. 多引导学生解决非常规的和开放性的问题,培养学生的创造性思维,升华智慧。				
	30—26分	25—23分	22—18分	18分以下	
师生发展评价多元20分	1. 教师教学个性鲜明,课堂应变调控能力强,能激发学生的探究欲望,创设愉悦、求真、善创的教学氛围。 2. 学生学习过程充分,在自学和展示的过程中勇于发表自己的观点,并表现出一定的质疑能力,乐于听取和尊重别人的意见,有效进行小组合作。 3. 学生通过自评、互评等多方评价引导学生的课堂学习活动,使学生学会调整自己的学习行为。				
	20—18分	17—15分	14—12分	12分以下	

总评:(   )等级

智慧分享(亮点):	观课感悟(反思):

在具体的实施过程中,课堂教学评价表是"三味课堂"评价的标准,主要通过课堂教学观察、展评、校本教研活动等进行实施。评价表也是教师在日常教学工作中的依据和目标,引导教师关注课堂,关注学生,注重实践和反思,进一步提升教学能力。

二、建设"滋味学科",推进学科课程群开发

"三味教育"以"滋味学科"课程群建设为载体,推进学科课程有效实施。学科课程群是指国家规定的基础课程和教师根据基础课程设计并自主开发的适合学生发展需要的课程,形成了学校的特色课程群。

(一)"滋味学科"建设路径

学科课程群建设指的是教师围绕基础课程自主开发的延伸课程,具有基于学生需求、指向核心素养、突出学科特点等要素。打造"滋味学科"课程群,学校从两方面入手:一方面通过挖掘学科内部或学科之间的逻辑来建构专业的学科课程群,另一方面充分利用地域优势来拓展多门学科。各学科教师根据对学科的独特理解和独特优势开发课程,打造校本特色课程群。

1."至味语文"课程群

"至味语文"是学校"盛宴式课程"中最美的一道风味。旨在通过丰富多彩、有滋有味的课程,引导学生体验、发现、感悟语言文字的独特魅力,达到从品味语言到超越语言,从而转化为智慧,积淀文化内涵,实现审美愉悦,形成自己丰富的精神境界。它以语文学科为基础课程,开设了"趣味汉字"、"韵味阅读"、"妙味练笔"、"风味口语"、"珍味生活"系列课程。除了基础课程之外,"至味语文"课程设置具体如下(见表5-4):

表5-4 金水区黄河路第三小学"至味语文"课程设置

年级 课程 学期		趣味汉字	韵味阅读	妙味练笔	风味口语	珍味生活
一年级	上学期	我和汉字交朋友	童心童绘童蒙养正	一句话美好	好玩的游戏	虫虫变形记 悦读分享 多彩读书节 至味语文节
	下学期	我和汉字交朋友	童心童绘童蒙养正	一句话美好	我的好朋友	
二年级	上学期	汉字故事	童心童梦《声律启蒙》	美绘写话	有趣的动物	豆豆特工队 悦读分享 多彩读书节 至味语文节
	下学期	汉字故事	童心童梦《声律启蒙》	美绘写话	故事大王	
三年级	上学期	词语荟萃	儿童文学系列作品《笠翁对韵》	观察日记	校园趣谈	大眼睛小记者 悦读分享 多彩读书节 至味语文节
	下学期	词语荟萃	儿童文学系列作品《笠翁对韵》	观察日记	奇思妙想	
四年级	上学期	成语锦集	中外名著古诗词精选	生活随笔	畅所欲言话环保	朗读者 悦读分享 多彩读书节 至味语文节
	下学期	成语锦集	中外名著古诗词精选	生活随笔	七嘴八舌赞家乡	

（续表）

年级	学期＼课程	趣味汉字	韵味阅读	妙味练笔	风味口语	珍味生活
五年级	上学期	趣说汉字	与名人对话《论语》	读书笔记	甲方乙方	热点播报 悦读分享 多彩读书节 至味语文节
	下学期	趣说汉字	与名人对话《论语》	读书笔记	我的梦想	
六年级	上学期	汉字之美	畅游经典《中华经典诵读》	循环日记	我是演说家	儿童剧社 悦读分享 多彩读书节 至味语文节
	下学期	汉字之美	畅游经典《中华经典诵读》	循环日记	成长的故事	

2."智味数学"课程群

"智味数学"就是使学生在"乐思启智"的奇妙之旅中，进行数学思考，激发创造思维，让学生在学习中体会数学的奥秘。它以数学学科为基础课程，开设了"乐算智算"、"乐画智创"、"乐动智思"、"乐学智用"系列课程，重在培养学生的抽象思维、推理能力和创新实践能力。除了基础课程之外，以下是"智味数学"课程设置（见表5-5）：

表5-5　金水区黄河路第三小学"智味数学"课程设置

年级	学期＼课程	乐算智算	乐画智创	乐动智思	乐学智用
一年级	上学期	速算在心	巧手拼搭	整理房间	时间小主人
	下学期	巧算在心	百变七巧	垃圾分类	购物小能手
二年级	上学期	乘之有诀	我会测量	十字路口	购物小达人
	下学期	除之有余	小小设计师	书悦我心	时间我做主
三年级	上学期	计算有妙招	乐拼巧搭	食之味	巧手测量
	下学期	巧算四则	对称之美	眠之味	租车学问
四年级	上学期	思前算后	奇思妙角	转盘转转转	神秘代码
	下学期	算24点	图形家族	趣味统计	优化方案
五年级	上学期	分数巧算	奇妙的面积	游戏公平	鸡兔同笼
	下学期	分数我能行	立体涂色	小统计员	包装设计
六年级	上学期	计算能手	巧手绘图	家庭支出	反弹高度
	下学期	计算"大师"	百变化圆	旅游数学	莫比乌斯带

3."趣味英语"课程群

"趣味英语"以充满童趣快乐的学习为载体,以英语为基础学科,开设了"乐享英语"、"体验之旅"、"文化之旅"等系列课程,旨在培养学生学习英语的兴趣和语言能力。除了基础课程之外,以下是"趣味英语"课程设置(见表5-6):

表5-6　金水区黄河路第三小学"趣味英语"课程设置

年级、学期＼课程	乐享英语	体验之旅	文化之旅
三年级上学期	乐趣字母	缤纷色彩	礼仪修养
三年级下学期	语音探秘	家族渊源	礼仪修养
四年级上学期	书写小能手	小小整理家	礼仪修养
四年级下学期	欢乐歌谣	配音小达人	礼仪修养
五年级上学期	单词记忆王	玩转圣诞节	趣味英语节
五年级下学期	诵读经典	追忆四季	趣味英语节
六年级上学期	我演我秀	走进感恩节	趣味英语节
六年级下学期	快乐周末	毕业之旅	趣味英语节

4."雅味美术"课程群

"雅味美术"是将"雅"内化于心、外化于形。通过净化心灵、丰富人文精神内涵,以培养孩子的创造力、想象力、审美力为追求,以美术学科为基础课程,建构了"装饰线描画"、"纸艺飞花"、"舞动色彩"系列课程。除了基础课程之外,以下是"雅味美术"课程设置(见表5-7):

表5-7　金水区黄河路第三小学"雅味美术"课程设置

年级、学期＼课程	装饰线描画	纸艺飞花	舞动色彩		
一年级上学期	会变的线条	快乐折纸	多彩绘画		
一年级下学期	会动的线条	快乐折纸	多彩绘画		
二年级上学期	乖巧的线条	创意剪纸	多彩绘画		
二年级下学期	有色的线描	创意剪纸	多彩绘画		
三年级上学期	黑白线描1	立体折纸	书韵墨香	彩球达人	沥粉画

年级、学期＼课程	装饰线描画	纸艺飞花	舞动色彩		
三年级下学期	黑白线描 1	立体折纸	书韵墨香	彩球达人	沥粉画
四年级上学期	黑白线描 2	多才刻纸	书韵墨香	彩球达人	沥粉画
四年级下学期	黑白线描 2	多才刻纸	书韵墨香	彩球达人	沥粉画
五年级上学期	魅力线描	纸浮雕	发饰 DIY	彩球达人	
五年级下学期	魅力线描	纸浮雕	发饰 DIY	彩球达人	
六年级上学期	线描新境界	皱纹纸花	发饰 DIY	彩球达人	
六年级下学期	线描新境界	皱纹纸花	发饰 DIY	彩球达人	

5.“美味音乐”课程群

“美味音乐”以培养学生的审美能力为核心，引导学生感受美、鉴赏美、表现美。以音乐学科为基础课程，建构了“声之美”、“乐之美”、“舞之美”系列课程。除了基础课程之外，以下是“美味音乐”课程设置（见表5－8）：

表5－8　金水区黄河路第三小学“美味音乐”课程设置

年级、学期＼课程	声之美	乐之美	舞之美
一年级上学期	叮咚唱游 DO RE MI	找朋友	芭蕾小精灵 舞精灵
一年级下学期	叮咚唱游 DO RE MI	找朋友	芭蕾小精灵 舞精灵
二年级上学期	美妙的音符	指尖恰恰恰 金号角管乐团	芭蕾小灵仙 舞精灵
二年级下学期	美妙的音符	指尖恰恰恰 金号角管乐团	芭蕾小灵仙 舞精灵
三年级上学期	我是小小歌唱家 小黄莺合唱团	我是小小演奏家 金号角管乐团	维吾尔族风情 舞精灵
三年级下学期	我是小小歌唱家 小黄莺合唱团	我是小小演奏家 金号角管乐团	维吾尔族风情 舞精灵
四年级上学期	合唱之旅 小黄莺合唱团	欢乐颂 金号角管乐团	傣族的小孔雀 舞精灵

（续表）

年级、学期＼课程	声之美	乐之美	舞之美
四年级下学期	合唱之旅 小黄莺合唱团	欢乐颂 金号角管乐团	傣族的小孔雀 舞精灵
五年级上学期	和谐之声 小黄莺合唱团	花儿乐手 金号角管乐团	小卓玛的一天 舞精灵
五年级下学期	和谐之声 小黄莺合唱团	花儿乐手 金号角管乐团	小卓玛的一天 舞精灵
六年级上学期	我是中国人 小黄莺合唱团	奇妙的演奏 金号角管乐团	草原上的鸿雁 舞精灵
六年级下学期	我是中国人 小黄莺合唱团	奇妙的演奏 金号角管乐团	草原上的鸿雁 舞精灵

6."知味科学"课程群

"知味科学"是有感知、有探究、有实践的科学课程,让孩子们在体验中成为一颗科学的种子。它以科学学科为基础课程,开设了"奇妙科学"、"科学乐园"等系列课程,重在培养学生探究精神和创新能力,提升科学素养。除了基础课程之外,以下是"知味科学"课程设置(见表5-9):

表5-9　金水区黄河路第三小学"知味科学"课程设置

年级、学期＼课程	奇妙科学	科学乐园
一年级上学期	玩转纸陀螺	魔法磁铁
一年级下学期	墨水变清水	
二年级上学期	液浸标本	植物在成长
二年级下学期	生命留影——植物标本	
三年级上学期	蚂蚁找家	科技体育
三年级下学期	交通信号灯	
四年级上学期	食物中的营养物质	科技体育
四年级下学期	谁搭的桥最结实	
五年级上学期	卵石的形成	科技体育、摄影
五年级下学期	气球动力小车	旧物创意秀

（续表）

课程 年级、学期	奇妙科学	科学乐园
六年级上学期	有趣的光线变化	科技体育、摄影
六年级下学期	小小的细胞	旧物创意秀

7．"越味体育"课程群

"越味体育"以培养学生的运动兴趣、坚强意志和勇于超越的体育精神为目标，以体育与健康学科为基础，充分挖掘体育文化独特内涵，开设了"一校一品课程"、"辅修课程"、"社团及节日"等系列课程，重在增强学生体质健康，培养良好个性品质。除了基础课程之外，以下是"越味体育"课程设置（见表5-10）：

表5-10　金水区黄河路第三小学"越味体育"课程设置

课程 年级、学期	"一校一品"课程	辅修课程	社团及节日
一年级上学期	火焰啦啦操	花样跳绳	大课间、运动会
一年级下学期	火焰啦啦操	花样跳绳	大课间、运动会
二年级上学期	火焰啦啦操	花样跳绳	大课间、运动会
二年级下学期	火焰啦啦操	花样跳绳	大课间、运动会
三年级上学期	火焰啦啦操	轻羽飞扬	大课间、运动会
三年级下学期	火焰啦啦操	轻羽飞扬	大课间、运动会
四年级上学期	火焰啦啦操	毽球飞扬	大课间、运动会
四年级下学期	火焰啦啦操	毽球飞扬	大课间、运动会
五年级上学期	火焰啦啦操	篮球宝贝	大课间、运动会
五年级下学期	火焰啦啦操	篮球宝贝	大课间、运动会
六年级上学期	火焰啦啦操	活力田径	大课间、运动会
六年级下学期	火焰啦啦操	活力田径	大课间、运动会

8．"玩味综合"课程群

"玩味综合"让学生走进生活，自主探究，大胆创新。学生在玩中体验生活滋味，感受成长快乐。本课程群由综合实践和信息技术两部分组成，开设了"探究大本营"、"实践总动员"、"信息技术"、"万花筒"一系列课程,旨在培养学生的创新实践能力和良好的个性品质。除了基础课程之外,以下是"玩味综合"课程设置(见表5-11):

表5-11 金水区黄河路第三小学"玩味综合"课程设置

课程\年级、学期	探究大本营	实践总动员	信息技术	万花筒
一年级上学期	神奇的影子	精彩课间我做主	认识电脑新朋友	生活技能课
一年级下学期	我和春天有个约会	寻找生活中的标志	我是键盘小能手	
二年级上学期	学习习惯小调查	风筝载着我的梦	交往一位"中文朋友"	生活技能课
二年级下学期	我与蔬菜交朋友	家务劳动我能行	初识WPS	
三年级上学期	奇妙的水果	汽车博览会	"Word"诗词大赛	雪花秀 魔法黏土 巧手布艺拼布
三年级下学期	跟着节气去探究	交通与安全	创建网上的家	
四年级上学期	生活中的小窍门	玩转沙包	电脑小画家	雪花秀 魔法黏土 巧手布艺拼布
四年级下学期	校园周边的食品安全	一元钱的体验	网上导游	
五年级上学期	生活垃圾的研究	舌尖上的黄三	奇妙的幻灯片	科技达人 知味坊
五年级下学期	谁不说俺家乡好	校园文化探究	走进动画世界	
六年级上学期	月圆话中秋	拒绝二手烟	创意天地	科技达人 知味坊
六年级下学期	带着问题去春游	合理安排课余生活	网络会客室	

9."真味品德"课程群

"真味品德"课程是以"仁、智、勇"为目标追求,以道德与法治、品德与社会为基础课程,通过"德之体验"、"德之活动"、"德之节日",创造性地设计载体,浸润、感染学生,引导学生学做真人,实现品德的内在生成,同时实现自我构建和自我教育。除了基础课程之外,以下是"真味品德"课程设置(见表5-12):

表5-12 金水区黄河路第三小学"真味品德"课程设置

课程\年级、学期	德之体验	德之活动	德之节日
一年级上学期	"我是小学生了"入校课程 入队课程	每月一个好习惯 三星一创 自己做真有趣	教师节 国庆节 元旦 中秋节 重阳节 春节

（续表）

课程 年级、学期	德之体验	德之活动	德之节日		
一年级下学期	快乐的一天 结交好朋友 五星红旗冉冉升起	每月一个好习惯 三星一创 自己做真有趣	三八节 劳动节 六一节 建党节 建军节 元宵节 清明节 端午节		
二年级上学期	今天我当家 快乐的小伙伴 我的小队我做主	每月一个好习惯 三星一创 我是生活小能手	教师节 国庆节 元旦 中秋节 重阳节 春节		
二年级下学期	今天我当家 快乐的小伙伴 我的小队我做主	每月一个好习惯 三星一创 我是生活小能手	三八节 劳动节 六一节 建党节 建军节 元宵节 清明节 端午节		
三年级上学期	多彩的社团 快乐的小队活动	每月一个好习惯 三星一创 我是校园小主人	教师节 国庆节 元旦 中秋节 重阳节 春节		
三年级下学期	多彩的社团 快乐的小队活动	每月一个好习惯 三星一创 我是校园小主人	三八节 劳动节 六一节 建党节 建军节 元宵节 清明节 端午节		
四年级上学期	红领巾心向党 我的中队我做主	每月一个好习惯 三星一创 我是文明小使者	教师节 国庆节 元旦 中秋节 重阳节 春节		
四年级下学期	红领巾心向党 我的中队我做主	每月一个好习惯 三星一创 我是文明小使者	三八节 劳动节 六一节 建党节 建军节 元宵节 清明节 端午节		
五年级上学期	大队活动我献策 学校岗位体验营	每月一个好习惯 三星一创 日行一善	教师节 国庆节 元旦 中秋节 重阳节 春节		
五年级下学期	大队活动我献策 学校岗位体验营	每月一个好习惯 三星一创 日行一善	三八节 劳动节 六一节 建党节 建军节 元宵节 清明节 端午节		
六年级上学期	社区服务我能行 有趣的职业体验	每月一个好习惯 三星一创 我是好榜样	教师节 国庆节 元旦 中秋节 重阳节 春节		
六年级下学期	"希望之鸽"离校课程 社区服务之星评选	每月一个好习惯 三星一创 我是好榜样	三八节 劳动节 六一节 建党节 建军节 元宵节 清明节 端午节		

（二）"滋味学科"课程建设的评价

我们根据"滋味学科"的涵义，依据以下评价标准，在全校范围内评选"滋味学科"。

1. 展现独特的学科理念。注重提炼国家课程、地方课程和校本课程的校本化实施的学科理念，打造学科特色，培养"仁、智、勇"品质少年。

2. 有基于特色学科理念的学科建设方案。撰写基于特色学科理念的学科课程建设方案，不断加强学科团队建设。

3. 课程的内容丰富且多元。开设课程能真正满足学生不断发展的需求，让学生在学习的过程中体验快乐，启迪智慧，勇于超越。

4. 确保高品质的学科教学质量。确立准确的教学目标，设计丰富的课堂活动环节，以提高学生的自学能力和深度的课后反思为助推，打造"快乐、智慧、超越"的"三味课堂"。

5. 注重学科学习及学法指导。重视培养学生良好的学习习惯，充分发挥学生的主观能动性，对学生进行学习方法的指导，激发学生学习的积极性，让学生乐学、会学，促进学生主动发展。

6. 建设高效的学科教研团队。建立有效的学科团队教研机制和具有学校特色的校本研修机制，确立学科团队创新教研方式和内容，广泛交流教学经验，逐步形成较为优秀的学科团队，积极推动学科教学内容和方法的改进，促进教师个性发展并成为具有反思精神和实践研究能力的教学人才，从而提高学科品质，打造优质"滋味学科"。

三、"品味节日"课程建设方案

"品味节日"课程是"盛宴式课程"的一个组成部分。"品味节日"课程开展更多适合学生个性发展的节日主题活动课程，激发学生参与的兴趣，丰富学生的经历和情感。

（一）"品味节日"的主要类型

为了让每一个孩子在"盛宴式课程"中汲取营养、健康成长，我们以"传统节日"、"现代节日"、"校园节日"为内容开展"品味节日"课程的建设。

1. 传统节日

传统节日文化是中华璀璨夺目的古文化中一颗明珠，浓缩了华夏五千年的思想精粹，滋养着一代又一代炎黄子孙的心灵。加强对小学生进行传统节日文化教育，是爱国主义教育的一个重要组成部分。我们应该充分利用宝贵的传统节日文化财富，从孩子们抓起,让中华传统文化从小植根于孩子们的心中,循序渐进提高全民族的文化素养,陶冶人们的精神文化情操,为实现中华民族伟大的复兴之梦注入新的活力。以下是"传统节日"课程设置(见表5-13):

表5-13 金水区黄河路第三小学"传统节日"课程设置

时间	节日	主题	活动
一月	春节	舌尖上的年俗	春节饮食文化研究
		指尖上的年俗	春节窗花、年画、对联的研究
一月	元宵节	元宵喜乐会	共赏花灯、齐猜灯谜、元宵大会
三月	清明节	春天的思念	祭先烈、思先人、我和春天有个约会
五月	端午节	端午味	看龙舟、包粽子、做香包、念屈原
八月	中秋节	中秋味	做月饼、赏月亮、讲故事
九月	重阳节	敬老情	敬老人、献孝心

2. 现代节日

节日是生活中值得纪念的重要日子,现代节日包含着人们对美好生活的寄托和希望,我们开展"现代节日"课程引导学生关注生活,增强生活仪式感。以下是"现代节日"课程设置(见表5-14):

表5-14 金水区黄河路第三小学"现代节日"课程设置

时间	节日	主题	活动
一月	元旦	梦想我来了	1. 制作一份新年规划 2. 订下一个小小目标
三月	妇女节	亲爱的妈妈	1. 写一首送给妈妈的小诗 2. 给妈妈唱一支歌 3. 给妈妈说一句暖心的话 4. 为妈妈做一件力所能及的事
五月	劳动节	我能行	1. 生活技能大赛 2. 慰问身边劳动者
六月	儿童节	快乐六一	1. 我行我秀 2. 文化周展示

（续表）

时间	节日	主题	活　　动
七月	建党节	童心向党	1. 党的历史我知道 2. 我身边的好党员
八月	建军节	献给最可爱的人	1. 了解最可爱的人 2. 看一部中国人民解放军题材影片 3. 我是拥军小模范
九月	教师节	我的好老师	1. 学生最喜爱教师、最美教师评选 2. 送老师一张愿望卡
十月	国庆节	我爱你祖国	1. 举行庆国庆班班合唱、课堂小乐器比赛 2. 祖国和我征文比赛

3. 校园节日

校园节日是以学生的校园生活为依托，由学生自主设计的校园文化课程，充满了仪式感，增强了学生的责任心和参与度。以下是"校园节日"课程设置（见表 5-15）：

表 5-15　金水区黄河路第三小学"校园节日"课程设置

节日	主题	活　　动
感恩节	心怀感恩	感谢父母养育我，感谢学校教育我，感谢他人帮助我
安全节	安全伴我行	学习安全知识 制作安全小报 参加安全演练
环保节	争做环保小卫士	垃圾分类知识竞赛 我的环保日记
种植节	一粒种子的故事	参加种植活动 我的种植绘本
法制节	争做守法小公民	模拟法庭 参加网上少先队法律知识竞赛
金蔷薇艺术节	艺美少年	艺术节系列比赛活动 金蔷薇杯艺术节颁奖典礼
金香樟体育节	健体少年	体育节系列竞赛活动 金香樟杯体育节颁奖典礼
多彩读书节	家校共读　共品书香	读书节系列活动

(二)"品味节日"的评价要求

我们根据"品味节日"的教育目标,以评选"最受欢迎的'品味节日'"为契机,设计了以下形式进行评价:

1. 节日储蓄卡记录。让孩子们在参加一个节日活动之后,完成节日储蓄卡中相应内容,放入自己的节日课程成果袋。

2. 节日小报展评。每人选择一个自己最喜欢的节日,编制一张主题小报,参加展评活动。

3. 节日知识竞赛。孩子们积极参加节日知识竞赛,进行答题,答题可获得相应的积分,积分前 20 名可参与"节日之星"的评选。

4. 评选"节日之星"。每学期进行一次"节日之星"评选活动,重过程,重激励,重发展,倡导学生的自主参与意识。丰厚学生人文情怀和愉快自主的参与节日活动为标准,积极倡导学生自主参与在评价的过程中,以过程促发展。

四、创设"趣味社团",发展学生兴趣爱好课程

作为"德之味"、"言之味"、"思之味"、"艺之味"、"健之味"五大类课程的延伸,我们引导学生以兴趣为导向,自主成立"趣味社团"。通过丰富多彩社团活动的开展,开阔学生视野,陶冶学生情操,启迪学生思维,发展学生特长。引导学生参加社团,培养一种兴趣,学会一门知识,练就一项技能,体会成功,享受快乐。通过丰富多彩的社团活动,全面提高学生核心素质,培养"仁、智、勇"品质少年。

(一)"趣味社团"的基本目标

了解自我的兴趣爱好、能力特质,形成自我发展的目标,促进目标的实现;培养主动积极的学习态度和实践活动能力,形成自主学习的能力与方法,养成良好的学习、探究习惯;激发好奇心及观察力,善于从实际生活中发现和主动探索问题;树立民主平等意识,培养与他人合作学习的能力,形成团队精神,在学习活动中有自律意识和关心他人的情感与品德;培养学生自主管理的意识和领导能力,建立新型的师生关系;通过社团活动,构建健康的校园文化氛围,陶冶道德情操,涵养艺术情趣,提高科学素养,锻炼强健体魄,充实课余生活,促进身心全面发展。

(二)"趣味社团"的主要类型

为丰富校园文化生活,发展学生兴趣与特长,促进学生的全面发展,"趣味社团"分为"道德修养类"、"语言交流类"、"科技创新类"、"艺术表现类"、"体育健康类"五大类。以下是"趣味社团"类别表(见表5-16)：

表5-16　金水区黄河路第三小学"趣味社团"类别表

社团类别	社团名称
道德修养类社团	小暖帮忙团、知味坊
语言交流类社团	朗读者、七彩风铃儿童剧社、七彩风铃英语剧社、礼仪与修养、大眼睛小记者
科技创新类社团	奕趣园、科技达人、旧物创意秀、科技体育、摄影、魔法黏土、巧手布艺拼布、雪花秀
艺术表现类社团	彩球达人、舞精灵、小黄莺合唱团、咿呀戏韵、金号角管乐团、纸艺飞花、笛音豫情、书韵墨香、沥粉画、发饰DIY、我绘我心
体育健康类社团	活力田径、火焰啦啦操俱乐部、篮球宝贝、花样跳绳、毽球飞扬、轻羽飞扬

(三)"趣味社团"的实施

每年9月，在微官网举行"趣味社团"招募会。学校在微官网趣味社团版块展示各个社团主题海报，内容包括：社团名称、活动时间、活动宗旨、活动内容、招募要求等。有意向的学生可通过电子选课系统申报自己感兴趣的社团，社团根据自身需求对应征学生进行录取。学校全体教师均要参与社团辅导员竞聘，根据自身特长和兴趣与社团进行双向选择，社团也可在校外聘请辅导员或在家长中选聘。互选成功后由社团对辅导员颁发聘书。

各社团要管理规范，有丰富的社团活动。须在微官网"趣味社团"版块下建立自己的网上社团阵地。利用微官网，每次活动有电子签到、有活动记录、照片实时上传、有活动小结。所有网上社团存储资料将作为"优秀社团"评选的重要参考资料。在开展常规活动的同时，重视特色活动的开展。有明确的活动主题，开展有兴趣、有意义的主题实践活动。

每年6月，在学校文化周期间举行"趣味社团"成果展示，12月举行社团自评互评活动，并开展微官网"优秀社团"评选投票活动，获奖优秀社团在金蔷薇、金香樟杯颁奖典礼进行展示。

(四)"趣味社团"的评价要求

社团的健康发展必须充分调动社团活动的积极性、创造性，加强社团工作的制度

化、规范化,针对社团的活动及发展状况评选优秀社团。以下是"趣味社团"评价表(见表 5-17):

表 5-17　金水区黄河路第三小学"趣味社团"评价表

项目	"趣味社团"指标	得分	评估方式
社团机构与管理	1. 社团管理体制完善,机构设置合理,制定符合学生实际的社团建设实施方案。		1. 实地查看 2. 材料核实 3. 师生座谈 4. 活动展示
	2. 建立、健全并严格执行社团各项规章制度。		
	3. 社团会员人数适合,规模适度,成员资料档案齐全。		
	4. 指导教师认真负责。		
	5. 学生社团要突出学生的主体性和创造性,使学生在社团活动中自治自理、健康发展。		
	6. 社团活动空间固定,环境良好,有相应的文化建设。		
活动组织和开展	7. 经常和定期开展社团活动,组织有序,开通网上社团,有每次活动的电子签到记录、活动记录、照片、活动小结。		
	8. 社团活动内容丰富,形式多样,体现实践性和综合性,有利于培养和锻炼学生多方面的素质,再现和表现校园文化精神。		
	9. 社团成员或集体活动成果显著。		
	10. 活动取得良好的教育效果,在学生中有一定的影响。		

五、推行"美味之旅",落实研学旅行课程

"美味之旅"研学旅行是培养学生社会责任感、创新精神和实践能力重要的渠道和载体。在进一步认识开展"美味之旅"研学旅行工作对学生健康成长的重要意义的同时,学校从"身边的小美好"、"跟着二十四节气去旅行"、"诗和远方"三个层面进行"美味之旅"课程的实施。有效利用广泛的社会资源红色教育基地、传统文化教育基地、祖国大好河山、工厂、农村、企业、学校等,都可以作为"美味之旅"研学旅行的基地,让学生去看、去听、去感悟。

(一)"美味之旅"的实施

学校开展"美味之旅"研学旅行课程集中体现"立德树人"思想,做到"美"之润心、"味"之无穷、"旅"之成长、"行"之有道。"美味之旅"课程充分利用校内外资源体现目

标的多元性、内容的广泛性、时间空间的广域性、展示的多样性和评价的灵活性,结合学生认知能力和社会实际整合开发课程,保证课程的时效性,实现课程的生成。课程着眼于生活,把学生从最简单熟悉的生活层面引领到更加广阔的社会生活舞台,突出体验实践,培养学生创新精神和实践能力,变知识性的课堂教学为参与性的体验教学。

"美味之旅"课程实施过程中,要坚持安全第一,建立安全保障机制,明确安全保障责任,落实安全保障措施,完善预案制度,确保学生安全。

1."美味之旅"课程的原则

以"美味之旅"研学旅行资源及教学内容、方法和师资情况为基础,结合学生认知能力和社会实际整合开发课程,保证课程的时效性,实现课程的生成性;突出体验实践,培养学生创新精神和实践能力,变知识性的课堂教学为参与性的体验教学;着眼于生活实际的观察视角,把学生从最简单熟悉的生活层面引领到更加广阔的社会生活舞台,加强教育的生活性,突出生活的教育化程度;坚持安全第一,建立安全保障机制,明确安全保障责任,落实安全保障措施,完善预案制度,确保学生安全。

2."美味之旅"的实施方法

学校研发"身边的小美好"研学旅行课程,遵循寻找身边的美好的课程亮点,发掘周边资源。具体包括考察探究、社会服务、职业体验等。以下是"身边的小美好"活动安排表(见表5-18):

表5-18　金水区黄河路第三小学"身边的小美好"活动安排表

序号	主题	地点	目的
1	自然的小美好	紫荆山公园、人民公园、动物园、植物园	了解大自然,亲近大自然,热爱大自然
2	书香的小美好	河南省少儿图书馆、回声馆、大河书社	感受书的魅力,培养读书的好习惯
3	社区的小美好	消防体验中心、质检局质检中心、粮食厅幼儿园、34中学、地铁1、2、5号线	了解生活的社区,积极为社区服务
4	家乡的小美好	河南省博物院、黄河游览区、邙山游览区、嵩山少林寺、新郑祭祖大典	激发对家乡的热爱,增强环保意识

学校研发了"跟着二十四节气去旅行"研学课程。二十四节气,是指二十四时节和

气候。中国农业立国的 2 000 年里,二十四节气反映了季节变化,指导农事活动,影响着千家万户的衣食住行,"跟着二十四节气去旅行"课程将带领学生在对的时间遇见最美风景。以下是"跟着二十四节气去旅行"活动安排表(见表 5 - 19):

表 5 - 19 金水区黄河路第三小学"跟着二十四节气去旅行"活动安排表

序号	主题	节气	地点	目　的
1	春之色	立春、雨水、惊蛰春分、清明、谷雨	观天气万物品节气美食绘花草鱼虫书心灵感悟	通过寻春活动,知道春季节气,了解相应节气的民俗和节气特点,体验播种的快乐。
2	夏之香	立夏、小满、芒种、夏至、小暑、大暑	观天气万物品节气美食绘花草鱼虫书心灵感悟	通过闻夏活动,知道夏季节气,了解相应节气的民俗和节气特点,体会夏天耕种的辛劳。
3	秋之果	立秋、处暑、白露秋分、寒露、霜降	观天气万物品节气美食绘花草鱼虫书心灵感悟	通过尝秋活动,知道秋季节气,了解相应节气的民俗和节气特点,品尝秋天丰收的果实。
4	冬之味	立冬、小雪、大雪冬至、小寒、大寒	观天气万物品节气美食绘花草鱼虫书心灵感悟	通过品冬活动,知道冬季节气,了解相应节气的民俗和节气特点,总结一年的收获。

学校研发了"诗和远方"研学课程。一山一水、一草一木、一事一物、一情一景皆教育,"诗和远方"课程让学生走出校园,打造研学路上有课程、最好课堂在路上的特色。以下是"诗和远方"活动安排表(见表 5 - 20):

表 5 - 20 金水区黄河路第三小学"诗和远方"活动安排表

序号	主题	地点	目　的
1	跟着课本游中国	全国各地	通过游览课本中的祖国美景,体会书中文字跃然于眼前的快乐。
2	书山有路	河南省少儿图书馆、购书中心、回声馆	感受书的魅力、培养读书的好习惯。
3	舌尖上的中国	全国各地	观看舌尖上的中国,开展寻找美食文化之旅。

（二）"美味之旅"的评价要求

明确对学生"美味之旅"研学旅行的评定,主要是发展性评价:一看学生在研学过程中的表现,如情感态度价值观、积极性、参与状况等,可分等级记录在案,作为"优秀学生"评比条件。二看学生学习的成果,学生成果可通过实践操作、作品鉴定、竞赛评比、演出展示等方式呈现,优秀者记入学生成长记录袋中。以下是"美味之旅"研学旅行学生评价表(见表5-21):

表5-21　金水区黄河路第三小学研学旅行学生评价表

评价内容		评价标准	自评	组评	师评
研学准备	研学计划	充分准备、有计划			
研学过程	守时守纪	遵守时间和纪律要求			
	文明交往	与同伴文明交往			
	积极参与	积极参与各项活动			
	资料收集	能积极查阅资料			
	合作互助	能与同伴合作共享、互帮互助			
	创新精神	善于发现,有创新精神			
研学收获	成果展示	成果多样			
	学习收获	收获丰富			

总之,学校将秉承"三味教育"的教育哲学全面贯彻党的教育方针,坚持以学生的发展为本,深入实施素质教育,充分利用学校和社会的课程资源,优化课程结构,调动师生积极性,通过"三味课堂"、"盛宴式课程"和"品味德育",培养"仁、智、勇"品质少年,"让每一个孩子享受学习的盛宴",打造全面体现学校办学理念的特色课程体系。

（撰稿人：袁改云　陈伟伟　毛建伟　徐卉卉　王萌　杨柳青）

第六章

活动延伸：学校课程的张力

　　杜威认为：教育即经验的改组与改造。经验满足两个条件即可作为实践活动进入到学校课程中来，一是经验必须关注儿童的生长，将儿童的生长放在课程的中央；二是经验必须具有连续性，必须新鲜、有趣而且是连续的。关注儿童个体的成长，以适合儿童个体的连续的实践活动引领幼儿园课程的实施。幼儿园可以采用系列实践活动，提升孩子参与的积极性，落实杜威"做中学"的教育理念。实践活动是课程实施最富有灵性的方法，让孩子在实践体验中调动多种感官协调活动，动中学、学中做，拓宽知识视野，培养和发展特长，促进综合能力发展。总之，活动延伸可充实课程形态，使幼儿园课程体系永葆生机和张力。

小不点课程：每一个梦想都精彩

在美丽的梦想花园中,幼儿园教育者要做的就是让每一个梦想都开放得精彩。课程从幼儿的兴趣入手,关注幼儿的成长,发现幼儿的潜能优势,让他们的爱好更开放。课程是幼儿发现自我、认知自我的过程,课程是幼儿不断实践、不断探索的过程,让幼儿在开放的课程中,带着飞向天际的志向,做一个有想法、有行动力、更开放的人。可爱的小不点们从"小梦想"的实践中开始追逐"大梦想",在"大梦想"中体验开放多彩的自我!

郑州市金水区第一幼儿园是一所公办性质的省级示范幼儿园,始建于 1956 年,占地面积 4 398.78 平方米。幼儿园拥有 17 个教学班,教学辅助设施完善完备,拥有多种功能教室;同时结合幼儿园课程发展需要,设置了幼儿足球场、幼儿体操厅、种植小园地等富有幼儿园特色的场地。幼儿园还拥有一批由省级名师、省级骨干教师、高层次教师、市级骨干教师组成的高素质师资队伍。历年来荣获过"郑州市家长学校提高教育质量攻坚活动之夯实基础年达标单位"、"郑州市第二届、第三届校本课程先进单位"、"郑州市幼儿足球比赛一等奖"、"省、市级幼儿体操比赛一等奖"、"郑州市百园扶百园帮扶先进单位"、"河南省教育系统卓越家长学校"、"河南省校园足球示范园"、"全国啦啦操示范单位"、"全国雷锋杯幼儿足球特等奖"等多项荣誉。金水区第一幼儿园是幼儿们喜爱的、健康、安全、快乐的学园、健园、乐园、花园。

第一部分　幼儿园课程哲学

郑州市金水区第一幼儿园建于 1956 年,基于多年的办园经验和园所文化的传承,在幼儿园课程建设与发展中一直秉承"每一个梦想都精彩"的课程理念。

一、幼儿园教育哲学

我园的教育哲学是"梦想教育"。所谓梦想是对未来的一种期望,是一种让人感到坚持就是幸福的东西,甚至可以视为一种信仰。无论是足球明星,还是运动达人,每一个幼儿都会有"长大的梦想",每一个幼儿园的教育者也都想成为幼儿梦想的助力者。

"梦想教育"是点燃的教育,点燃幼儿"梦想",让幼儿发现自己的"梦想",并有为自己的"梦想"去努力的途径和方法。

"梦想教育"是阳光的教育,带给每一位幼儿童年的力量。

"梦想教育"是纯真的教育,带给每一位幼儿童年的温暖。

"梦想教育"是快乐的教育,带给每一位幼儿童年的幸福。

基于上述教育哲学,幼儿园确立了"点燃每一个幼儿的梦想"办学理念,努力为幼儿的童年插上梦想的翅膀,让幼儿度过真正快乐而有意义的童年。幼儿园的教育从来都不是知识的灌输,而是注重兴趣和能力的培养、生活能力的提高,这恰恰就是幼儿们梦想起航的"助燃剂"。幼儿园希望每一位幼儿都带着梦想全面和谐健康发展,找到自己的"燃料",为成就梦想而享受快乐童年,让无数的小梦想成就每个幼儿和每个家庭未来的希望。

【幼儿园的教育信条】

幼儿园坚信,梦想与生俱来;

幼儿园坚信,每个梦想都精彩;

幼儿园坚信,梦想足以改变世界;

幼儿园坚信,成长让梦想延展翅膀;

幼儿园坚信,为梦想插上翅膀是教育的神圣使命;

幼儿园坚信,点燃每一个幼儿的梦想是教师的幸福所在。

二、幼儿园课程理念

我园的课程理念——每一个梦想都精彩。幼儿园认为课程就是梦想实现的过程,无论你心中有什么样的梦想,在这里它都将精彩绽放。也许有时候幼儿的梦想就是将鸡蛋完整地从蛋壳里剥离出来;抑或是长大后想要成为一名科学家。在这个美丽的梦想花园中,在这个从来不缺梦想的地方,幼儿园教育者要做的就是让每一个梦想都精彩绽放。

课程即个性张扬。世界上没有完全相同的幼儿,每个幼儿都是独立的个体,即使他们在教师的眼里是个小不点,小不点的个性也应该被呵护、被发现、被认同。3—6岁是幼儿性格形成的关键期,课程让每一个幼儿都能发现独特的自己,张扬自己的个性,成为独一无二的自己。

课程即激发兴趣。不同性格的幼儿有着不同的兴趣,如果他对某个事情或者事物感兴趣,他就会主动地、积极寻找机会去探究、去参与,并且感到愉悦、好奇和有趣,表现出积极且自觉自愿的参与态度。启蒙阶段的小不点们的兴趣都是"珍宝",因此课程要充分激发幼儿的兴趣,挖掘幼儿的潜能优势,让幼儿们爱好更广泛,兴趣更浓厚。

课程即发现自我。幼儿们从家庭走入幼儿园,从小社会走进大集体,从"以自我为中心"到"以外界事物为中心",通过课程成就更有价值的自我,开发小不点的大价值,课程是幼儿发现自我、认知自我的过程,让幼儿们的想法有实现的可能,做一名有想法、有行动力的人。

课程即梦想桥梁。每一个家庭都有梦想,每一个幼儿都有梦想,如果没有实现梦想的途径和方法,梦想就会成为幻想。课程就是架起幼儿梦想的桥梁,课程就是帮助幼儿探索实现梦想的途径,让小不点感受每一个小梦想实现的兴奋和快乐,让为梦想而奋斗成为生活的常态。课程是筑梦的过程,架起梦想的桥梁,拉近想象与现实的距离,让幼儿做一名有梦并追梦的人。

基于幼儿园"每一个梦想都精彩"的课程理念,每一个幼儿都将成为有梦想的人,可爱的小不点们从"小梦想"开始去追逐"大梦想",由此确立幼儿园的课程模式为"小不点课程",在梦想教育的滋养下,小不点一定成就大梦想。

第二部分　幼儿园课程目标

幼儿园努力创造条件和机会让幼儿在和谐快乐的环境中激发兴趣、习得方法、培养品质;在阳光、积极、快乐的童年时光里健康成长,让每一个幼儿的每一个梦想都精彩。

一、幼儿园育人目标

幼儿园的育人目标——梦想满满，全面发展。主要包含健体、乐言、立德、启智、尚美五个方面，具体内涵如下：

动感健体：让梦想更阳光。

欢畅乐言：让梦想有翅膀。

乐和立德：让梦想有支撑。

创想启智：让梦想有力量。

多彩尚美：让梦想更多彩。

二、幼儿园课程设置目标

依照《幼儿园教育指导纲要》（以下简称《纲要》）和《3—6岁儿童学习与发展指南》（以下简称《指南》）的要求，根据幼儿园的育人目标，幼儿园将"梦想满满，全面发展"的育人目标进行了细化，形成了小、中、大三个年龄段的课程目标，具体如下（见表6-1）：

表6-1 郑州市金水区第一幼儿园"小不点课程"分年龄段目标

课程目标 年龄班 / 育人目标	小班	中班	大班
健体	情绪稳定，好习惯会生活，爱运动。	情绪愉快，好习惯乐生活，会运动。	会正确地表达和缓解情绪，好习惯趣生活，擅运动。
乐言	萌发想说、敢说、喜欢说的兴趣。	养成想说、敢说、喜欢说的习惯。	收获想说、敢说、喜欢说的能力。
立德	体验和同伴共处的乐趣，初步掌握基本的交往技能，能和睦相处。	理解社会行为规则的重要性，遵守规则，获得成功感，增强自信心。	知道自己的事情自己做，理解规则的意义，遇到问题会想办法，并能与同伴一起解决，有自信心。
启智	对事物产生好奇心，有初步探究欲望，感知生活中数的有用和有趣。	喜欢接触新事物，体验探究的乐趣，理解数、量及数量关系。	喜欢刨根问底，积极探究寻找问题答案，体验解决问题的乐趣，感知形状与空间的关系。
尚美	能初步感受并喜爱环境、生活和艺术中的美。	喜欢参加艺术活动，并能大胆地表现自己的情感和体验。	能用自己喜欢的方式进行艺术表现活动。

第三部分　幼儿园课程体系

根据幼儿园"梦想教育"的教育哲学,秉持"点燃每一个幼儿的梦想"的办园理念,幼儿园整体架构了幼儿园的"小不点"课程模式,从而实现"梦想满满,全面发展"的育人目标,促进"每一个梦想都精彩"的课程理念的落实。

一、幼儿园课程逻辑

幼儿园秉持"点燃每一个幼儿的梦想"的办园理念,以培养健体、乐言、立德、启智、尚美的"小不点"为育人目标,建立起"小不点课程"的逻辑架构(见图 6-1)。

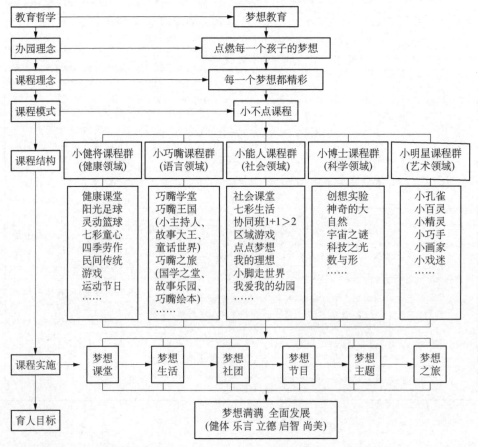

图 6-1　郑州市金水区第一幼儿园"小不点课程"逻辑图

二、幼儿园课程结构

以幼儿园的教育哲学和育人目标为指导,依托幼儿园健康、语言、社会、科学、艺术五大领域课程,幼儿园的"小不点"课程模式分别是:小健将课程、小巧嘴课程、小能人课程、小博士课程、小明星课程,具体结构如下(见图6-2):

图6-2　郑州市金水区第一幼儿园"小不点"课程结构图

根据"小不点"课程模式,有效利用幼儿园的资源,进行"小不点"课程的系统构建,并通过多种途径保证课程有效落实。

第四部分　幼儿园课程实施

幼儿园围绕"每一个梦想都精彩"的课程理念,通过"梦想课堂"、"梦想生活"、"梦想社团"、"梦想节日"、"梦想主题"、"梦想之旅"等途径,培养"梦想满满,全面发展"的幼儿,在"梦想教育"中启梦、育梦、筑梦。

一、落实梦想教育,推进幼儿园"小不点"课程建设

育人目标的落实需要以课程为依托。幼儿园教师根据自己所在的组别、自身的优势设计各领域的特色课程,采用多样化的实施方式,让幼儿养成良好的生活卫生习惯;良好的阅读习惯、学习习惯;形成基本的认同感、归属感;形成终身学习的态度和能力;表达对周围世界的认知和情感态度。以特色领域课程带动整体领域课程的良性发展,最终达成育人目标。

(一)"小不点"课程的内容与实施

幼儿园的"小不点"课程是由小健将课程、小巧嘴课程、小能人课程、小博士课程、小明星课程组成的五大领域课程群,多渠道促进梦想教育理念下"小不点"课程——每一个梦想都精彩的有效推进。

1. 建设小健将课程群(健康领域):动感健康,充满梦想的阳光和力量

根据《指南》对健康领域的要求,我园认为:健康领域应体现基础性的学科特点,遵循"健康第一"的原则,每一个幼儿都能以阳光的身心筑建自己的梦想,着力打造"梦想充满阳光,梦想充满力量"的健康领域课程群,具体设置如下(见表6-4):

表6-4 郑州市金水区第一幼儿园小健将课程群(健康领域)设置表

年段	学期	课程群板块			
		阳光足球	灵动篮球	四季劳作	身体(心理)健康
小班	上期	1.《波波球乐翻天》 2.《翻滚吧波波球》 3.《我的球宝宝》 ……	1.《小篮球真有趣》 2.《小篮球真好玩》 3.《小猪咕噜噜》 ……	1.《"稻草人"保庄稼》 2.《蛋蛋大挑战》 3.《摘果果,尝果果》 ……	1.《大手拉小手》 2.《幼儿园真好玩》 3.《我要上厕所》 ……
	下期	1.《捉老鼠》(一) 2.《捉老鼠》(二) 3.《过小河》 ……	1.《小猫做游戏》 2.《小螃蟹走路》 3.《球儿飞起来》 ……	1.《"百宝箱"里的工具》 2.《虫虫虫虫爬》 3.《种萝卜》 ……	1. 《开门、关门》 2.《快乐飞行员》 3.《他为什么肚子疼》 ……
中班	上期	1.《脚底按摩店》 2.《花样打地鼠》 3.《猫鼠游戏》 ……	1.《我们一起玩》 2.《小手真能干》 3.《我是小陀螺》 ……	1.《晒晒秋意浓》 2.《小小农夫种菜忙》 3.《给麦种宝宝盖被》 ……	1.《看谁听得清》 2.《我长大了》 3.《盲人摸路》 ……

(续表)

年段	学期	课程群板块			
		阳光足球	灵动篮球	四季劳作	身体(心理)健康
大班	下期	1.《威武大吊车》 2.《小球传输机》 3.《小小压路机》 ……	1.《小马运粮食》 2.《蚂蚁搬家》 3.《我的小巧手》 ……	1.《小工具,大帮手》 2.《种种乐》 3.《我会种种子》 ……	1.《肠胃小闹钟》 2.《大鞋追逐战》 3.《运动时穿什么》 ……
	上期	1.《小比赛》 2.《夺回领地》 3.《机灵的汽车兵》 ……	1.《小小运球员》 2.《我是运动员》 3.《小球快回来》 ……	1.《沤肥小能手》 2.《秋分到,摘棉花》 3.《粒粒金黄剥玉米》 ……	1.《看谁跳得高》 2.《换牙庆祝会》 3.《障碍我不怕》 ……
	下期	1.《越过金字塔》 2.《越过雕塑》 3.《我是球王》 ……	1.《我的小巧手》 2.《小手拍起来》 3.《士兵突击》 ……	1.《浇水除草我来忙》 2.《小小农夫真忙活》 3.《我是捉虫小能手》 ……	1.《我长大了》 2.《我长大了》 3.《看不见的细菌》 ……

课程实施对象为幼儿园小、中、大三个不同年龄班的幼儿,社团类课程为自选走班式课程,安排在固定时间的下午,由课程设计者组织实施;足球和篮球课程由专职体能教师组织实施;主题课堂和其他内容由班级教师组织实施。课程实施主要通过游戏的方式,引导幼儿在愿意参加体育活动的基础上,积极进行力所能及的体育锻炼,从而不断增强体质,进而愿意克服困难,促进顽强意志品质的形成。

2. 建设小巧嘴课程群(语言领域):欢畅语言,延展梦想高飞的翅膀

研究表明,幼儿期是语言发展,特别是口语发展的重要时期,它的发展贯穿于各个领域,因此,幼儿语言发展与其情感、经验、思维、社会交往能力等方面的发展密切相关,能否抓住这一阶段,学好语言,将对幼儿的终身发展产生深远的影响。依据《指南》对语言领域的课程要求,提出体现语言领域的核心要素是"欢畅语言",旨在引导幼儿乐于表达、畅所欲言。目的在于通过语言课程的设置与开展,让幼儿在欢乐的氛围中,自由表达想法,彰显个性;在沟通与交流中,感受语言的魅力,分享自己的快乐。具体设置如下(见表6-5):

表6-5 郑州市金水区第一幼儿园小巧嘴课程群（语言领域）设置表

年段	学期	课程群板块				
		小巧嘴王国			小巧嘴之旅		小巧嘴绘本
		小主持人	故事大王	童话世界	国学之堂	古诗乐园	
小班	上期	1.《啊呜》 2.《布娃娃》 3.《雪娃娃》 ……	《小公鸡和小鸭子》 1. 听故事 2. 复述故事 3. 表演故事	《小兔子乖乖》 1. 听童话剧 2. 看童话剧	三字经	1.《静夜思》 2.《暮江吟》 3.《江雪》 ……	1.《我妈妈》 2.《猜猜我有多爱你》 3.《袋鼠宝宝小羊羊》 ……
	下期	1.《小蚂蚁数米》 2.《小手变魔术》 3.《太阳和风》 ……	《孔融让梨》 1. 听故事 2. 复述故事 3. 表演故事	《三只蝴蝶》 1. 听童话剧 2. 看童话剧 3. 角色扮演和模仿	1. 三字经 2. 百家姓	1.《咏鹅》 2.《春晓》 3.《悯农》 ……	1.《我爸爸》 2.《世界上最好的爸爸》 3.《象老爹》 ……
中班	上期	1.《吃葡萄不吐葡萄皮》 2.《喷水壶》 3.《小兔开铺子》 ……	1.《小熊长大了》 2.《谁真的长大了》 3.《大毛毛虫去哪里了》 ……	1.《白雪公主》 2.《睡美人》 3.《青蛙王子》 ……	1. 三字经 2. 百家姓	1.《望月怀远》 2.《七夕》 3.《枫桥夜泊》 ……	1.《莎莉离水远一点》 2.《让我安静五分钟》 3.《是谁在门外》 ……
	下期	1.《荷花和青蛙》 2.《小兔子生病了》 3.《两只笨狗熊》 ……	1.《要认真地听》 2.《要大胆地说》 3.《要勇敢地问》 ……	1.《丑小鸭》 2.《水晶球》 3.《寻找黄金》 ……	1. 三字经 2. 百家姓 3. 弟子规	1.《游子吟》 2.《关山月》 3.《小池》 ……	1.《爸爸你在看我做什么》 2.《爸爸我要月亮》 3.《我的外公》 ……
大班	上期	1.《时令歌》 2.《枫桥夜泊》 3.《青玉案·元夕》 ……	1.《妈妈我能行》 2.《勇敢做自己》 3.《我能保护自己》 ……	1.《海的女儿》 2.《穿靴子的猫》 3.《蝮蛇和狐狸》 ……	1. 百家姓 2. 弟子规	1.《登高》 2.《饮酒》 3.《望岳》 ……	1.《妈妈的奶》 2.《我的妈妈真麻烦》 3.《小贝弟的大梦想》 ……

(续表)

年段	学期	课程群板块					
		小巧嘴王国			小巧嘴之旅		小巧嘴绘本
		小主持人	故事大王	童话世界	国学之堂	古诗乐园	
	下期	1.《角色扮演昆虫总动员》 2.《绕口令花与果》 3.《散文诗美丽的原野》 4.《故事选》	1.《猜猜我有多爱你》 2.《海的女儿》 3.《爸爸的拥抱》 ……	1.《灰姑娘》 2.《比目鱼》 3.《木屋奇遇记》 ……	1. 百家姓 2. 弟子规	1.《秋浦歌》 2.《竹枝词》 3.《忆江南》 ……	1.《小鲁的池塘》 2.《再见艾玛奶奶》 3.《讨厌黑暗的席奶奶》 ……

课程实施对象为幼儿园小、中、大三个不同年龄班的幼儿,社团类课程为自选走班式课程,安排在固定时间的下午,由课程设计者组织实施;主题课堂在上午的集体教学时间完成。"国学堂"、"古诗乐园"、"经典绘本阅读"的实施则通过餐前、餐后、下午教育活动、离园前的时间来实施;在形式多样的教育活动中,调动幼儿在语言方面的天分和能力,为提高幼儿语言发展的水平搭建学习、锻炼的场所和平台,让幼儿畅所欲言、快乐成长。

3. 建设小能人课程群(社会领域):乐和社会,爱生活有梦想

学前阶段的社会课程,有助于幼儿良好的社会性发展。这个时期是形成社会角色和认知重要时期,是幼儿学习怎样与人相处、怎样看待自己、怎样对待别人、逐步认识周围事物的重要阶段。具体设置如下(见表6—6):

表6—6　郑州市金水区第一幼儿园小能人课程群(社会领域)设置表

年段	学期	课程群板块			
		七彩生活	我的理想	小脚走世界	我们都是中国娃
小班	上期	1.《我会去超市》 2.《逛超市我不闹》 3.《超市里走一走》 ……	1.《"稻草人"保庄稼》 2.《蛋蛋大挑战》 3.《摘果果,尝果果》 ……	1.《我的家乡真好》 2.《家乡美》 ……	1.《新年的祝福》 2.《快乐的元宵节》 3.《欢欢喜喜庆元旦》 ……
	下期	1.《我家的房间》 2.《能干的小手》 3.《甜甜的招呼》 ……	1.《"百宝箱"里的工具》 2.《虫虫虫虫爬》 3.《种萝卜》 ……	1.《我爱我家》 2.《认识二七塔》 3.《我爱家乡美食》 ……	1.《快快乐乐过六一》 2.《红旗飘飘》 3.《端午到》 ……

（续表）

年段	学期	课程群板块			
		七彩生活	我的理想	小脚走世界	我们都是中国娃
中班	上期	1.《超市真方便》 2.《打电话》 3.《快乐的分享》 ……	1.《晒晒秋意浓》 2.《小小农夫种菜忙》 3.《给麦种宝宝盖被》 ……	1.《我爱家乡》 2.《家乡的特产》 3.《美丽的城市》 ……	1.《我爱国旗》 2.《我们一起贴对联》 3.《香香的月饼》 ……
	下期	1.《小鬼当家——买菜》 2.《小鬼当家——择菜》 3.《小鬼当家——洗菜》 ……	1.《小工具,大帮手》 2.《种种乐》 3.《我会种种子》 ……	1.《登邙山》 2.《好吃的野菜》 3.《家乡的桥》 ……	1.《美丽的吐鲁番》 2.《香香的粽子》 3.《我是中国人》 ……
大班	上期	1.《钱的故事》 2.《方便的生活用品》 3.《优惠券》 ……	1.《沤肥小能手》 2.《秋分到,摘棉花》 3.《粒粒金黄剥玉米》 ……	1.《家乡的变化》 2.《家乡的美食》 3.《家乡的农作物》 ……	1.《香香的茶》 2.《中国功夫》 3.《快乐重阳节》 ……
	下期	1.《遵守时间》 2.《特殊的日子》 3.《爱心义卖》 ……	1.《浇水除草我来忙》 2.《小小农夫真忙活》 3.《我是捉虫小能手》 ……	1.《美丽的CBD》 2.《火车拉来的城市》 3.《河南博物馆》 ……	1.《我们都是一家人》 2.《我是小小升旗手》 3.《我们的首都》 ……

小能人课程群中的"主题课堂"和"园史课程《我爱我的幼儿园》"由班级任课教师在上午的集体教学中组织实施;"七彩生活"和"我的梦想"在早餐后、集体教学活动前实施;"协同班1＋1＞2区域游戏"每周二、周四下午进行;"小脚走世界"则通过家园共育的方式,在各种假期完成,呈现形式是图文记录、同伴讲述。小能人课程从生活基础和实际需要出发,使幼儿能在生活和活动中体验、成长、收获,从而爱上生活,点燃梦想,点亮七彩童年之光。

4. 建设小博士课程群(科学领域):创想科学,在探究中点亮梦想

幼儿科学领域的学习是在探究具体事物和解决实际问题中,尝试发现事物间的异同和联系的过程。在对身边事物及自然事物的探究和运用数学学会解决实际生活问题的过程中,不仅获得丰富的生活经验,而且在初步尝试归类、排序、推理、判断中,逐步发展其逻辑思维能力,为其他领域的深入学习奠定了基础。具体设置如下(见表6-7):

表6-7　郑州市金水区第一幼儿园小博士课程群(科学领域)设置表

年段	学期	课程群板块				
		创想实验	神奇的大自然	宇宙之谜	科技之光	数与形
小班	上期	1. 认识乐高 2. 参观科学实验室 3. 有趣的影子 ……	1. 我爱小动物 2. 我是小园丁 3. 种大蒜 ……	—	1. 奇思妙想 2. 我的玩具车 3. 滑滑梯 ……	1. 图形宝宝 2. 叠叠高 3. 皮球圆又圆 ……
	下期	1. 看谁垒得高 2. 坚固的城墙 3. 小手摸一摸 ……	1. 种植萝卜 2. 树叶的秘密 3. 认识水果 ……	—	1. 颜色对对碰 2. 奇妙的纸 3. 旋转的陀螺	1. 找找长方形 2. 谁多谁少 3. 给娃娃送水果
中班	上期	1. 传声筒 2. 一半花园 3. 糖怎么不见了 ……	1. 豆宝宝发芽记(1) 2. 动物饲养员 3. 有趣的动物叫声 ……	1. 五颜六色的星空 2. 调皮的风 3. 星星的美妙故事 ……	1. 会变色的花 2. 神奇的管道 3. 会打电话的手机 ……	1. 玩具有多少 2. 几个朋友在一组 3. 小小设计师
	下期	1. 降落伞 2. 自制乌云 3. 动物手影游戏 ……	1. 豆宝宝发芽记(2) 2. 小动物怎样过冬 3. 好吃的蔬菜 ……	1. 影子的秘密 2. 收集雨水 3. 落下来	1. 搭建立交桥 2. 小车跑得快 3. 摩天大厦 ……	1. 学习排序 2. 空间方位辨别 3. 小瓢虫排排队 ……
大班	上期	1. 制作彩虹 2. 不同的塔 3. 制作钟表 ……	1. 胎生和卵生 2. 动物和天气 3. 植物的自我保护 ……	1. 怎么知道今天有风 2. 空气的力量 3. 日月食	1. 动画放映机 2. 漂浮的针 3. 电风扇	1. 认识梯形 2. 看图拼画 3. 藏起来的花瓣
	下期	1. 磁铁找朋友 2. 会发光的灯泡 3. 摩擦起电 ……	1. 食物链和食物网 2. 青蛙的生长 3. 挖野菜 ……	1. 你好,外星人 2. 八大行星 3. 火星的奥秘 ……	1. 机械总动员 2. 十字旋转门 3. 人工机器人 ……	1. 漂亮的果叶项链 2. 多变的电话号码 3. 路线图 ……

　　小博士课程群的主题课堂也是在上午班级教师组织的集体教育教学时间完成；"思社团"则通过幼儿的自选和走班来完成；"神奇的大自然"和"奥妙之旅"在餐前或者餐后时间来实施；"认知游戏"通过区角游戏来实施。科学领域的课程理念同样是基于

"梦想课程"的教育理念,帮助幼儿通过丰富多彩的实践探究活动,在"观察、归类、排序、推理、判断"的过程中提升科学探究的意识和能力,练就"灵活的大脑",用智慧浇灌梦想,用一步一步、脚踏实地的实际行动完成梦想。

5. 建设小明星课程群(艺术领域):多彩艺术,奏响梦想的最美旋律

艺术活动是人类创造美和表现美的重要形式之一。"小明星"课程群根据幼儿发展的需要和年龄特点,对幼儿进行有目的、有计划、有组织的音乐和美术方面的艺术熏陶,帮助幼儿在艺术活动中建立起以艺术创造力为核心的审美心理结构,从而提高其审美心理素质,促进其人格完善和社会化发展,具体设置如下(见表6-8):

表6-8 郑州市金水区第一幼儿园小明星课程群(艺术领域)设置表

年段	学期	课程群板块					
		小百灵	小巧手	小画家	小戏迷	小精灵	小孔雀
小班	上期	1. 我爱我的幼儿园 2. 小老鼠上灯台 3. 新年好 ……	1. 长长的面条 2. 有趣的饼干 3. 贺卡 ……	1. 美丽的小花被 2. 石榴 3. 花儿朵朵 ……	1. 小仓娃 2. 穆桂英挂帅 3. 红灯记 ……	1. 小手变变变 2. 这是小兵 3. 蔬菜汤 ……	1. 小手爬 2. 小鸭子 3. 网小鱼 ……
	下期	1. 两只小小鸭 2. 小鸡出壳 3. 袋鼠妈妈 ……	1. 有趣的饼干 2. 水果娃娃 3. 香喷喷的大米饭 ……	1. 许多籽的西瓜 2. 小鸭子游水 3. 鞋底的秘密 ……	1. 花木兰 2. 抬花轿 3. 牡丹亭 ……	1. 大象和小蚊子 2. 大雨和小雨 3. 两只老虎 ……	1. 小兔捉迷藏 2. 好饿的毛毛虫 3. 洗澡了 ……
中班	上期	1. 头发肩膀膝盖脚 2. 扮家家 3. 拍手唱歌笑呵呵 ……	1. 暖暖的地毯 2. 美丽的窗花 3. 冬天的树 ……	1. 笑得露出牙齿的脸 2. 秋天的树 3. 漂亮的毛衣 ……	1. 编花篮 2. 卖水 3. 空城计 ……	1. 瑶族舞曲 2. 爷爷为我打月饼 3. 库奇奇 ……	1. 滑稽的脚先生 2. 谁是小熊 3. 鸭子上桥 ……
	下期	1. 胡说歌 2. 三只小猴 3. 蘑菇伞 ……	1. 动物玩偶 2. 小鸭戏水 3. 种子粘贴画 ……	1. 运动的人 2. 我的脸 3. 漂亮的蝴蝶 ……	1. 朝阳沟 2. 贵妃醉酒 3. 霸王别姬 ……	1. 郊游 2. 小红帽 3. 荷包蛋 ……	1. 小雨和花 2. 大象和小蚊子 3. 大花猫和小老鼠 ……

(续表)

年段	学期	课程群板块					
		小百灵	小巧手	小画家	小戏迷	小精灵	小孔雀
	上期	1. 拉拉勾 2. 礼貌歌 3. 秋天多么美 ……	1. 我们一起做月饼 2. 贺年卡 3. 太阳帽 ……	1. 正在落叶的树 2. 橘子红了 3. 蚂蚁搬家 ……	1. 京剧脸谱 2. 智取威虎山 3. 梨花颂 ……	1. 绝世进行曲 2. 拔根芦柴花 3. 木瓜恰恰恰 ……	1. 熊和石头人 2. 切西瓜 3. 炒豆豆 ……
	下期	1. 小狗抬花轿 2. 小雨的梦 3. 买菜 ……	1. 渔网 2. 燕鱼 3. 纸面具 ……	1. 宝塔和亭子 2. 放风筝 3. 母鸡和小鸡 ……	1. 天上掉下个林妹妹 2. 刘海砍樵 3. 苏三起解	1. 雷神 2. 中国人民解放军进行曲 3. 花好月圆 ……	1. 包饺子 2. 顽皮的小绅士 3. 快乐的小圈圈 ……

小明星课程群的"主题课堂"和"地方特色课程"通过上午集体教育教学时间,由主班教师组织实施;"多彩社团"通过幼儿自选、走班的形式,在下午的教育活动时间实施。让幼儿在丰富的"小明星"艺术领域课程中感受美、表现美、创造美。

(二)"小不点"课程的评价

幼儿园依据《指南》要求,从情感与态度、行为与习惯、能力与发展三个方面结合五大领域的要求和课程目标设置"小不点"课程的评价指标,每个学期的开学初前测,学期末后测。每个幼儿都会有三年六个学期的评价,具体见表6-9。

二、创设"梦想生活",实现家园共育与融合

一日生活皆课程,"梦想生活"课程更是如此。幼儿园课程重在培养幼儿的兴趣和习惯,而良好的生活习惯一定是立足于每日生活中的。因此,幼儿园有责任引导幼儿在幼儿园养成良好习惯,并鼓励、引导将其代入日常家庭生活。

(一)"梦想生活"的课程设置

"梦想生活"课程是幼儿园独有的课程,幼儿们从早上来园,生活课程便开始了。入园的礼貌教育、餐前盥洗、进餐习惯、游戏常规养成、午睡习惯等,贯穿幼儿们一日的生活。

表6-9 郑州市金水区第一幼儿园"小不点"课程评价指标

年段	学期	评价内容	动感健康	欢畅语言	乐和社会	创想科学	多彩艺术
中班	上期	1. 情感与态度	情绪较稳定,在帮助下能适应集体生活。	愿意在熟悉的人面前说话;能大方地与人打招呼。	喜欢和小朋友一起游戏。	喜欢接触大自然,对周围的很多现象感兴趣。	喜欢参加各式各样的艺术活动。
		2. 行为与习惯	养成良好的作息习惯。	别人对自己说话时能注意倾听并做出回应。	自己能做的事情,愿意自己做。	对自己感兴趣的事物能够仔细观察,发现其明显特征。	经常自哼自唱、喜欢模仿有趣的动作,经常和声调;经常涂涂画画,粘粘贴贴并乐在其中。
		3. 能力与发展	能熟练使用勺子,尝试使用剪刀。	能听懂短小的儿歌或故事。	对幼儿园的生活好奇,喜欢上幼儿园。	能运用多种感官去接触物体。	能模仿学唱短小歌曲,能画出简单的线条和色彩。
	下期	1. 情感与态度	有比较强烈的情绪反应,能在成人的安抚下逐渐平静。	愿意表达自己的需要和想法;必要时能配以手势动作。愿意听他人讨论感兴趣的话题。	喜欢和小朋友一起游戏,有经常一起玩的小伙伴。	认识常见的动植物,能注意并发现周围的动植物是多种多样的。	喜欢观看音乐表演或其他艺术形式的美术作品。
		2. 行为与习惯	建立良好的初步的生活习惯。	爱护图书,不乱撕、乱扔。说话自然,声音大小适中。	知道自己是家庭成员中的一员。	能感知和体验天气变化对生活和活动的影响。	能用声音、动作、姿态模拟自然界的食单;能用简单的线条和色彩大体画出自己想画的人或事物。
		3. 能力与发展	能双脚上下楼梯,能双手向上抛球。	能根据画面说出图中有什么,发生了什么事等。	爱护玩具和其他物品。	感知和发现周围物体的形状是多种多样的,对不同的形状感兴趣。	会跟随熟悉的音乐做出身体动作,能用声音、动作、姿态模仿自然界的事物。

（续表）

年段	学期	评价内容 \ 评价领域	动感健康	欢畅语言	乐和社会	创想科学	多彩艺术
中班	上期	1. 情感与态度	经常保持愉快的情绪，不高兴时能较快地缓解。	在群体中能有意识地听与自己有关的信息，别人讲话时，能主动回应。	知道自己的优点和长处，对自己感到满意。	常常动手动脑探索物体和材料。	在欣赏自然界和生活环境中美的事物时，关注其色彩，形态等特征。
		2. 行为与习惯	每天按时睡觉和起床，并能坚持午睡。	喜欢把听过的故事或看过的图书讲给别人听。	喜欢自己所在的幼儿园和班级，积极参加集体活动。	能通过简单的调查收集信息。	经常唱唱跳跳，愿意参加歌唱，律动，舞蹈等活动；经常用绘画，捏泥，手工制作等多种方式表现自己的所见所想。
		3. 能力与发展	能在较窄的低矮物体上平稳地走一段距离。	愿意用图画，符号表达自己的愿望和想法。	敢于尝试，愿意分享，不依赖他人。	能用图画或其他符号进行记录。	能完整的演唱歌曲，能用绘画工具画出完整的线条或图案。
	下期	1. 情感与态度	愿意把自己的情绪告诉亲近的人，一起分享快乐或寻求安慰。	愿意与他人交往，喜欢谈论自己感兴趣的话题。	会用礼貌的方式向长辈表达要求和想法。	常常动手动脑探索物体和材料。	欣赏艺术品时会产生相应的联想和情绪反应。
		2. 行为与习惯	喜欢参加体育活动，知道简单的求助方式。	能在成人的提醒下使用恰当的礼貌用语，喜欢与他人一起讨论图书和故事的有关内容。	初步懂得简单的社会规则并能够遵守。	能通过简单的调查收集信息。	能用自然的，音量适中的声音演唱；能用绘画，手工制作等方式表现到观察到自己的事物。
		3. 能力与发展	能与他人玩追逐、躲闪跑跑的游戏。	能根据连续画面提供的信息，大致说出故事的情节。	能按照自己的想法进行一些游戏活动。	能用图画或其他符号进行记录。	能给自己熟悉的歌曲编词；能画出自己想象的事物。

（续表）

年段	学期	评价内容	动感健康	欢畅语言	乐和社会	创想科学	多彩艺术
大班	上期	1. 情感与态度	知道引起自己某种情绪的原因，并努力缓解。	听不懂或看者有疑问时能主动提问；愿意用自己的方式表达。	做了错事敢于承认，不说谎。	能尝试自己动手动脑寻找问题的答案。	喜欢模仿自然界和生活环境中有特点的声音，并产生相应的联想。
		2. 行为与习惯	主动保护眼睛，能自觉遵守基本的安全规则和交通规则。	能根据谈话对象和需要、调整说话语气。	愿意为集体做事，为集体的成绩感到高兴。	能尝试通过观察，比较与分析，发现并描述不同种类物体的特征或某个事物前后的变化。	艺术活动中能与人相互配合，也能独立表现。
		3. 能力与发展	能以手脚并用的方式安全地攀爬登架、网等。	能说出所阅读的幼儿文学作品的主要内容。	理解社会规则的意义并遵守，热爱生活。	能察觉到动植物的外形特征、习性与生存环境的适应关系。	能用基本准确的节奏和音调演唱。能用多种工具、材料表达自己的感受。
	下期	1. 情感与态度	能随着活动的需要转换情绪和情感。	愿意与他人讨论问题，敢在众人面前表达自己的想法。	主动承担任务，遇到困难能够坚持而不轻易求助。	能经常动手动脑找问题的答案。	积极参加艺术活动，有自己比较喜欢的艺术形式。
		2. 行为与习惯	会自己系鞋带，运动时能注意安全，不给他人造成危险。	懂得按次序轮流讲话，不随意打断别人。	通过实践活动，欣赏家乡的美和大发展，感到自豪。	能通过观察、分析，发现并描述不同类物体的特征或某个事物前后的变化。	乐于向别人展示自己的艺术作品，能在每一次艺术活动结束后将所用物品放回原处。
		3. 能力与发展	能连续跳绳。	能结合情境理解一些表示因果、假设等相对复杂的句子。	利用爱国电视节目或参加升旗活动，激发爱祖国的情感。	能主动观察动、植物的外形特征、习性与生存环境的适应关系。	能自编自演节目；能用自己的美术作品布置环境。

（二）"梦想生活"的评价要求

通过"梦想生活"课程的开展，为了考量幼儿是否拥有良好的生活、学习和行为习惯，幼儿园设立了小、中、大三个年龄段的评价指标，具体内容如下（见表 6 - 10、表 6 - 11、表 6 - 12）：

表 6 - 10　郑州市金水区第一幼儿园"梦想生活"小班幼儿评价指标

情感与态度	1. 亲近自然，喜欢自然界及生活中美的事物。 2. 喜欢欣赏多种多样的艺术形式和作品。 3. 喜欢参加体育活动，喜欢听故事、看图书。 4. 能够用简单的语言表达自己的喜好。 5. 愿意与人交往，与同伴友好相处。 6. 具有初步的爱集体、爱家乡、爱祖国的情感。
行为与习惯	1. 养成良好的进餐、盥洗、饮水、睡眠、如厕习惯。 2. 掌握正确的刷牙、漱口、洗手方法，做到餐前便后洗手、餐后擦嘴、漱口。 3. 不偏食、不挑食，安静就餐，不边吃边玩。 4. 养成良好的倾听、讲话习惯。 5. 入园和离园时，能主动使用礼貌用语向老师、家长和同伴问好、道别。
能力与发展	1. 能在教师指导下或在他人帮助下穿脱衣裤、鞋袜。 2. 有初步的安全意识，不做危险动作，不用器械与同伴打闹。 3. 自觉遵守基本的安全提示和交通规则。 4. 具有初步的运动常识，掌握走、跑、跳、投、攀、爬、钻的基本运动技能。 5. 具有一定的平衡能力，动作协调。 6. 具有初步的阅读理解能力，能看懂常见的图画、图标。 7. 具有初步的艺术表现能力，想象力丰富。

表 6 - 11　郑州市金水区第一幼儿园"梦想生活"中班幼儿评价指标

情感与态度	1. 亲近热爱大自然，喜欢欣赏多种多样的艺术作品。 2. 愿意用讲述、涂涂画画等形式表达自己的情绪和愿望。 3. 能适度表达情绪，不乱发脾气。 4. 喜欢并适应群体生活，能发现、表述同伴的优点和长处。
行为与习惯	1. 具有良好的生活与卫生习惯。 2. 乐于参与区域活动，能自主选择游戏内容、材料、同伴、角色、场地进行游戏。 3. 合理使用游戏材料，轻拿轻放，用后会归类整理，物归原处，摆放整齐。 4. 知道爱眼、护眼，坐姿、站姿规范。 5. 愿意与同伴分享游戏材料，遵守各项游戏规则。

(续表)

能力与发展	1. 能独立穿脱衣裤、鞋袜,按类别整理好自己的物品。 2. 对环境和气候的变化有一定的适应能力,知道根据冷暖增减衣物。 3. 能参与值日生工作,当好老师的小帮手。 4. 身体不适时能主动告诉老师。 5. 知道一些防火、防震等基本安全常识。 6. 动作协调灵敏,具有一定的力量和耐力。 7. 具有初步的阅读理解能力,能看懂常见的图画、图标并能清楚表达。

表6-12 郑州市金水区第一幼儿园"梦想生活"大班幼儿评价指标

情感与态度	1. 能自主自信的表达自己的爱好、兴趣和特长,对自己的积极表现感到满意。 2. 能够控制自己的情绪,处于不良情绪状态时,能在成人引导下快速缓解。 3. 能够善于发现同伴的优点和长处,接纳同伴、互相学习。 4. 喜欢中国传统文化,乐于了解我国主要民族、世界其他国家和民族的文化,理解和尊重文化的多样性和差异性,能与不同文化背景的人平等、友好相处。
行为与习惯	1. 具有良好的生活、卫生和饮食习惯。 2. 能够自主选择游戏内容、同伴、角色等,合理使用游戏材料,懂得分享,知道分工合作。 3. 在游戏中表现出积极主动、认真专注、不怕困难、敢于探究和尝试、乐于想象和创造的良好学习品质。 4. 能运用已有的经验尝试解决问题,坚持活动。 5. 乐于交流与分享自己的经验和想法。
能力与发展	1. 能独立自主地按类别整理自己的衣物、被褥和物品。 2. 喜欢并能够积极主动参与值日生工作,当好老师的小帮手。 3. 有基本的安全意识,知道重要的自我保护的方法和措施。 4. 自觉遵守基本的安全提示与交通规则,知道防雷、防电、防火等基本常识并能清楚表述。 5. 手的动作灵活协调,具有一定的力量、耐力和毅力,懂得坚持。 6. 具有初步的科学探究能力,能发现并描述生活中基本的科学现象,并尝试用数学方法解决问题。 7. 喜欢并能用自己喜欢的方式进行艺术活动,具有创造力。

班级教师根据评价指标,结合幼儿生活中的具体表现给予评价,达到90%以上评价指标的定为"优",达到70%以上评价指标的定为"良",达到60%以上评价指标的则定为"中"。完成测评后,教师还要根据班级的具体情况进行分析,并制定下一阶段的工作重点。

五、探索"梦想社团",让幼儿的活动丰富多彩

基于"点燃每一个幼儿的梦想"的办园理念,我园开展了丰富的社团课程。如果说"梦想课堂"是太阳,那么"梦想社团"便是"小不点课程"的星光,更是幼儿们展示自我的平台。

幼儿园有足球社团、篮球社团、体操社团、巧嘴社团、小主持人社团、小百灵社团、小孔雀社团、小画家社团、小巧手轻泥社团、爱乐精灵社团、小工匠社团等多个社团。

(一)"梦想社团"的实施

"梦想社团"让幼儿们的兴趣得到延展，由专任教师负责实施，安排在下午教育活动时间。活动内容安排具有系统性、科学性。每次活动目标明确(制定学期初活动计划)，期末结束上交相关材料(学生作品、过程性资料、评价、幼儿取得的成绩等)存档。

1. 梦想社团活动实施要求。社团活动实施做到"三定"，即定人数、定时间、定地点。所谓定人数，是在幼儿自愿的前提下，每个社团的人数控制在15—20人之间；定活动时间，指无特殊情况师生不得随意变动活动时间。定活动地点，指充分利用学校内的教育资源，固定上课地点，爱护幼儿园的设施、设备，并作好卫生保洁工作。"梦想社团"活动实施应做好家长工作，争取家长的支持和配合。

2. "梦想社团"课程安排。"梦想社团"的时间安排在"梦想课堂"之外的时间，有专任或者专职教师实施，具体内容如下(见表6-13)：

表6-13　郑州市金水区第一幼儿园"梦想社团"安排表

社团名称	负责教师	活动时间	活动地点
足球社团	足球专职教师	每周一、周三、周五 上午10：10—11：10	户外操场及 二楼大厅
篮球社团	篮球专职教师	每周一、周三、周五上午 10：10—11：10	户外操场及 二楼大厅
体操社团	体操教师	每周五下午3：10—4：10	音乐教室
巧嘴社团 (故事、童话)	语言组专任教师	周二、周四(间周) 下午秋季3：10—4：10 夏季3：40—4：40	二楼大厅
小主持人社团	语言组专任教师	周二、周四(间周) 下午秋季3：10—4：10 夏季3：40—4：40	二楼大厅
小孔雀舞蹈社团	音乐组专任教师	每周二、周四下午 秋季3：10—4：10 夏季3：40—4：40	舞蹈教室

(续表)

社团名称	负责教师	活动时间	活动地点
小画家美术社团	美术组专任教师	每周一、周三下午 秋季3：10—4：10 夏季3：40—4：40	美术教室
小巧手轻泥社团	美术组专任教师	每周一、周三上午 10：10—11：10	美艺教室
爱乐精灵 打击乐社团	音乐组专任教师	每周一、三、五下午 3：00—4：00	音乐教室
小工匠手工社团	美术组专任教师	每周二、周四上午 10：10—10：40	美艺教室

(二)"梦想社团"的评价

"梦想社团"的评价,除了课程实施中的过程性评价,比如小奖贴、口头表扬等教师评价;那么幼儿园中社团的学生家长,他们的评价才是"有始有终",具体评价表如下(见表6-14):

表6-14 郑州市金水区第一幼儿园"梦想社团"家长评价表

幼儿年龄班：_____

指标等级	优	良	中
活动目标的合理性			
活动设计的趣味性			
幼儿兴趣与参与度			
活动效果			

备注：请在您认为合适的地方打"√"

社团教师和主管领导要根据家长评价表的内容进行教研,分析存在的问题,并制定出相应的调整方案,在下一阶段的社团实施中进行纠正。

六、做活"梦想节日",感受节日教育的仪式感

"梦想节日"是每个幼儿小梦想实现的平台,而舞台恰好是幼儿最初的梦想。"梦想节日"给幼儿们展示的舞台,给幼儿的幼儿园生活增加仪式感。

（一）"梦想节日"的内容

"梦想节日"也有领域之分，幼儿园根据不同季节组织丰富多彩的节日活动。

健康领域有春、秋季亲子运动会，通过多种形式的亲子游戏活动，在增进亲子交往的同时，锻炼身体；足球嘉年华暨"园长杯"足球班级联则是根据幼儿园的足球活动开展的节日活动，包括足球操的展示、班级对抗赛、亲子足球赛。冬日暖阳三个"一"活动，分别是小班爬出一身汗（爬行）、中班拍出一身汗（拍球）、大班跳出一身汗（跳绳）；语言领域有故事比赛、童话表演，内容的选择一方面是幼儿的日常积累，另一方面是家长推荐的优秀绘本、童话读物；社会领域的秋实节则是结合秋季收获的不同农作物进行观察与劳动，毕业典礼季，新生入园活动，民俗传统节日，职业认知，园外社会实践；科学领域科创节的内容包括科学小制作展示、科学小常识展板、科学表演、科学场馆参观等多种形式；艺术领域的红歌节，内容包括符合年龄特点的指定曲目一首、自选曲目一首，六一嘉年华活动，戏曲进校园活动，围绕爱国、爱党、爱家乡进行选择。

（二）"梦想节日"的实施与评价

运动会是依据幼儿年龄特点组织全园幼儿和家长进行的亲子运动会，由幼儿园统一安排，各年龄班负责组织实施。幼儿园都会在固定的月份，开展大班"园长杯足球联赛"，带动全园足球活动的开展。冬季全园开展"冬日暖阳三个一活动"则是利用每天晨间锻炼时间，组织幼儿开展的体育活动。

语言领域的节日活动依托每年 5 月份举行全园幼儿的故事比赛、十月份进行童话节表演，由幼儿园各年龄班组织进行，评出"最佳表现奖"和"最佳参与奖"。

秋实节的活动是根据不同季节进行适宜的种植活动，观察不同植物的生长，在收获时，由班级教师组织各班幼儿进行秋实节的活动。

科创节借助六一活动，进行科学创意展示。同时通过师幼、亲子合作进行科学小制作，以游园的方式，幼儿自由选择喜欢的科学制作，自由"玩耍"，体现科学制作的乐趣。

红歌节是由各班教师组织，在每年的 12 月举行，通过班级小合唱、红歌"快闪"展开，评出各种奖项来鼓励幼儿的参与。

幼儿们在各种类别的节日中展示自己的成长与收获，在不同节日，根据幼儿的参与程度,为幼儿颁发各种证书,以示评价。

七、设立"梦想主题",打造精致主题式课程

"梦想主题"课程因主题统一,更考验教师们设计课程的能力。教师既要考虑主题,又要考虑幼儿的年龄特点。"梦想主题"课程结合幼儿的年龄段分为入园课程、毕业课程;结合节日或者节气又分为端午节主题课程、母亲节主题课程、迎国庆主题课程、冬至节主题课程、迎新年主题课程。

(一)入园课程

"入园课程"是小班的第一个课程,帮助幼儿适应新环境,减少幼儿入园初期的"分离焦虑"。"入园课程"分三个阶段,首先是幼儿未入园家长先入园阶段,家长入园培训了解幼儿即将面临的状况,给出解决的策略和方法;其次是幼儿半日入园适应环境和逐步分离阶段;最后是正常入园阶段。

此评价方式看幼儿适应幼儿园的情况,不进行表格式的量化评价,随幼儿们的心理状况适时调整课程的进度。

(二)毕业课程

"毕业课程"是大班的专设课程,进入大班后就开始了,根据大班幼儿的不同发展情况,整个大班学年又有不同的侧重点,具体内容包括:

1. 学习习惯的培养。陈鹤琴先生曾说过这样一句话:"习惯养得好,终生受其益;习惯养不好,终生受其累。"可见,习惯培养对人的一生是何等的重要。幼儿学习习惯的培养主要从四方面进行:一是培养幼儿乐于倾听的习惯,二是培养幼儿勇于发言的习惯,三是培养幼儿认真书写的习惯及正确的书写坐姿,四是培养幼儿的保持稳定注意力集中的习惯。

2. 参观小学。每年5月份为大班参观小学月。带领幼儿走进小学的课堂、功能室,参加小学的升旗仪式等,让幼儿们体验小学与幼儿园的不同,为顺利入学打下基础,满足幼儿们对小学生活的好奇。

3. 毕业典礼。每年6月的倒数第二周为大班毕业典礼周,幼儿们会进行毕业典礼的准备,填写毕业手册,进行毕业汇报,毕业汇报分为展板的前书写汇报和舞台的展示两个部分。毕业典礼即是毕业课程的评价。

六、探索"梦想之旅"，让课程落地生根接地气

"梦想之旅"带着梦想和希望，是幼儿实践探索的途径，也是幼儿最喜欢的方式，从教师创设情境引导学习转为幼儿自我发现和主动探索。

（一）"梦想之旅"的内容与实施

走进田间地头，感受四季的农作物和瓜果时蔬；了解动植物的生长，动手劳作，亲身感受劳动的快乐；走进爸爸妈妈的工作单位的同时，充分利用家长资源，请一些在医院、银行、消防队等地点工作的家长牵头，教师或家长委员会组织幼儿进入这些工作地点，体验他们的工作，感受职业的多样与不同。走进郑州的地标性建筑，了解当地的人文文化。走进科技馆、博物馆、气象台、图书馆，探索科技、历史、天文知识，徜徉知识的海洋。走进美食殿堂，利用亲子活动时间，通过家庭活动引导感受中西餐饮的不同，体验快餐文化，参与家庭美食的制作。

（二）"梦想之旅"评价

"梦想之旅"是幼儿们开心的经历，这种不同于"课"的模式，让幼儿在真实的生活体验中促进幼儿交际交往能力的发展，多方面的能力在这一过程中得到锻炼。"梦想之旅"需要家长的大力配合，家长需要成为幼儿活动的支持者、引导者、参与者。根据引领者的不同选择师评或者家长评价，评价表如下（见表6-15）：

表6-15　郑州市金水区第一幼儿园"梦想之旅"幼儿评价表

梦想之旅目的地：	时间：	带领者：教师/家长
评价指标	师评	家长评
参与梦想之旅的兴趣		
是否与小伙伴友好相处		
分享意识		
规则意识		
合作意识		
团队意识		

注：优秀☆☆☆　良好☆☆　一般☆　　　　　　　　（以上评价指标随活动而有选择性）

"梦想之旅"是幼儿们最喜欢的课程实施策略之一，它带着幼儿们的梦想，放大幼儿们的课堂，一同体验成长的快乐。

当符合幼儿需要的课程不断融入，当促进幼儿发展的经验不断丰富，幼儿园的课程也在不断的实践中更进一步的完备。梦想教育在美丽的梦想花园里带着一群可爱的"小不点"开放自我与思想，他们终将为梦想插上五彩的翅膀，在广阔的天空中放飞梦想、展翅翱翔！

（撰稿人：刘霞　魏书英　毕卫华）

第七章

多元评价： 学校课程的驱动

　　加德纳认为，人的智能不是一元的，而是多元的，且每种智能在每个人身上的表现程度和形式是不一样的。基于加德纳多元智能理论，学校课程可通过多种渠道、不同方式对学生进行评价，即实施多元评价。评价原本就是教学里的一环，是学习情境中的一部分，使其在自然参与的学习情境中及时发生，鼓励学生参与评价与自我评价，让学生以多种变通的方式展示特定的学习内容，在获取知识的同时，获得方法与能力的发展。课程评价是权衡校本化课程目标设置与达成、提高教育教学质量的重要因素之一。教师应拓展评价视角，跳脱僵化的纸上作业，采用自我评价和他人评价、量化评价和质性评价相结合等形式，让评价与学习同时发生。多元评价，让教师和学生成为共同的学习者，在课程学习中共同获得成长的体验；多元评价，是学校课程建设科学、规范前行的内驱力。

小绿叶课程：在这里，自由呼吸

　　基于"让每一个生命尽情舒展"的办学理念，强调顺应儿童天性，追求生命成长的动态平衡和持续发展，打造生机盎然、开放自然、和谐发展的教育。学校"小绿叶课程"以"在这里，自由呼吸"为课程理念，倡导课程即生命的场景，课程即自由的成长，课程即生命的萌动，课程即个性的飞扬。学校从"绿色课堂"、"绿色学科"、"绿色社团"、"绿色节日"、"绿色之旅"、"绿色专题"、"绿色整合"七个方面全方位推进"小绿叶课程"的实施。在实施过程中，根据不同主体，依托《小绿叶课程手册》，进行多维度、全方位的多元化评价。致力于培养"会参与，负责任；会学习，乐思考；会生活，有情趣"的"绿色少年"，让每个孩子在"绿色教育"的沃土上尽情舒展。

　　郑州市金水区黄河路第二小学位于黄河路西段84号，占地面积9 207平方米。学校现有教学班36个，教师队伍结构合理，教师素质精良。学校有200米塑胶环形跑道和两个标准化篮球场，科技活动室、录播室、心理咨询室、现代化图书馆、美术活动室等多个功能室，教育教学设施完备。学校曾多次评为省市级"绿色学校"、河南省体育传统项目学校、郑州市校本课程建设先进单位等。学校先后荣获全国啦啦操实验学校、河南省中小学群文阅读实践研究实验学校、河南省少儿阅读活动先进单位、郑州市校本课程建设先进单位、郑州市教育科研工作先进单位、郑州市毽球示范校、金水区三星红领巾示范标兵学校、金水区学生"能力生根"暨研究性学习先进单位、金水区教育艺术节艺术普及先进单位、金水区小学教育教学先进单位、金水区课堂文化形态建设先进单位等。

第一部分　学校课程哲学

　　学校教育哲学作为学校活动的灵魂，是学校行为的先导，涵盖了学校的使命、核心价值观和发展愿景。

一、学校教育哲学

学校的教育哲学为"绿色教育"。它强调的是要顺应儿童的天性,引导人的内在因素全面而主动地"发展",追求生命成长的动态平衡,强调教育的可持续发展。

"绿色教育"是生机盎然的教育。儿童,具有旺盛的生命力,他们永远充满生机、充满活力,让他们朝气蓬勃的成长,是"绿色教育"的使命。

"绿色教育"是开放自然的教育。绿色,是大自然的颜色。绿色教育就是要为儿童构建一个开放的自由生长的空间,让儿童在自然状态下与真实世界建立联结。

"绿色教育"是和谐发展的教育。"绿色教育"基于儿童的立场,遵循教育规律和儿童成长规律,追求生态、和谐、健康的教育,让教育回归本真。

基于此,我们将学校的办学理念确定为:让每一个生命尽情舒展。生命的意义,贵在自我觉醒,贵在孜孜以求,而"绿色教育"就是要给予每一个生命阳光和雨露,使其自由地、尽情地成长。

我们坚信,教育是绿色的事业;

我们坚信,学校是自由呼吸的地方;

我们坚信,每一个孩子都有无限的可能;

我们坚信,给予生命阳光和雨露是教育的使命;

我们坚信,让每一个生命尽情舒展是教育最美的图景。

二、学校课程理念

每一个孩子都有无限的可能,每一个孩子都蕴含着勃勃生机。学校课程建设就是让学生学会学习,不断看到新的自己;让学生健康生活,领略生命的快乐;让学生有责任有担当,发现自己存在的价值。学校课程建设将赋予孩子信心和力量。因此,我们的课程理念是:在这里,自由呼吸。

课程即生命的场景。这里是一片沃土,每一个生命如绿叶一般,沿着属于自己的方向生长;这里是一个充满生命气息的时空,打开儿童的视野,提供无限可能;这里有阳光雨露的滋养,为每一个孩子提供适合的教育;这里是爱和自由的空间,生命与生命之间的互动让彼此积蓄向上的力量。

课程即自由的成长。每一个孩子都是独特的,课程的价值就是释放孩子的天性,让其获得追求生命成长的自由。在这里,孩子们能够平等地表达自己的观点;在这里,有丰富的学习内容可供选择,有灵活多元的学习方式可供选用;在这里,孩子们具有追求自由的精神,更重要的是具备追求自由的能力。

课程即生命的萌动。孩子的生命是不可复制的。学校要教会孩子将目光投向大自然,将心灵的触角伸向那些细微之处,去感悟生命的内在意蕴,体味生命成长的喜悦。我们追求最好的教育是帮助每一个孩子去找到他们生命的价值。而课程,会让每一个生命再次萌动,再次生长。

课程即个性的飞扬。世界上没有完全相同的两片树叶。因为不同,所以美好,唯有不同,美好才有价值。课程就是成就孩子们自由多彩的发展。课程看得见每一个生命的需求,孩子们可以快乐成长;课程提供了诸多的选择,孩子们可以释放个性。课程的使命就是让这里的每一个人自由自在而又积极向上,以飞扬的个性为生命增添绚烂的色彩,唤醒内心深处追求成长的渴望与力量。

在"绿色教育"的阳光雨露润泽下,学校的少年如小绿叶一般,虽稚嫩但生机勃勃。因此,学校的课程模式为"小绿叶课程"。

第二部分　学校课程目标

只有课程读懂学生,才能实现课程的育人功能。育人目标是通过课程目标来达成的。因此,确立学校课程目标,必须先明确学校育人目标。

一、学校育人目标

学校致力于培养"会参与,负责任;会学习,乐思考;会生活,有情趣"的"绿色少年"。

会参与,负责任。新时代的发展不仅需要有觉醒力的孩子,更需要积极参与,敢于担当负责的少年。

会学习,乐思考。"学而不思则罔",会学习、爱思考的孩子更具创造力,能够在未来社会中有立足之地。

会生活,有情趣。教育源于生活,生活即是教育。热爱生活的孩子必定是健康阳光的,充满生机的,也必定是有追求、有情趣的。

二、学校课程目标

为了实现学校育人目标,我们将课程目标细化为低中高年级段目标,具体见表7-1。

表7-1 金水区黄河路第二小学"小绿叶课程"分年级段课程目标

育人目标＼课程目标＼年级	低年级	中年级	高年级
会参与负责任	热爱班级和学校,愿意为集体奉献自己的力量。对父母及老师的付出心存感谢,会与同伴和睦相处。	热爱家乡,热爱祖国,能够真诚对待家人、老师和同学,能够互相尊重,维护自己和他人的尊严。	能给周围的人带去快乐,会管理自己的情绪。积极参与社会实践活动。能够建立初步的世界观、人生观。
会学习乐思考	热爱学习,基本养成良好习惯。好奇心强,有浓厚的学习兴趣,对大自然感兴趣,并且初步具备"好学乐思"的精神。有意识地尝试用多种学习方法解决同一问题,具备初步的自主学习意识。	能够从学习中找到乐趣,有适合自己的学习方法,能够独立思考,会表达自己的感受和观点。能够对自己学习状态进行审视并总结,能根据具体的问题情境,有意识地选择或调整自己的学习策略和方法。	能够积极主动地投入到各种学习活动中。能够根据问题情境,自觉、有效地获取、评估、鉴别、使用信息和学习方法。初步形成终身学习的意识和能力。
会生活有情趣	会从"收拾自己书包"这样的小事开始锻炼生活自理能力。喜爱体育运动,有健康的饮食习惯。喜爱美的事物,穿衣得体,美观大方。充满想象力,愿意自己制作的小手工来给生活增添乐趣。	具备一定的生活能力,能够照顾自己,合理安排作息时间。能够对自己学习和生活做短期的规划。会通过进行一种体育活动养成良好的运动习惯。会简单演奏一种乐器,有一定的欣赏能力。	会安排自己的各项学习及生活活动,具有终身体育的能力,在运动中体会团队合作的重要性,并磨练意志。具备一定的艺术综合素养,愿意展示自己的艺术特长。能够体会到科技带来的飞速发展,在生活和学习中会使用互联网。

第三部分 学校课程体系

根据学校"绿色教育"的教育哲学,以及"让每一个生命尽情舒展"的办学理念,我们整体建构了学校课程体系,体现学校"在这里,自由呼吸"的课程理念,力求通过课程体系建构实现学校"绿色少年"的育人目标。

一、学校课程逻辑

我们遵循"让每一个生命尽情舒展"的办学理念,以培养"会参与,负责任;会学习,乐思考;会生活,有情趣"的"绿色少年"为育人目标,建立起"小绿叶课程"的逻辑架构,见图7-1。

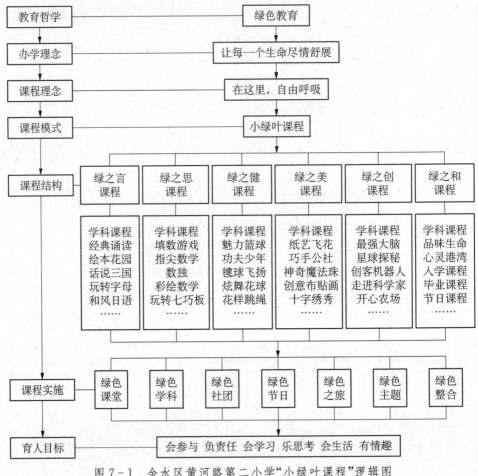

图7-1 金水区黄河路第二小学"小绿叶课程"逻辑图

二、学校课程结构

依据学校教育哲学及育人目标,学校的"小绿叶课程"分为六大类,分别是:绿之言课程(语言与交流类)、绿之思课程(逻辑与思维类)、绿之健课程(运动与健康类)、绿

之美课程(艺术与审美类)、绿之创课程(自然与科技类)、绿之和课程(自我与社会类)，
具体结构见图7-2。

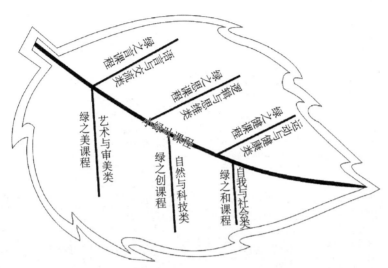

图7-2　金水区黄河路第二小学"小绿叶课程"结构图

三、学校课程设置

根据六大课程门类,学校对一至六年级十二个学期的课程内容进行了具体设置,
见表7-2。

表7-2　金水区黄河路第二小学"小绿叶课程"分年级分学期具体课程设置

课程门类 年级、学期	绿之言课程 (语言与交流类)	绿之思课程 (数理与逻辑类)	绿之健课程 (运动与健康类)	绿之美课程 (艺术与审美类)	绿之创课程 (自然与科技类)	绿之和课程 (自我与社会类)
一年级 上学期	语文 三字经 绘本花园 猜猜我是谁 你问我答 认识商品名字 我是小小气象员 趣阅绘本	数学 有趣的火柴 我说你搭 有趣的分类 巧玩扑克牌 七巧板	体育 篮球乐 开心家园 欢乐体操 围棋	音乐 绿缘葫芦丝 轻歌细语 初探梨园 美术 纸撕画——有趣人脸 趣味折纸(1) 玩转彩泥	科学 科学小儿歌	道德与法治 综合实践 心理健康 我爱我家 入学课程 礼仪课程 安全课程 绿色节日 礼仪之行

（续表）

课程门类 年级、学期	绿之言课程 （语言与交流类）	绿之思课程 （数理与逻辑类）	绿之健课程 （运动与健康类）	绿之美课程 （艺术与审美类）	绿之创课程 （自然与科技类）	绿之和课程 （自我与社会类）
一年级 下学期	语文 古诗十五首（一） 识字大擂台 童诗润童心 请你帮个忙 彩绘故事 小小故事家 趣阅绘本	数学 模拟文具店 玩转七巧板 有趣的分类 填数游戏 七巧板	体育 篮球乐 开心家园 欢乐体操 围棋	音乐 绿缘葫芦丝 轻歌细语 初探梨园 美术 纸撕画—— 漂亮的建筑 趣味折纸（2） 玩转彩泥	科学 走近科学家	道德与法治 综合实践 心理健康 我爱我家 礼仪课程 安全课程 绿色节日
二年级 上学期	语文 声律启蒙 攻克字典 童话阅读 有趣的动物 我喜欢的玩具 一张票的学问 快乐拼读 ABC	数学 百变人民币 有趣的测量 学会学习	体育 篮球缘 柔韧比拼 灵动韵律 五子棋	音乐 绿情葫芦丝 古韵新声 梨园芬芳 尤克里里 非洲鼓 美术 趣味拼贴 可爱的动物 七彩纸绳（1） 童心塑彩泥	百变纸盒 万花筒 海洋的秘密 动物大百科	道德与法治 综合实践 心理健康 可爱校园 礼仪课程 安全课程 绿色节日
二年级 下学期	语文 古诗十五首（二） 成语王国 儿童古诗 能说会道 神奇的大自然 小鬼当家 快乐拼读 ABC	数学 钟表里的学问 图形变变变 零用钱小调查 有趣的搭配 学会学习	体育 篮球缘 柔韧比拼 灵动韵律 五子棋	音乐 绿情葫芦丝 古韵新声 梨园芬芳 尤克里里 非洲鼓 美术 趣味拼贴 美丽的昆虫 七彩纸绳（2） 童心塑彩泥	纸箱变变变 变废为宝 走进雪山 动物大百科	道德与法治 综合实践 心理健康 变废为宝 可爱校园 礼仪课程 安全课程 绿色节日
三年级 上学期	语文 大学 帮字找朋友 神话与传说 畅所欲言 绘声绘影 观察日记	数学 时间的秘密 有趣的火柴 小小测量员 搭配中的学问 学会学习	体育 篮球美 你追我赶 炫舞花球 魅力篮球 花球宝贝 快乐跳绳	音乐 绿意葫芦丝 民歌曲韵 豫声剧院 尤克里里 非洲鼓 梦想合唱团	科学 最强大脑 创客机器人 小牛顿实验室	道德与法治 综合实践 心理健康 活力金水 礼仪课程 安全课程 绿色节日

（续表）

课程门类 年级、学期	绿之言课程 （语言与交流类）	绿之思课程 （数理与逻辑类）	绿之健课程 （运动与健康类）	绿之美课程 （艺术与审美类）	绿之创课程 （自然与科技类）	绿之和课程 （自我与社会类）
	有趣的汉字 英语 初识绘本 一周一儿歌 大嘴英语 玩转字母 小小旅行家 大嘴英语			美术 装饰画—— 小纸伞 纸艺花(1) 墨韵书法 神奇魔法珠 绘美社		中国美食
三年级 下学期	语文 古诗二十首(一) 猜字谜 诗情画意 声临其境配音秀 生活日记 恐龙世界 英语 初识绘本 一周一儿歌 大嘴英语 玩转字母 小小旅行家 大嘴英语	数学 巧算乘法 快乐剪纸 小小调查员 明星设计师 学会学习	体育 篮球美 你追我赶 炫舞花球 魅力篮球 花球宝贝 快乐跳绳	音乐 绿意葫芦丝 民歌曲韵 豫声剧院 尤克里里 非洲鼓 梦想合唱团 美术 装饰画——唐 风扇子 纸艺花(2) 墨韵书法 神奇魔法珠 绘美社	科学 巧巧手 创客机器人 小牛顿实验室	道德与法治 综合实践 心理健康 活力金水 礼仪课程 安全课程 绿色节日 中国美食
四年级 上学期	语文 汉字六书 童声诗韵 我们去旅游 奇语妙言 古韵春联 汉字六书 英语 趣读绘本 一周一故事 大嘴英语 图文表意 餐桌上的文化	数学 神奇的括号 玩转"活动角" 幸运大转盘 滴水试验 巧思数工坊	体育 篮球风 勇闯难关 功夫少年 魅力篮球 快乐跳绳 不"毽"不散	音乐 绿音葫芦丝 绿芽合唱 豫声剧院 梦想合唱团 美术 趣味剪纸 吉祥纹样 魅力衍纸(1) 漫世界 布艺花朵 绘美社	科学 信息技术 环境大调查 打字小游戏 创客机器人 PPT制作 探绿之旅	品德与社会 综合实践 心理健康 美丽郑州 礼仪课程 安全课程 绿色节日 国家宝藏

（续表）

课程门类 年级、学期	绿之言课程（语言与交流类）	绿之思课程（数理与逻辑类）	绿之健课程（运动与健康类）	绿之美课程（艺术与审美类）	绿之创课程（自然与科技类）	绿之和课程（自我与社会类）
四年级 下学期	语文 古诗二十首（二） 有趣的多音字 话说三国 帮他出主意 我是小老师 星光影院 汉字六书 英语 趣读绘本 一周一故事 大嘴英语 图文表意 餐桌上的文化	数学 计算大比拼 神奇的内角和 生活中的统计 优化问题 巧思数工坊	体育 篮球风 勇闯难关 功夫少年 魅力篮球 快乐跳绳 不"毽"不散	音乐 绿音葫芦丝 绿芽合唱 豫声剧院 梦想合唱团 美术 趣味剪纸—— 巧用对称形 魅力衍纸（2） 漫世界 布艺花朵 绘美社	科学 信息技术 星球探秘 我是小画家 创客机器人 PPT制作 探绿之旅	品德与社会 综合实践 心理健康 美丽郑州 礼仪课程 安全课程 绿色节日 国家宝藏
五年级 上学期	语文 论语 归类结构字 论水浒英雄 "语"妙天下 佳作有约 "字"有玄机 文化"剧"风 盛词流光 英语 经典阅读 小小演说家 English Salon 主题表达 节日嘉年华	数学 神奇的规律 我的地盘我做主 图形中的问题 成长的脚印 数学思维训练	体育 篮球炫 大力神手 花样跳绳 魅力篮球 不"毽"不散 武术社 快乐跳绳	音乐 绿悦葫芦丝 绿叶合唱 京腔京韵 美术 变废为宝—— 创意造型 纸造型（1） 趣味三角折纸 纸艺飞花	科学 信息技术 模型大比拼 神奇的编程世界 创客机器人 开心农场 PPT制作	品德与社会 综合实践 心理健康 老家河南 礼仪课程 安全课程 绿色节日 我爱缝纫
五年级 下学期	语文 论语 初识字理学 上下五千年 开讲啦 我是小诗人 编辑部的故事 文化"剧"风 盛词流光 英语	数学 小脚丫走天下 包装方案 有趣的测量 相遇问题 数学思维训练	体育 篮球炫 大力神手 花样跳绳 魅力篮球 不"毽"不散 武术社 快乐跳绳	音乐 绿悦葫芦丝 绿叶合唱 京腔京韵 美术 变废为宝—— DIY相框 纸造型（2） 趣味三角折纸 纸艺飞花	科学 信息技术 趣味小实验 照片大变身 创客机器人 开心农场 PPT制作	品德与社会 综合实践 心理健康 老家河南 礼仪课程 安全课程 绿色节日 我爱缝纫

（续表）

课程门类 年级、学期	绿之言课程 （语言与交流类）	绿之思课程 （数理与逻辑类）	绿之健课程 （运动与健康类）	绿之美课程 （艺术与审美类）	绿之创课程 （自然与科技类）	绿之和课程 （自我与社会类）
	经典阅读 小小演说家 English Salon 主题表达 节日嘉年华					
六年级 上学期	语文 中华经典诵读 追字溯源 荒野求生 金话筒 校园小说 每日播报 遨游汉字王国 英语 系列阅读 我是小演员 English Salon 创意表达 风俗大探秘 和风日语	数学 指尖数学 一气呵成 大展宏图 古题今叹 数独	体育 篮球傲 挑战自我 毽球飞扬 魅力篮球 不"毽"不散 快乐跳绳	音乐 绿扬葫芦丝 绿实合唱 京腔京韵 美术 立体造型—— 立体花球 纸浆画(1) 绚丽纸盘画 十字绣秀 纸艺飞花	科学 信息技术 科学小讲坛 魔码探秘 开心农场	品德与社会 综合实践 心理健康 礼仪课程 安全课程 绿色节日 魅力中国 舌尖上的黄二 品味生命 心灵港湾
六年级 下学期	语文 中华经典诵读 汉字书写大赛 漫画西游 "辩"幻莫测 我的第一本作文集 记忆沙滩 遨游汉字王国 英语 系列阅读 我是小演员 English Salon 创意表达 风俗大探秘 和风日语	数学 彩绘数学 数学探秘 数学带你看世界 数独	体育 篮球傲 挑战自我 毽球飞扬 魅力篮球 不"毽"不散 快乐跳绳	音乐 绿扬葫芦丝 绿实合唱 京腔京韵 美术 立体造型—— 多变毛线球 纸浆画(2) 绚丽纸盘画 十字绣秀 纸艺飞花	科学 信息技术 科学新发现 小小程序设计师 开心农场	品德与社会 综合实践 心理健康 礼仪课程 安全课程 绿色节日 魅力中国 舌尖上的黄二 品味生命 心灵港湾

第四部分　学校课程实施

学校围绕"在这里，自由呼吸"的课程理念统领"小绿叶课程"的实施，从"绿色课堂"、"绿色学科"、"绿色社团"、"绿色节日"、"绿色之旅"、"绿色专题"、"绿色整合"七个方面全方位推进，致力于培养"会参与，负责任；会学习，乐思考；会生活，有情趣"的"绿色少年"，让每个孩子在"绿色教育"的沃土上收获成长的快乐。

一、构建"绿色课堂"，有效实施学校课程

"绿色课堂"是和煦阳光下的沃土，课堂情境就如森林开放，支持孩子们遵循自然规律而尽情舒展，呈现出原生态、完整、又不失学科本质的课堂形态。

（一）"绿色课堂"的内涵

教学目标是解放的。教学目标的设定要以每个孩子的正向变化为追求，以发展孩子的正向体验为标准，关注学科本质，让孩子们通过学习的不断展开过程实现他们更大的自由。教学目标的设定还要满足不同学习水平的儿童的学习需求。

教学内容是丰富的。教学内容的开发要定量、定维度。内容的选择要从孩子视角出发，为教师、学生、家长多角度预备，体现层次感及多样化。

教学过程是立体的。关注学生在课堂中真实的体验与感受，倾听孩子原创的声音。让学生拥有更多话语权，让他们经历学习的完整过程。师生之间利用多种多样的活动方式，将知识学习、经验建构和社会体验联结为一体。

教学方法是灵动的。"绿色课堂"呈现的是师生的动态平衡，突出以孩子为主体，在实施过程中存同求异。以问题为导向，让学生有进一步探究的欲望，逐步养成自主学习的能力。课堂中进行多边多向、互动性强的信息交流，让孩子能够基于自己的学习起点有所收获。

教学评价是缤纷的。评价的意义在于促进学科本质的达成。教学评价首先要从孩子发展需求出发，强调孩子的自主发展实际变化，关注孩子在课堂中的内心体验，并能够凸显学科本质。评价主体体现多元化，评价形式和内容体现多样化，评价目标体现多维度。

教学文化是绿色的。孩子在课堂上自由舒展，教师在课堂上倾听孩子的需求，在陪伴孩子成长的过程中成就自我。"绿色课堂"是动态、和谐、可持续发展、充满活力的课堂，是自由呼吸的沃土。

（二）"绿色课堂"的"四个关注"

学校"绿色课堂"主要关注四个方面，即：

1. 创设情境、诱发求知，以"激趣"为轴，诱发学生乐学。创设生活情境，变"乏味学习"为"趣味探索"；创设问题情境，变"被动接受"为"主动探究"；创设想象情境，变"单一思维"为"多项拓展"；创设游戏化的活动情境，变"个体学习"为"集体合作"；创设动画情境，变"直观演示"为"动态展现"，引导学生乐学。

2. 教师导学、方法指引，以"点拨"为支撑，引导学生会学。我们要求教师以问题为导向，能组织自主性、探究性、合作性的学习活动，而不是灌输和表演。教师要在精读课程标准后，依据学情，指导学生提出研究性问题，灵活确定每节课的教学目标，并按照学生的认知规律设计相应的学习单，引导学生对学习任务建立整体认知，并诱发其进一步探究的欲望，逐步培养自主学习能力，引导学生自学。

3. 绿色互动、合作探知，以"自主"为轮，实现学生学会。"绿色课堂"的生命力在于营造浓厚的学习氛围，帮助学生学会学习。让学生围绕本节课的学习目标进行"学点训练"，强调师生在平等自由中达到学练结合，在交流中互助、互动、互学，进而达到让学生学会的目的。

4. 回顾总结、科学评价，以"实践"为方向，期以达到学生善学的教育目标。回顾课堂所思所学，有助于学生梳理知识，巩固学法，将它与拓展延伸拉手，帮助学生整体把握知识、理解知识、运用知识，培养学生善于思考、归纳总结的能力，激发学生乐学善思、合作探究的精神。教师要以发展为主旨，能实施多维度、多元化、激励性的教学评价。教师还要进行学情调查，了解整节课学生掌握的情况，分析不同层次学生存在的薄弱环节，并在下节课的实施过程中得以有效弥补，通过多种方式引导学生善学。

（三）"绿色课堂"的推进策略

"绿色课堂"的实施，我们坚持以教育科研为先导，以课例为载体，以观评课为抓手，倾听孩子的学习需求，朝着"绿色课堂"的核心目标逐步探索出一条行之有效的"绿色课堂"文化之路。"绿色课堂"的推进策略如下：

1. 大教研活动为"绿色课堂"奠基。在多年的教师教研的实践探索上，学校改革教研形式，提供"大教研"平台。按照学段和学科，共形成了六个教研组，分别是低语、高语、数学、英语、体音美和综合学科。开学伊始，教研组共同研讨确定教研主题，在学校的统一安排下分组教研。每次教研都有主持人、记录人、重点发言人。教研之前，学校将本学期的主题列成工作历形式，供老师们查看并做准备。大教研是将相近学段和相近学科的老师集中在一起，在分享研究过程和成果的同时，听取不同的声音，开拓自己的视野。在这个平台上，老师们相互支持，交流分享，每个老师在贡献自己的智慧和经验的同时，又有了新的收获，每次教研结束的时候，往往也是大家进一步思考的开始。在这个平台上，老师们每个人都经历了帮助别人和得到别人帮助的过程，获得共同提高。在大教研中，跨学科、跨学段意识尤为明显，每位教师能上自己满意的课。

2. 抓好"四课"提升"绿色课堂"质量。以"和润工作室"的"四课"为抓手，即全员教师公开课、梯级教师展示课、教师"双杯"(希望杯、金硕杯)比赛课、学科专题研讨课，实现"团队合作、全员提高"，以此构建起同伴互助的团结合作关系，加速每一位教师的专业成长，积极探索"绿色课堂"内涵的实施途径，进一步推动"绿色课堂"的质量向更高层次迈进。

3. 问卷调查直面"绿色课堂"评价。学校开展教学调查问卷，进一步触摸"绿色课堂"的实质内涵。学校管理层根据问卷结果加强过程督导，关注动态发展，在"绿色课堂"推进过程中进行指导、调研，及时总结，制定较为科学的"绿色课堂"评价标准，确保工作效果的进一步达成。

4. 大小课题联动为"绿色课堂"导航。围绕"绿色课堂"文化目标，在校级课题基础上，对全体教师进行小课题研究的专题培训，引导老师从问题出发，选择小课题进行"绿色课堂"的有效研究。各教研组确定共同的研究课题，制定研究方案，教师个人的主题研究与组内的课题研究同时推进。

(四)"绿色课堂"的评价标准

依据"绿色课堂"的内涵，我们设计了《金水区黄河路第二小学绿色课堂评价标准量表》，以量化的方式对课堂进行评价。听评课后，由听课教师填写评价量表交给执教教师，并作为教师成长足迹的重要组成部分，通过评价量化分数曲线图的绘制，记录教师课堂教学成长的过程。评价量表见表7-3。

表7-3 金水区黄河路第二小学"绿色课堂"评价量表

班级			科目		听课时间	
课题					主讲教师	
评价指标	优	良	合格	待合格		得分
	完全达到	基本达到	部分达到	少量达到或未达到		
解放10分	目标的关键在于"解放"孩子。追求正向变化，发展正向体验，体现学科本质下的核心关切，满足不同层次孩子的学习需求，实现思想上更大的自由。					
丰富10分	教学内容与学习内容丰富。从孩子视角选择足够的种类和数量满足不同层次学生的需求。做到定量、多维度开发，体现层次感、多样化。					
立体20分	教学过程立体。开放儿童话语权、倾听孩子原创的声音，经历完整的学习过程，丰富真实的体验与感受。师生之间利用多样的活动方式将知识学习、经验建构和社会体验联结为一体。					
灵动20分	教学方式和学习方式灵动。以问题为导向带，突出学生主体，激发探究欲望，存同求异，培养自主学习能力。课堂中进行多边多向、互动性强的信息交流，每个孩子都能够基于自己的学习起点学有所获。					
缤纷20分	评价突出缤纷。基于孩子自主发展，关注内心体验，凸显学科本质。评价主体、评价形式和内容体现多样化。围绕教学目标进行"学点训练"，互动性强，展示合作交流成果，体现问题性、层次性、互动性、生成性。					
绿色20分	课堂文化凸显绿色。孩子在课堂上自由舒展，教师在课堂上倾听孩子的需求，在陪伴孩子成长的过程中成就自我。					
总评	总分：_____ 等级：_____ （优：90—100分 良：70—89分 合格：60—69分 待合格：60以下）					
亮点						
存在问题						

听课教师：_____

二、建设"绿色学科"，积极推进学科特色课程

落实育人目标，需以课程为依托。教师根据所授科目为原点设计学科特色课程，采用多样化的实施方式，为学生提供多样化的体验，与学情、与教师的能力和专长、与校情相结合，将育人目标转化为学生学习的生产力，以特色学科带动课程整体发展，推

进育人目标的进一步达成。

(一)"绿色学科"课程群的建设

学校在"绿色学科"课程群的建设中关注学科课程、学科教学、学科学习、学科团队四个构成要素。

1. 加强学科课程建设,形成学科特色课程群。基于学生现实和未来需求,学科团队对照课程标准,把课程标准的要求转换为具体的学科素养,对相关课程进行再设计,形成结构合理、层次清晰、彼此连接、相互配合、深度呼应的学科课程群。学校建立了"童真语文"、"灵动数学"、"快乐英语"、"乐享体育"、"多彩美术"、"雅趣音乐"、"奇妙科学"、"乐创信息技术"八大课程群。

"童真语文"课程群:"童真语文"是儿童的语文,是真实的语文,是顺应儿童学习天性的语文。语文教研组依据学科课程拓展研发了丰富的课程,主要有经典诵读、绘本花园、识字大擂台、我是小小气象员、绘声绘影、诗情画意、声临其境配音秀、古韵春联、话说三国、说名道姓、我们去旅游、论水浒英雄、编辑部的故事、追字溯源等。

"灵动数学"课程群:"灵动数学"是"灵活求实、乐学乐动"的数学。数学教研组开发的拓展课程主要有玩转七巧板、有趣的分类、百变人民币、有趣的搭配、时间的秘密、小小设计师、神奇的括号、包装方案、小脚丫走天下、古题今探、指尖数学等。

"快乐英语"课程群:"快乐英语"秉承"让英语学习充满乐趣"的学科课程理念,研发了贴近儿童学习需求的拓展课程,主要有初识绘本、玩转字母、小小旅行家、经典阅读、主题表达、节日嘉年华、风俗大探秘、一周一故事、我是小演员等。

"乐享体育"课程群:"乐享体育"是"乐学乐练、健康成长"的体育。体育教师依据学科课程研发了丰富多彩的拓展课程,主要有快乐篮球、毽球飞扬、功夫少年、炫舞花球、花样跳绳、开心家园、欢乐体操、勇闯难关、大力神手、挑战自我等。学校作为河南省体育传统项目学校,对"魅力篮球"课程再次进行了六个年级十二学期的课程目标细化及实施细则,分别是一年级篮球乐、二年级篮球缘、三年级篮球美、四年级篮球风、五年级篮球炫及六年级篮球傲。

"多彩美术"课程群:"多彩美术"本着"让每一个孩子的童年充满色彩"这一学科课程理念,依据学科课程开发了系列拓展课程,主要有纸艺飞花、撕纸画、趣味拼贴、趣味剪纸、布贴画、生活中的小设计、变废为宝、蛋壳贴画、玩转彩泥、墨韵书法、绚丽纸盘画、神奇魔法珠等。其中，纸艺飞花作为学校艺术特色品牌课程，按年级课程内容依次是一年级趣味折纸、二年级七彩纸绳、三年级绚丽纸花、四年级缤纷衍纸、五年级创意纸造型及六年级奇趣纸浆画。

"雅趣音乐"课程群："雅趣音乐"是"雅"的音乐，是"趣"的音乐，即"吟风雅之音，享音乐之趣"。音乐学科的拓展课程有绿之韵葫芦丝、轻歌细语、梨园芬芳、民歌曲韵、豫声剧院、京腔京韵、绿芽合唱团。葫芦丝作为学校艺术特色品牌课程，根据各年龄段儿童的不同特点，一至六年级具体课程名称为一年级绿缘葫芦丝、二年级绿情葫芦丝、三年级绿意葫芦丝、四年级绿音葫芦丝、五年级绿悦葫芦丝以及六年级绿扬葫芦丝。

"奇妙科学"课程群："奇妙科学"在"开启奇妙探索之旅"的学科课程理念引领下，依据学科课程研发了多门拓展课程，主要有科学小儿歌、走进科学家、最强大脑、趣味小实验、科学小讲坛、科学新发现、环境大调查、小牛顿实验室、星球探秘、巧巧手等。

"乐创信息技术"课程群："乐创信息技术"是"快乐学习、享受乐趣"的信息技术，是"创新思维、表现创意"的信息技术。依据学科课程，信息技术教研组研发了拓展课程，满足信息时代学生的学习需求，主要有打字小游戏、神奇的编程世界、魔码探秘、照片大变身、小小程序设计师、创客机器人等。

2. 打造优质学科教师团队，培育良好的团队文化氛围。学科课程的开发到实施，教师基于课堂，提炼总结自己的教学主张，并能够按照自己的教学主张展开教学生活，以实践研究凝练学科教学经验成果，形成学科团队的核心价值观。例如英语组教师研思结合，根据自己的教学思考自主进行教学主张的研究，提炼出自由英语、生活英语、情景英语、玩耍英语等鲜活的教学主张，并融入到课堂教学实践中，形成独特的教学风格。

3. 培养学科带头人，形成学科团队的"雁阵效应"。学科带头人，即学校"和润工作室"第三级教师梯队"和润教师"，为学校教育教学的"领头雁"，引领学校第一级梯队"和美教师"、第二级梯队"和乐教师"的专业成长，通过学科教学课例、学科实践研究等途径，促进教师个体的发展，从而实现团队协同发展的"雁阵效应"，推动学科课程群的落地。

4. 加强学科学习研究，研制学科学习指导手册。学科的中央是儿童，学科逻辑在给儿童提供生长养分。各学科团队围绕学科的基本理念与学科核心素养，帮助孩子们形成学科观念,掌握学科学习的方法,并形成具有指导性、可操作性的学科学习指导手册。

(二)"绿色学科"课程群的评价

"绿色学科"课程中拓展性课程的评价主要围绕课程准入资格、学科团队发展、学生学习发展三个方面进行,制定合理的绿色评价机制,体现绿色多元评价理念。

1. 课程开发依标准。学校课程研究中心制定课程方案评价量表(见表7-4),分别从课程开发、课程目标、课程内容、课程评价、学生自评五个项目进行方案评价,每个项目都有具体的评估要求以及不同权重的评估分值,评价涉及教师自评、学生代表评价和课程研究中心评价三个层次。最后,学校根据分值给课程方案评出等级:90分以上为优秀课程,即可以实施;80分—90分为合格课程,教师根据评估反馈需要再做修正;总评在80分以下的为待合格课程,如能根据情况做以合理修正,经课程研究小组认可后可试行一期,否则重新开发。

表7-4 金水区黄河路第二小学"绿色学科"课程群方案评价量表

评价项目	评价要求	评价分数			
		分值	教师自评	课程研究中心评	学生代表评
课程开发 20%	与国家、地方课程的密切联系	3			
	提高学生学科素质	7			
	体现育人目标	5			
	培养学生核心素养	5			
课程目标 20%	目标明确、清晰	7			
	体现学科基本理念和学科核心素养	6			
	贯彻因材施教的原则,发展学生潜能	7			
课程内容 20%	组织得体,层次分明,教材框架清晰	7			
	科学、启发性强,突出能力	6			
	观点新、教学思想含量高	7			
课程评价 20%	可操作性强,方法科学,具有激励性和制约作用	20			
学生评价 20%	对此课程感兴趣,能够满足自己的需要,愿意参与到课程中	20			
总评					

2. 和润团队"展"实力。每个学期末举行"和润团队"评比,评比从学科团队文化建设、学科团队教学研究成果、学科经典课例展示、学科学习成果汇编、学生最喜爱的学科票选五个内容展开。学校在每个学期末设置"和润团队"风采展示周,由学科团队向课程研究中心进行自主申报,并录制各学科团队宣传片。评委团由教师代表、学生代表、家长代表以及外聘专家共同组成,为评选出的"和润团队"举行盛大的颁奖典礼,并计入教师平时考核和绩效的发放,当选"和润团队"的学科带头人荣获年度"十大明星教师"。

3. 学科学习"秀"风采。学校紧密结合"在这里,自由呼吸"的课程理念,注重学生学习的过程性评价和活动性评价。我们设计《小绿叶课程手册》,举行"小绿叶学科周",形成校本化、多样化、个性化、易操作的评价机制。通过开展多种多样特色活动,对学生的学科素养综合评价。评价过程中关注学生的参与度及学习过程中的收获,以学生已有知识和能力、情感、态度为参照系数,关注他们的发展。

过程性评价——研发实施《小绿叶课程手册》。《小绿叶课程手册》是针对学生小学六年课程参与情况进行评估的依据,主要是对每个学期必修和选修课程的综合评定,内含学期所学课程名称、评价等级、教师寄语、课程收获园地等栏目,对小学阶段所有课程及学习情况、个人成长等进行统计。手册采用学分制,各个课程总评 A 级为 10 学分,B 级为 8 学分,C 级为 6 学分,学分达到一定分值后兑换"小绿叶证书",证书达到一定数量兑换小绿叶徽章,徽章达到一定数量的颁发"绿色少年"金质勋章。使用《小绿叶课程手册》对学生学习进行评价时,要采取"四结合"的形式,即教师的评价与学生的自评、互评相结合,对小组的评价与对组内个人的评价相结合,对书面材料的评价与对学生口头报告、学习活动表现相结合,定性评价与定量评价相结合。

活动性评价——设立"小绿叶学科周"。为更好地激励学生,更全面地评价学生学习成果,总结学生在学习中的成长、收获,各学科团队紧密结合学科学习特点,设立"小绿叶学科周"。学科周内,设计丰富多彩的学科活动,包括学科知识大爆炸、动手操作系列、玩演视听空间、寄语留言墙、幸运大抽奖、小绿叶风采大赛等版块,让学生的核心素养通过多种形式、多维空间得以培养。全校学生以年级为单位印制不同颜色的学科周答题卡,并制作相应版块的专属印章,面向全校招募学生志愿者,负责兑换印章、维持秩序等。学科周结束时,以学生答题卡上的印章数按照班级的 30% 评选优秀学生,同时评选优秀志愿者,为他们颁发"小绿叶证书"。

三、开发"绿色社团",全面优化兴趣特长课程

基于"让每一个生命尽情舒展"的办学理念,学校社团类课程的开发与实施沿着规范化、制度化、品牌化的发展之路,继承校本课程选修课积累下的成功经验,切实保证社团课程时间、社团课程开发与审批、监督管理等重要环节,以学生自主选择、实施为主体,以教师组织引导、服务为手段,以学校支持引领、制度为保障,充分体现学生的主体性。

(一)"绿色社团"的建设

每学期初,教师通过网络申报拟开设的社团课程,经课程研究中心审批通过后开放。社团门类丰富,共计50余个,能够满足不同年龄段学生的个性需求,学生可通过网络平台了解全部社团内容并选择自己感兴趣的社团。

另外,学校开通"绿色通道",大力扶持学生自发创建的"草根"社团,聘请辅导教师、提供活动场所,并将其纳入"绿色社团"的管理中。学校"绿色社团"主要类型见表7-5。

表7-5 金水区黄河路第二小学"绿色社团"主要类型

社团类型	社团名称
语言与交流类	盛词流光,和风日语,自创剧,绿芽小讲坛,英语沙龙,大嘴英语,遨游汉字王国,萌娃书社,趣阅绘读等
逻辑与思维类	六阶思维,玩转七巧板,扑克游戏,翻绳游戏,魔方,数独,巧手公社等
运动与健康类	不"毽"不散,花球宝贝,快乐跳绳,魅力篮球,武术社等
艺术与审美类	梦想合唱团,纸艺飞花,漫世界,绘美社,十字绣秀,趣味三角折纸,童心塑彩泥,神奇魔法珠,布艺花朵,绚丽纸盘画,墨韵书法等
自然与科技类	PPT制作,创客机器人,开心农场,探绿之旅,小牛顿实验室,走进大自然,动物大百科等
自我与社会类	品味生命,舌尖上的黄二,心灵港湾,萌娃之声广播电视台,国旗班,萌娃礼仪队,花瓣俏翘,国家宝藏,我爱缝纫等

(二)"绿色社团"的评价要求

对社团类课程的评价与绿色学科评价基本理念相同,从以下三个维度进行评价,

即审定社团"开团"资格、流动评委观摩团以及"小绿叶秀场"。

社团"开团"资格审定由课程研究中心负责组织，从社团实施方案的可行性评估、学生对社团的反馈两方面进行。

流动评委观摩团每周各由三位教师和两位家长轮流组成，侧重于社团教学评估或是社团活动现场评估，根据评价量表给出分值，同时收集社团实施的亮点，并记录改进意见。学期末，向学生发放调查问卷，通过团员访谈、社团成果展示、档案查看等形式，结合流动评委观摩团的评价结果，评选"十大最佳社团"及"优秀社团辅导教师"，计入教师平时考核和绩效的发放。"绿色社团"评价量表见表7-6。

表7-6　金水区黄河路第二小学"绿色社团"评价量表

评价指标	评价标准	教师评50%	家长评50%	综合得分
组织机构（4分）	社团有规范、健全的组织机构，有活动场所。学生依据自身兴趣和特长，经过申请、审批等程序组建社团。社团至少有一名指导教师，指导学生社团建设。			
管理机制（6分）	社团具有健全、完善的管理机制。有更多队员积极参与，建成社团梯队。社团课程规划科学、合理。			
团员管理（10分）	形成科学、有效的招收团员机制。团员入团前提交"进入社团申请书"，退团时提交"退出社团申请书"。定期对团员能力进行多元化综合评定，有记录。			
社团活动（10分）	社团活动常态化、规范化，做到前有计划，中间有过程性资料，后有总结。活动内容符合学生身心发展规律，活动形式丰富多样。每学期活动不少于15个课时，过程性资料详实。			
实践交流（10分）	社团积极参加校内、外的交流展示，取得良好的教育效果，深受师生喜爱。每学年至少进行一次社区展示。			
教师发展（10分）	社团按规定自聘指导教师，社团指导教师能热心于学生社团发展，并定期、有效地指导学生社团开展活动。			
学生成长（20分）	学生通过主动参与社团课程，不断提高自主合作意识与自我教育的能力。竞技性社团积极参与各种专项赛事。			

对学生社团课程学习的评价依托《小绿叶课程手册》进行过程性评价,设立"小绿叶秀场"进行活动性评价。"小绿叶秀场"有班级秀场、年级秀场和校园大秀三级平台,为师生提供多样化、个性化的自由展示时空,张扬个性,传递成长的力量。学生和教师可通过现场展示、"萌娃之声"广播站视频展示、"六一文化周"等形式进行社团课程的成果展示。

四、创设"绿色节日",努力营建校园文化课程

学校创设"绿色节日",拓宽课程实施的途径,创新课程实施方式,丰富学生生活经历,让学生真正体验到学习的快乐,努力推进校园文化课程的进一步实施。

(一)"绿色节日"的具体活动安排

学校为了满足学生的学习需求,依据国家法定节日和传统节日,以及学校的实际情况,建设"绿色节日"校园文化课程,让学生在活动中丰富经历,增长见识。学校"绿色节日"的具体活动安排见表7-7。

表7-7 金水区黄河路第二小学"绿色节日"活动安排

节日名称	活动内容	活动时间
童声阅读节	1. 开展师生经典美文诵读活动; 2. 进行好书推介、图书漂流、读书记录卡评比; 3. 进行阅读之星、书香小组、书香班级、书香家庭评选活动; 4. 开展"我是阅读王"活动。	3月
童心艺术节	1. 班级合唱比赛、葫芦丝比赛; 2. 葫芦丝风采赛; 3. 绿色少年书画展。	4月
童乐体育节	1. "奔跑吧,篮球少年"全员运动会; 2. 国家体质健康达标运动会; 3. 篮球班级联赛。	4月、9月
童趣创客节	开展丰富多彩的科技节活动,学校划分为不同的区域,如编程体验区、大型造物区、3D打印、木工创意、机器人等。	5月
国庆献礼节	1. 开展"向国旗敬礼"网上签名寄语活动; 2. 开展"献礼祖国"活动。根据中国行政区划分,每班代表一个地区,从地理位置、地域风情、特色美食、人文景观等多方面了解该地区的特色,并在校园里以"创意市集"的形式集中展示。	9月

（续表）

节日名称	活动内容	活动时间
绿色少年建队节	1. 开展"手拉手认识少先队"队前培训活动； 2. 举行新队员入队仪式，邀请家长参加，见证孩子入队的光荣时刻； 3. 举办少代会，民主评选大中小队干部，征集少先队员提案。	6月、10月
我们的节日	在传统纪念节日、传统活动节日的时间节点开展"争做美德少年，向国旗敬礼"、"与雷锋同行，携快乐起跑"、"我为妈妈送祝福"、"劳动创造美"技能大赛、"感恩老师"等实践活动（传统文化节日作为综合实践课程具体实施）。	节日前后

（二）"绿色节日"的评价要求

"绿色节日"课程的研发与实施，从两个方面提出要求，具体内容如下。

1. 节日课程活动方案"准入"资格审定。学校和教师通过收集各方面建议，制定完善的活动指导计划以及评价细则，并交由课程研究中心审议通过，纳入学校课程管理整体工作中。

2. 对学生学习活动的评价。依托《小绿叶课程手册》，进行过程性评价和活动性评价，对学生的学习态度、学习能力、文化积累、情感体验、活动表现等进行过程性记录。赛事类节日课程以学生在比赛中获得证书为准，根据获奖等级分别计入学分。体验类节日课程指导学生用文字、手抄报、电子版报、PPT、自创剧等形式呈现参加活动的实践过程和成果，引导小组交流展示、分享活动收获。指导学生开展自我评价、同伴评价、家长评价，关注学生参与活动的情感态度以及活动过程中合作能力、实践能力和创新能力的发展。每一个体验类节日课程的评价等级记录在《小绿叶课程手册》中，累计学分。

五、做活"绿色之旅"，着力开展研学旅行课程

学校结合"绿色教育"的教育哲学，围绕"绿色少年"育人目标的达成，通过整合校内外课程资源，以校外实践活动为载体，设计"厉害了，我的国"系列主题式研学旅行课程。学生通过参与"绿色之旅"研学旅行课程，热爱家庭、熟悉校园、了解家乡、关心国家，进一步增强集体中的自我归属感。

研学旅行课程以年级组为单位，以中小队为组织结构，集各学科教师之力，利用少先队活动课和节假日开展校内外活动。根据学生年龄特点和心理需求设计课程学习

单,用走一走、写一写、画一画、说一说、演一演等多样方式来实施。

学校通过家长学校逐步解决家长课程参与意识薄弱的问题,以研学旅行课程为突破口,让教师和家长带领着孩子,根据"绿色之旅"课程学习单走出家门,并通过家长帮帮团、十大明星家长评比等活动,吸引优质家长资源为课程助力,拓宽课程实施途径,让家长与孩子在课程中共成长。

(一)"绿色之旅"研学旅行课程的主要内容

《厉害了,我的国》研学旅行课程根据课程内容不同,分年级实施,每个年级有不同的主题和学习任务。"绿色之旅"课程各年级具体内容见表7-8。

表7-8　金水区黄河路第二小学"绿色之旅"课程各年级具体内容

课程内容	实施年级	学习任务
我爱我家	一年级	制作家谱,听祖父母讲一讲过去的故事,发现我们家的一个"老物件",走访一下我居住的社区,了解社区的公共设施,走进社区无偿献血科普馆等。
可爱校园	二年级	画一画校园平面图,了解校园内的一种植物,采访一位喜欢的老师和同学,在校园最美丽的地方留个影等。
活力金水	三年级	了解下金水区的地理位置和历史,画一画金水最美丽的风景,寻访一位金水的名人等。
美丽郑州	四年级	看一看郑州市的地图,到郑州市博物馆了解下郑州的前世今生等,寻访商城遗址等,写一写郑州的变化等。
老家河南	五年级	到河南省博物院了解河南的历史,游览河南的自然风光,制作一个河南旅游的手抄报,品尝一个河南美食,制作一本河南话秘籍,了解一位河南的名人,学唱一首豫剧曲目等。
魅力中国	六年级	游览祖国的大好河山,写一写游记,看一看《国家宝藏》《舌尖上的中国》等关于祖国的纪录片等,到省少儿图书馆查阅下中国历史的资料。

(二)"绿色之旅"的评价要求

对研学旅行课程的评价,侧重于从前期准备(课程活动指导方案、家长参与活动指南)、中期实施(研学旅行中教师、学生和家长的参与状况)、后期反馈(成果资料的呈现、问卷反馈表)三部分进行评估。

在实施过程中关注学生在活动过程中的表现,包括参与度、学习方法的掌握、实践能力的发展;教师以及家长的指导与帮助也需适当记录。

通过"绿色之旅"学生评价表对学生进行过程性评价和活动性评价。过程性评价涵盖参与态度、学习方法、实践能力、获得体验四个维度,以自评、组评、家长评相结合。活动性评价以静态与动态相结合,采用展示活动资料包、手工艺术作品、PPT、海报、节目展演、美食制作等多种多样的形式。"绿色之旅"学生评价等级记录在《小绿叶课程手册》中,计学分。具体评价表见表7-9。

表7-9 金水区黄河路第二小学"绿色之旅"学生评价表

评价项目	评价要点	自评	组评	评价项目	评价要点	自评	组评
参与态度	认真参加			获得体验	乐于探究		
	完成任务				有责任心		
	资料收集				学会反思		
	乐于合作				不怕困难		
学习方法	用多种途径获取信息			我想说的话			
	运用已有知识解决问题						
实践能力	有好奇心有探索欲						
	独立思考自主学习						
	积极实践发挥特长			家长评价			
				教师评价			
总评							

六、推进"绿色主题",稳步践行专题教育课程

"绿色主题"课程结合学校办学理念与育人目标,分为入学课程、离校课程、礼仪课程、安全课程四大主题,四大主题课程的综合评价记录在《小绿叶课程手册》中,计学分。

(一) 入学课程

入学课程专门针对一年级新生心理和行为特点进行设计。入学课程的设置不仅要激发孩子对小学生活向往,还要帮助学生建立阳光、自信的形象。

本课程分为报到篇、入学篇、成长篇三个版块,具体实施如下:

"报到篇"利用报名的两天时间,让学生熟悉校园,初步了解学校的规章制度。

"入学篇"利用开学后的一个星期,集中对学生进行习惯养成教育,各学科老师、班主任及辅导员根据实际要求渗透规范教育,同时对家长进行幼小衔接课程培训,帮助学生适应小学生活。

"成长篇"利用第一学期的时间,巩固规范教育,使孩子成为一名具有良好习惯的小学生。本课程实施主体为全体一年级任课教师。一年级各科老师及时沟通,每周进行一次入学课程集体研讨活动。

在入学课程实施过程中,配套实施名为"小绿叶入学冲关卡"的奖励制度为评价方式。

(二) 离校课程

六年级是孩子人生中的第二次毕业,如何做好小升初的衔接,这一年很关键。毕业课程旨在让毕业生在一个个精彩的活动中铭记校训,实现学校的育人目标,树立良好的毕业生形象,开启新的航程。

课程内容的设置和实施以"我是黄二优秀毕业生"为主题,每月一单元,周周有活动,共分为四大部分。

一是毕业感恩季。通过各种活动带领学生回忆小学生活,激发学生对母校的感怀,对老师辛勤教育的感恩和同学之间互相帮助的情谊。

二是蓄力梦想季。发现并适当缓解毕业时面对的心理问题,通过心理团体辅导为毕业季蓄力加油,放松心情,笑迎毕业。

三是形象展示季。通过拍摄班级创意毕业照、展示成长记录袋、全程策划学校"六一文化周"等活动,展示良好的毕业生形象。

四是放飞梦想季。通过走进中学、毕业典礼等活动,抒发母校、老师对毕业生寄予的厚望,让学生带着梦想开启智慧的中学生活。

离校课程评价从参与态度、获得体验、学会学习、能力发展四个方面、八个要点进行评价。认真参加每一次活动;努力完成自己承担的任务;做好资料积累和处理工作;主动提出自己的设想;乐于合作,尊重他人;勤于动手、积极实践;主动发现问题,解决问题;发挥特长,施展才能。

（三）礼仪课程

礼仪课程是让学生了解、掌握并使用个人常规礼仪，加强仪表、言谈、仪态举止、待人接物等方面的修养，提升文明素质。课程内容包括校园礼仪、家庭礼仪、社会礼仪三个方面，通过微队课、学科渗透、课外实践三路径进行实施。

通过每周的微队课，有计划地对学生进行文明礼仪教育，使学生了解礼仪知识，引导他们亲身体验礼仪魅力，实现从感性到理性的升华，从整体上让学生的文明礼仪风范得到提高。各科教学中渗透文明礼仪知识，切合时机地进行文明行为的引导与教育。

开展调查走访、自主学习、竞赛展览、角色体验课外实践活动。学生通过走访宾馆酒店、商场超市等服务性单位，学习有关礼仪知识。引导学生通过读书、网络和各级图书馆收集有关资料，进行自主学习，拓展知识。举行邀请函设计活动、感恩语言描绘活动、手抄报评比活动，指导学生动手实践，锻炼能力。引导学生体验不同社会角色的富有特征的工作生活，如"我是小公民"、"我是服务员"、"今天我当家"、"我的家乡美"等，感受不同角色的礼仪规范。

礼仪课程评价从礼貌用语、仪容仪表、仪态举止、互助友爱、尊敬师长、学会倾听六个方面进行评价。

（四）安全课程

安全课程是以小学生生活为基础，促进学生树立和强化安全意识，掌握必要的安全行为知识和技能，养成自救自护的素养和能力。课程内容包括社会安全教育、公共卫生安全教育、意外伤害安全教育、自然灾害安全教育、网络信息安全教育五个方面，具体实施如下：

一是开足开好学校安全教育课程，保证课时；二是学校要在学科教学、综合实践活动、德育教育过程中渗透安全教育内容；三是利用班队会、升旗仪式、专题讲座、墙报、参观和演练等多种形式，帮助学生系统掌握安全知识；四是通过游戏、模拟、活动、体验等主题教学活动和丰富校园文化等方式来开展安全教育；五是学校开展"六员进校园"活动，即公安联络员、巡防护校员、消防指导员、法制辅导员、心理疏导员、食品监督员，与社区各部门联合，组织形式多样、内容丰富的专题安全教育活动。

安全课程评价方式主要为客观记录和项目评价。客观记录是指在自然状态下，有目的、有计划地观察学生在日常学习、生活中所表现出来的安全行为。项目评价是按照不同项目将学生分成若干小组,由学生自主设计安全活动计划,可以围绕真实的社会生活中的安全问题进行活动,收集、组织、解释或表达信息,如提交调查报告或小论文等。师生就小组成就进行分享,并将小组评价与个人评价相结合。

七、聚焦"绿色整合",创新落实综合实践课程

学校通过"绿色整合"课程的实施,落实《中小学综合实践活动指导纲要》,以培养学生核心素养为导向,让综合实践活动与学科课程相融合,促进跨学科整合,让学习真实发生。学校综合实践课程有两大主题,分别是《探绿课程》和《萌娃寻根之传统节日课程》。

《探绿课程》作为跨学科的综合实践课程,课程的开发注重学科间的融合。由多学科教师组成教学团队,融合各学科教学资源,确定课程教学主题。通过"探寻绿"、"探究绿"、"探索绿"三个不同层次的"探",使学生在与自然、社会的接触中,逐步形成正确的自然观、生活观,形成自身的责任感;在活动实践中,提出问题、尝试解决问题;在展示交流中,学生展示对活动的个性化表达,培养学生的想象力与创造力,激发学生热爱学校,热爱家长,热爱祖国,热爱大自然的思想感情。

《萌娃寻根传统节日课程》紧紧围绕"萌娃寻根"这一主题,选取春节、元宵、清明、端午、七夕、中秋、重阳、腊八共八个传统节日进行跨学科学习。通过学科整合、节日氛围创设、家校共育、引进社会资源等途径实施课程,引导学生更加全面准确地认识中华民族的历史传统和文化积淀,增强民族自豪感和凝聚力,增强民族文化自信和价值观自信。

"绿色整合"对学生的评价以"立足过程,促进发展"为原则,重视学生的活动过程和实效,关注学生主动参与的积极性、思维方法的合理性、活动成果的独特性、感受领悟的深刻性,包括过程性评价和阶段性评价。通过量化手段,对学生进行分等划类的评价方式,采用"自我参照"标准,引导学生对自己在综合实践活动中的各种表现进行"自我反思性评价";经过讨论、协商、交流等方式,完成师生之间、学生同伴之间对彼此个性化表现的评定与鉴赏。

对教师的评价主要是从综合实践课程活动方案、活动准备、活动过程、活动组织管理、活动记录以及活动总结、活动成果等方面展开,采取整体评价与分段评价相结合、

教师自我评价与学生评价相结合的方法进行，并重点加强问卷调查、访谈等的评价方式。

为确保"小绿叶课程"的有效实施，学校以"绿色教育"为指导思想，依托学校"绿色课程变革工程"、"绿色课堂深化工程"、"和润教师提升工程"、"绿色校园建设工程"、"绿色班级打造工程"五大工程，通过加强价值引领、优化组织建设、健全规章制度、保障实施经费、绿色评价导航、督导保障落实等措施，为课程建设保驾护航，培养"会参与，负责任；会学习，乐思考；会生活，有情趣"的"绿色少年"，让师生在"绿色教育"沃土上尽情舒展。

（撰稿人：石伟平　白秀彩　李方）

后记

2017年9月至今,郑州市金水区20所学校作为《金水区提升学校课程品质的研究与实践》项目的实验学校,在上海市教科院杨四耕教授以及郑州市未来教育研究院专家团队的指导下,进行了课程规划的再审议和课程体系的再构建,将学校文化融入课程建设,发展学生核心素养,落实立德树人的根本任务。感慨此书成之不易,仅以金水区文化绿城小学课程建设为例,说一说这期间我们的课程故事。

初识——与君初相识,犹如故人归

2017年9月19日,金水区文化绿城小学迎来了杨四耕教授专家团队。杨教授审阅了学校原先研制的课程规划,对课程理念、课程目标、课程框架、课程实施途径等进行了详细解读。一个下午的交流,如饕餮盛宴,我们意犹未尽的同时,却伴有消化不良。杨教授的到来为学校课程发展指出一个明晰的方向,也为我们的课程建设打开了一扇明亮之窗。

再聚——天涯明月新,朝暮最相思

2017年的秋天,充实而紧张。我们先后进行三次集中研讨,对学校课程规划进行了重新审视与定位。

八月秋高风怒号,卷我屋上三重茅。与杨教授的再相聚是在学校的会议室。由于我们理解的偏差和部分内容的"消化不良",杨教授一针见血地指出修改后学校课程规划的不足。据此,杨教授重点指导学校厘清"教育哲学——办学理念——课程理念——课程目标"之间的逻辑关系,建构准确的课程逻辑。我们从一开始的不知所措、茫然未知,到逐渐清晰明了。这一次,是真的"消化了"、听懂了、清晰了。

空山新雨后,天气晚来秋。根据杨教授的指导和要求,我们重新思考学校整体课程规划与模式构建,将着力点设定在立足课程、突出特色上。把学生放在课程的中央,立足学校现实,紧贴学生的需求,聚焦孩子们的生长点,形成了"为每一个孩子幸福绽放积蓄力量"的学校课程理念,"小绿芽课程"应运而生!学校课程规划框架逐渐搭建并清晰起来。又一次与杨教授再聚,将上述成果进行了汇报,赢得了赞许,忐忑的心终于落地。

月圆疑腊半,岁闰已春回。2018 年 2 月 6 日,金水区各中小学、幼儿园的业务领导共 220 余人集聚一堂,开展金水区提升学校课程品质的研究与实践项目研讨活动。以《为每一个孩子幸福绽放积蓄力量》为题,各自分享学校课程规划,展现了学校"看得见的提高,摸得着的进步,融于心的成长",获得杨四耕教授称赞。此时,我们觉得这个冬天的月亮特别亮、特别圆。

深耕——学向勤中得,萤窗万卷书

2018 年寒假,学校将课程建设重心转向学科课程群建设。我们着力打破学科的固有界限,梳理课程要素间的内在联系,关注知识的应用,强调内容的广度,构建富有统整感的多维联动课程,让课程更好地链接生活、链接活动、链接管理以及一切可能的要素。我们努力建构自己的"课程图谱"和"课程坐标",形成适应不同年龄阶段孩子的课程阶梯,绘制天然的、严密的学校课程"肌理"。我们努力让课程真实地存在于特定学制、特定年级与特定班级之中,让每一位教师和学生可以看到自己在学校课程中的位置,让每一位家长知道自己的孩子在学校将要学习什么、学校将把孩子引向何方。

落地——雄关漫道真如铁,而今迈步从头越

学校尝试将学科课程全面落地,形成了"国家课程——嵌入式课程——特色课程"的阶梯式实施策略。通过嵌入式学习,让学生在学习知识和解决生活实际问题的过程中体验学习的乐趣。特色课程则利用每周五下午第一节课进行选修,通过"课程选课平台系统"和走班模式,老师和学生在网上进行自主报课、选课,系统根据学生报的志愿自动调剂,确保学生都能选择到心仪的课程。

"初识、再聚、深耕、落地"的课程建设过程是 20 所项目实验学校共同走过的路。《核心素养与课程设计》一书呈现的是七所学校融学生发展核心素养培育于学校课程设计之中的研究成果。这份成果并不完美,却见证了我们的成长。

感谢金水区教育体育局搭建的学习平台,感谢杨四耕教授专家团队的指导与引领,感谢学校和老师们的不懈坚持与努力!

张燕丽　张　悦
写于 2019 年 4 月

学校课程深度变革丛书

课堂教学转型丛书

给孩子最美好的东西	978 - 7 - 5675 - 4200 - 6	30.00	2015 年 11 月
把每一个孩子深深吸引	978 - 7 - 5675 - 4150 - 4	24.00	2016 年 1 月
每一间教室都有梦	978 - 7 - 5675 - 4029 - 3	30.00	2015 年 10 月
课堂,可以春暖花开	978 - 7 - 5675 - 3676 - 0	24.00	2015 年 10 月
课堂,与美相遇的地方	978 - 7 - 5675 - 5836 - 6	24.00	2017 年 1 月
赴一场思想的盛宴	978 - 7 - 5675 - 5838 - 0	28.00	2017 年 1 月
突破平面学习:神奇的"南苑学习单"	978 - 7 - 5675 - 5825 - 0	29.00	2017 年 1 月
让学习看得见:"226"教改实验研究	978 - 7 - 5675 - 6214 - 1	32.00	2017 年 4 月
每一种意见都很重要:"责任课堂"的维度与操作			
	978 - 7 - 5675 - 6216 - 5	30.00	2017 年 4 月

品质课程丛书

活跃的课程图景	978 - 7 - 5675 - 6941 - 6	42.00	2017 年 11 月
课程情愫:学校课程发展的另类维度	978 - 7 - 5675 - 7014 - 6	42.00	2017 年 11 月
突破大杂烩:有逻辑的学校课程变革	978 - 7 - 5675 - 6998 - 0	52.00	2017 年 11 月
课程群:学习的深度聚焦	978 - 7 - 5675 - 6981 - 2	45.00	2017 年 11 月
嵌入式课程:特色课程的路径和方略	978 - 7 - 5675 - 6947 - 8	42.00	2017 年 11 月

课堂教学新样态

一百个孩子,一百个世界:基于差异的教学变革			
	978 - 7 - 5675 - 6810 - 5	32.00	2017 年 10 月
让课堂洋溢生命感:L - O - V - E教学法的精彩演绎			
	978 - 7 - 5675 - 6977 - 5	32.00	2017 年 11 月
课堂如诗:"雅美课堂"的姿态	978 - 7 - 5675 - 7219 - 5	36.00	2018 年 3 月

近处无教育	978 - 7 - 5675 - 7536 - 3	32.00	2018 年 3 月
课堂,与美最近的距离	978 - 7 - 5675 - 7486 - 1	32.00	2018 年 4 月
课堂,涵养生命的园圃	978 - 7 - 5675 - 7535 - 6	36.00	2018 年 6 月
协同教学:意蕴与智慧	978 - 7 - 5675 - 8163 - 0	42.00	2018 年 9 月
课堂不是一个盒子	978 - 7 - 5675 - 8004 - 6	38.00	2019 年 1 月
在教室里眺望世界:基于 BYOD 的教学方式变革			
	978 - 7 - 5675 - 8247 - 7	48.00	2019 年 3 月

特色学校聚焦丛书

每一个孩子都是一棵树	978 - 7 - 5675 - 6978 - 2	28.00	2018 年 1 月
教育不是一个人的事:"众教育"36 条	978 - 7 - 5675 - 7649 - 0	32.00	2018 年 8 月
不一样的生命,一样的精彩	978 - 7 - 5675 - 8675 - 8	34.00	2019 年 3 月
童味正醇:特色学校的文化图谱	978 - 7 - 5675 - 8944 - 5	39.00	2019 年 8 月

华东师范大学出版社　　　华东师范大学出版社
天猫旗舰店　　　　　　　官方微信

门市邮购电话:021 - 6286 9887 6173 0308

淘宝商城旗舰店:http://hdsdcbs. tmall. com

微信:华东师范大学出版社(ecnupress)

电子书目下载地址:www. ecnupress. com. cn

图书在版编目(CIP)数据

核心素养与课程设计/段立群主编.—上海:华东师范大
学出版社,2019
(学校课程发展丛书)
ISBN 978 - 7 - 5675 - 9462 - 3

Ⅰ.①核…　Ⅱ.①段…　Ⅲ.①素质教育-课程设计
Ⅳ.①G40 - 012

中国版本图书馆 CIP 数据核字(2019)第 178624 号

学校课程发展丛书

核心素养与课程设计

丛书主编　李　正　杨四耕
主　　编　段立群
策划编辑　刘　佳
项目编辑　林青荻
特约审读　王洁松
责任校对　谭若诗
装帧设计　卢晓红

出版发行　华东师范大学出版社
社　　址　上海市中山北路 3663 号　邮编 200062
网　　址　www.ecnupress.com.cn
电　　话　021 - 60821666　行政传真 021 - 62572105
客服电话　021 - 62865537　门市(邮购)电话 021 - 62869887
地　　址　上海市中山北路 3663 号华东师范大学校内先锋路口
网　　店　http://hdsdcbs.tmall.com

印 刷 者　上海展强印刷有限公司
开　　本　787×1092　16 开
印　　张　15.25
字　　数　234 千字
版　　次　2019 年 9 月第 1 版
印　　次　2020 年 9 月第 4 次
书　　号　ISBN 978 - 7 - 5675 - 9462 - 3
定　　价　46.00 元

出 版 人　王　焰